中国社科

当代北京市统一调配就业制度的历史考察
（1953—1965年）

孟文科 ◎ 著

光明日报出版社

图书在版编目（CIP）数据

当代北京市统一调配就业制度的历史考察：1953—1965 年 / 孟文科著． -- 北京：光明日报出版社，2024. 10. -- ISBN 978 - 7 - 5194 - 8196 - 4

Ⅰ．F249.29

中国国家版本馆 CIP 数据核字第 2024NS1379 号

当代北京市统一调配就业制度的历史考察：1953—1965 年
DANGDAI BEIJINGSHI TONGYI TIAOPEI JIUYE ZHIDU DE LISHI KAOCHA：1953—1965NIAN

著　　　者：孟文科

责任编辑：杜春荣　　　　　　　　责任校对：房　蓉　乔宇佳

封面设计：中联华文　　　　　　　责任印制：曹　净

出版发行：光明日报出版社

地　　　址：北京市西城区永安路 106 号，100050

电　　　话：010-63169890（咨询），010-63131930（邮购）

传　　　真：010-63131930

网　　　址：http：//book.gmw.cn

E - mail：gmrbcbs@ gmw.cn

法律顾问：北京市兰台律师事务所龚柳方律师

印　　　刷：三河市华东印刷有限公司

装　　　订：三河市华东印刷有限公司

本书如有破损、缺页、装订错误，请与本社联系调换，电话：010-63131930

开　　　本：170mm×240mm

字　　　数：328 千字　　　　　　　　印　　张：17

版　　　次：2025 年 6 月第 1 版　　　　印　　次：2025 年 6 月第 1 次印刷

书　　　号：ISBN 978 - 7 - 5194 - 8196 - 4

定　　　价：95.00 元

版权所有　　翻印必究

序

孟文科新著出版，希望我能作序。自己近患眼疾，虽看书有些费力，还是欣然应承。

20年前，文科从湖南来京随我攻读中国近现代史专业硕士学位。毕业后入职西安工业大学马克思主义学院任教。他在承担教学工作任务下，萌发了继续读博的想法。2014年，他再次考入北京师范大学，随我攻读中国近现代史专业博士学位。读博之后，在讨论博士论文选题时，他与我商量，想研究当代中国的招工及就业制度。

研究当代中国的就业制度，是很有现实意义的一项课题。就业是民生之本，是保障和改善人民群众生活的重要基础。党和政府也一直把人民群众的就业作为社会建设的重要内容。因此，系统地研究当代中国就业制度，总结当代中国就业制度演进过程中的经验和不足，对解决时下的就业问题，完善我国的就业制度是很有现实意义的。但研究当代中国就业制度，是一项很有难度的课题。其难度表现为两点。一是学术界的研究基础较薄弱。对新中国就业制度的研究，虽不时见到一些社会学者的研究成果，但从史学的视角去研究的成果仍感不足。二是当代中国的就业制度变化大。新中国成立后，随着我国经济体制的演进，党和政府一直在不断地调整就业政策，完善就业制度。在计划经济时期，鉴于我国经济尚不发达的现实和计划经济体制，我国实行的是统一调配就业政策。社会成员的就业主要由国家包办，大多在国家或集体单位就业。应该说，这种就业制度的实施受制于我国当时社会经济发展的程度。它曾对保障人民群众的生活、维护社会稳定起到一定作用。但它也有不足，没有把广大农民纳入就业计划中，我国充裕的农村劳动力资源没有得到合理的开发利用。改革开放后，随着经济体制改革的深入，个体经济、私营经济、非内资经济等非公有制经济迅速发展，促进了城镇居民就业，转移了农村富余劳动力。国家的就业制度开始突破原有的"统一调配"局限，就业方式日趋多元化。因此，如何系统而全面地考察当代中国就业制度的演进历程，客观评价当代中国的就业制度，是一项富有挑战性的课题。

今天看到孟文科的新著《当代北京市统一调配就业制度的历史考察（1953—1965年）》一书，我还是感到很欣慰。该书是在他的博士毕业论文的基础上修改而成的。通览全书，我认为孟文科为撰写该书还是下了一定功夫的。以下三方面值得称道。

一是该书没有泛泛地论述当代中国就业制度的演进历程，而是重点考察了1953—1965年北京市的统一调配就业制度的建立过程、变动趋势、所取得的成效及存在的问题，这是很明智的做法。在研究基础尚薄弱的领域，选择某一区域、某一时段做重点研究，力求以案例解剖的方法，观照历史事物发展的整体发展，是史学研究的有效方法之一。

二是在收集资料上，该书注重原始资料收集和实证研究。孟文科在写作过程中查阅了北京市档案馆大量的原始档案材料，其中不乏首次披露的原始档案资料。尤其是他对当时就业率等重要数据的考证和分析，使得结论更具说服力。

三是该书所述问题大多为原创性研究，研究中有分析，有自己的见解。如书中关于北京市统一调配就业制度的建立与运作过程的考察。劳动部门如何分配就业指标，如何统一分配就业，如何通过调剂就业，如何进行统一招工等问题，都是当前学术界研究薄弱的问题，该书依据所掌握的资料做了详细论述。孟文科在书中通过对这一时期北京市统一调配就业制度建立过程的考察，认为新中国成立后实施的统一调配就业制度，既与我国的经济发展欠发达有关，也与当时党的劳动就业理念有密切联系。党和政府将就业工作放在很重要的位置，努力用政府安置的办法，力图消灭失业现象。该书的评价是客观的，符合当时的国情。

诚然，就业制度研究作为当代中国史研究中一个新的领域，仍处于起步阶段。希望孟文科在该书基础上，进一步收集资料，拓展研究时段和区域，写出一部全面而系统的当代中国就业制度史。同时进一步充实和丰富研究内容，加强对毕业生、退役军人、妇女、残疾人等群体就业的研究。期待孟文科不断推出自己的研究成果。

是为序。

朱汉国
2024年8月31日

前　言

　　就业是关系到国民安居乐业的重要问题。就业选择通常也决定了我们的生活地点、社交范围及生活方式，是人生最重要的选择之一。20世纪50年代中国逐步建立起以"统一调配"为主的就业制度。国家通过行政手段统一、有计划地组织就业，在很大程度上改变了个人自行就业的方式，对当代中国的经济、社会与个人生活都产生了重大影响。统一调配就业制度的建立，既有新中国成立后失业治理政策的基础，也有国家工业化进程中节省工资基金开支、加强工业化积累的现实考虑。北京市的统一调配就业制度也是在新中国成立后，基于解决就业问题以及大规模经济建设的需要逐渐建立起来的。

　　孟文科博士以北京市统一调配就业制度的建立为切入点，对1953—1965年北京市统一调配就业制度做了历史考察。首先，本书考察了北京市统一调配就业制度建立的历史背景。主要从失业治理政策的出台、国家大规模建设需要两个角度，分析了北京市统一调配就业制度建立的历史背景。其次，本书考察了"一五"时期至1965年北京市的统一调配就业制度的建立过程及运行状况。包括北京市建筑业劳动力统一调配制度的建立与运行过程，北京市统一调配就业制度的推广运行，"大跃进"时期的北京市统一调配就业制度的运行状况，国民经济调整时期北京市的统一调配就业制度的调整等。再次，本书还分析了统一调配就业制度所取得的成效以及存在的问题。本书引用资料翔实，通过对一些档案材料进行梳理、考察，辅之以必要的实证研究，如对一些劳动就业数据进行了实证分析。最后，本书还使用了劳动经济学、劳动社会学的一些相关概念与研究方法，力求通过多种视角来分析问题。

　　20世纪80年代以来，统一调配就业制度逐渐退出了历史舞台。但是学术界对曾经影响我国30余年的统一调配就业制度还缺乏足够的关注与研究。这既与这种制度在历史上曾经的影响不相称，也影响了我们对这种制度进行历史考察与经验教训的总结。统一调配就业制度实际上也是计划经济制度的一个重要组成部分，它是对劳动力资源的计划管理，学术界对这方面还有很大的研究空间。

正如作者所述，在它逐渐退隐时，更是我们应当重新对它加以关注的时刻。在新的历史条件下总结其利弊得失，或许能为我们当下的就业问题提供有益的启示。因此，《当代北京市统一调配就业制度的历史考察（1953—1965年）》一书的出版，具有独到的学术价值。

梁华平

2024年9月2日

目 录
CONTENTS

绪 言 ………………………………………………………………… 1

第一章 北京市统一调配就业制度建立的历史背景 ……………… 13
 第一节 1950—1953 年的失业问题治理 …………………… 13
 第二节 国民经济大规模建设与劳动计划体制的建立 …… 22

第二章 "一五"时期北京市的统一调配就业制度（1953—1957） ………… 32
 第一节 建筑业统一调配就业制度的试点 ………………… 32
 第二节 统一调配就业制度的推行 ………………………… 48
 第三节 "一五"时期北京市统一调配就业制度的效果与问题 ……… 85

第三章 "大跃进"时期北京市的统一调配就业制度（1958—1960） …… 105
 第一节 统一调配就业制度的放宽与加强管理的努力 …… 105
 第二节 统一调配就业制度的非常规运行 ………………… 116
 第三节 "大跃进"时期北京市统一调配就业制度的效果与问题 …… 141

第四章 国民经济调整时期北京市的统一调配就业制度（1961—1965） … 168
 第一节 统一调配就业制度的收紧与职工精简 …………… 168
 第二节 统一安置失业、无业人员 ………………………… 182
 第三节 统一调配就业制度的改革 ………………………… 195
 第四节 国民经济调整时期统一调配就业制度的效果与问题 ………… 212

第五章　北京市统一调配就业制度的评价 ·················· 222
第一节　统一调配就业制度的积极作用 ·················· 222
第二节　统一调配就业制度的局限性 ·················· 231

结　语 ·················· 247
参考文献 ·················· 252
后　记 ·················· 261

绪 言

一、研究意义

就业是关系到国民安居乐业的重要问题。对我们绝大部分人来讲，工作时间或者与工作相关的时间，占到我们整个人生的大部分。就业选择通常也决定了我们的生活地点、社交范围及生活方式，因而也成为人生最重要的选择之一。从20世纪50年代中期起，中国逐步建立起以"统一调配"为方式的就业制度。国家通过行政手段统一、有计划地组织就业，这在很大程度上改变了个人自行就业的方式。这种制度一直延续到20世纪80年代，对当代中国的经济、社会也产生了重大影响。因此，对统一调配就业制度的研究就显得尤为必要。

本书以北京市1953—1965年的统一调配就业制度作为研究对象，有以下两方面的意义。

（一）学术意义

第一，对统一调配就业制度的研究，丰富了学术界对改革开放前劳动就业问题的研究。目前学术界，特别是史学界对改革开放前劳动就业的研究还相对薄弱，对"统一调配"就业制度的形成、运作的研究还不深入。很多人对当时就业的记忆只留下了模糊的"统一分配""包分配"等印象，而对其具体运作则不太了解。

笔者深有感触的是，当搜寻图书馆关于劳动就业的书籍时，发现书架上琳琅满目摆放的都是对当下劳动就业（或者人力资源管理）问题的研究书籍。这些书籍主要关注的是市场经济条件下的劳动就业理论与问题，很少有关于计划经济时期劳动就业问题的研究成果。仅有的一些书籍也是书皮泛黄（多为20世纪80年代出版的著作，或翻译的苏联、东欧国家学者的教材），布满灰尘，几乎无人问津。这显示出当前学术界对曾经影响我国30余年的统一调配就业制度缺乏必要的关注与研究。这样的现状既与这种制度在历史上曾经的影响不相称，也影响了我们对这种制度进行历史考察与经验教训的总结。

第二,拓宽了对计划经济的研究。目前史学界对计划经济的研究成果较多,但多聚焦于物资资料计划的研究,如粮、棉的统购统销。统一调配就业制度实际上也是计划经济的一个重要内容,它是对劳动力资源的计划管理,当前学术界对这方面的研究还较少见。因此,对统一调配就业制度的研究,丰富了学术界对计划经济的研究。

第三,丰富了对当代中国社会史的研究。劳动生活是社会生活的重要内容之一,对普通国民来讲,谋取职业并以此为生计,是绝大多数人必需的选择。就业问题是关系到国民安居乐业的最基本的问题,是国民维持生计的基础。统一调配就业制度曾经影响了新中国相当部分人口的就业与劳动生活,而且还延续了30余年之久,因而对统一调配就业制度的研究是了解当代中国社会史的必要视角之一。

(二)现实意义

第一,对失业问题的治理有借鉴意义。统一调配就业制度曾为新中国解决失业问题发挥了很大的作用。尽管改革开放后自行就业逐渐成为主流,但是统一调配就业制度遗留下的一些做法仍然在发挥着影响力。对统一调配就业制度的研究,也许能为失业问题的治理提供借鉴。

第二,对解决当下劳动力供给问题有参考意义。近年来,我国人口结构以及伴随的劳动力结构发生了较快的变化,老龄化趋势加重,劳动力短缺的现象开始出现。当前,我国经济社会整体上还处于未发达的水平,如何解决"未富先老"的问题,保证经济社会发展所需要的人力资源等成为越来越重要的问题。对统一调配就业制度的研究也许能给我们提供一些启示。

第三,对解决当今北京市的人口治理问题仍有借鉴作用。统一调配就业制度在很大程度上也发挥着"以业控人"的功能。在控制人口增长、优化人口结构的政策制定中,我们也可以总结当时统一调配就业制度在人口治理上的一些经验与教训。

总之,对1953年至1965年北京市统一调配就业制度的研究,在学术上有很强的必要性,对解决现实问题也能提供一定的参考和借鉴意义。

二、研究综述

目前国内学术界对当代中国劳动就业制度以及劳动就业相关问题的研究已经出现了一批成果,有些成果不乏真知灼见。现有成果主要集中在对劳动就业制度、失业治理以及人口流动的研究，以下分述之。

(一) 劳动就业制度研究

目前，对新中国劳动就业制度的研究一般是从宏观上论述新中国劳动就业制度的变迁。如何光主编的《当代中国的劳动力管理》，是目前为止较为详细地介绍新中国成立以来中国劳动力管理体制沿革的专著。此书从新中国劳动力管理发展概况、劳动就业、劳动力的招收和调配、用工制度等方面，阐述了当代中国的劳动力管理体制。① 袁伦渠主编的《中国劳动经济史》则梳理了国民经济恢复时期到改革开放时期的劳动就业制度，书中引用了较多有价值的资料，对我们从宏观上把握劳动管理制度有很大的借鉴意义。②

李占才从理论上初步总结了当时中国共产党人的劳动就业思想：主张全面就业，消灭失业；主张"统一调配劳动力"；优先解决城市就业问题；宣传劳动光荣、热爱劳动思想；等等。③ 应该说这些总结都比较中肯。

对新中国劳动就业制度的评价在20世纪80年代较多。如李东甫从社会主义劳动管理的指导思想入手，探讨了劳动力是公有制还是私有制的问题。他认为社会主义劳动力归劳动者个人所有是"合乎社会主义经济发展规律，合乎中国实际情况"的。劳动力归劳动者个人所有，允许劳动者全面自由地流动，可以大大提高劳动生产率，可以大大提高经济效益。④ 也有研究从人身依附关系的角度出发，认为劳动力由劳动部门统一调配，使劳动成了一种"外在的强制劳动"。劳动力流动和重新分配是"自然规律"，"工人流动性"是工人全面发展和个性独立的物质基础。⑤

近年来的学者一般从市场经济理论的视角来分析统一调配就业制度的缺陷。李亚伯认为劳动力计划配置必然导致用人单位冗员，引致劳动者的低效劳动，限制劳动力的流动也会降低劳动力配置效益。⑥ 刘斌从制度创新的视角出发，认为"随着时间的推移，制度产品对人们的刺激程度会不断降低"，即制度效率递减。我国固定用工制度对于国有企业的阻碍越来越大，机构臃肿、人浮于事等

---

① 何光. 当代中国的劳动力管理 [M]. 北京：中国社会科学出版社，1990.
② 袁伦渠. 中国劳动经济史 [M]. 北京：北京经济学院出版社，1990.
③ 李占才. 建国初期共产党人的劳动就业观 [J]. 同济大学学报（社会科学版），2002 (5)：41-45.
④ 李东甫. 论社会主义劳动管理的指导思想 [J]. 理论导刊，1986 (5)：13-16.
⑤ 如何看待社会主义社会中的"劳动力统一调配"? [J]. 中共山西省委党校学报，1981 (Z1)：180.
⑥ 李亚伯. 我国劳动力计划配置体系研究 [J]. 湖南大学学报（社会科学版），2004 (2)：39-42.

问题越来越严重，对企业效益的负面影响也越来越大。① 对北京市劳动就业制度及相关问题做专门研究的有闫茂旭的论文《论1949—1957年北京市劳动就业制度变革》，该文是少有的专门论述北京市劳动就业制度的论文，认为这种制度对后来的经济发展产生了不利影响。②

武力、李光田的论文《论建国初期的劳动力市场及国家的调控措施》，对当时劳动就业中的一些具体问题做了更为翔实的研究。该文从劳动力流动、劳动力价格、劳动力城乡流动等角度梳理了政府的劳动管制措施。③ 现在来看该文仍是少有的对新中国劳动就业制度做出详细研究的论文之一。梁胜宇梳理了"一五"时期中国城镇就业政策的演变及趋势，并从正反两方面对这些政策做了评价，指出此时期的就业政策促进了就业，保证了政府"一五"计划的完成，但存在"非企业利益化"与"非城市化"的问题。④ 赵入坤也论述了新中国成立后到"文革"前的劳动就业政策的变迁，并对这些政策进行了多视角的评论。⑤ 相关的文章还有张明龙的论文《新中国50年劳动就业制度变迁纵览》⑥、钱小慧的《我国劳动就业的制度化研究》⑦ 等。

目前对具体的劳动就业制度的研究，比较深入具体的还有李朝军对我国大学毕业生统一分配制度的研究。李朝军的博士学位论文《大学毕业生统一分配制度研究（1950—1965年）：以上海为中心的历史考察》，对上海地区高等学校毕业生统一分配制度的建立过程，以及具体运行做了非常翔实的考察与研究。他指出，国家对大学毕业生统一分配是采用以行政手段为基础的国家指令性分配，在国家统一分配政策和分配计划的约束下，毕业生和用人单位也没有多少选择权；分配计划在执行过程中主要是依靠由上而下的行政命令和强迫政治动员的方式贯彻执行。⑧ 当然，该文也过于注重制度梳理，对这种制度实施中存在的问题挖掘还不够。新中国成立70周年之际，学术界发表了一批系统梳理新中

---

① 刘斌. 中国国有企业用工制度研究［D］. 长春：吉林大学，2015.
② 闫茂旭. 论1949—1957年北京市劳动就业制度变革［J］. 北京社会科学，2011（2）：106-110.
③ 武力，李光田. 论建国初期的劳动力市场及国家的调控措施［J］. 中国经济史研究，1994（4）：17-28.
④ 梁胜宇. "一五"时期中国城镇就业政策研究［J］. 中共党史研究，2005（1）：43-52.
⑤ 赵入坤. "文化大革命"以前中国城市劳动就业问题［J］. 当代中国史研究，2008（4）：41-48，125.
⑥ 张明龙. 新中国50年劳动就业制度变迁纵览［J］. 天府新论，2000（1）：11-16.
⑦ 钱小慧. 我国劳动就业的制度化研究［D］. 上海：华东师范大学，2009.
⑧ 李朝军. 大学毕业生统一分配制度研究（1950—1965年）：以上海为中心的历史考察［D］. 上海：复旦大学，2007.

国成立70年就业工作发展历程、成就经验等方面的成果，涉及劳动就业政策、制度等方面。如莫荣等的《新中国成立70年就业发展历程与未来展望》①、李志明的《中国就业政策70年：走向充分而有质量的就业》②、吴绮雯的《新中国（1949—1978年）计划就业制度演变及绩效评价》③、谢秀军等的《新中国70年就业政策的变迁》④、孟彬的《新中国成立70年我国大学生就业政策变迁》⑤、王众等的《新中国70年退役军人就业安置制度的历史实践与探索创新》⑥等。

退役军人就业安置工作、大学生就业政策等成为就业研究关注的热点。刘灿的《新中国成立初期北京市复转军人就业安置工作研究》指出，北京市成立复员、转业建设委员会，承担复转军人接收、就业分配、安置情况检查等职能，与各用人单位协同合作保障复转军人待遇落实。⑦ 王众的《新中国退役军人就业安置制度的创建与初步运行（1949—1957）》，就退役军人就业安置制度的创建背景、过程、内容及意义做了探讨。⑧ 钟云华等基于1949—2020年政策文本，从需求、推动、执行三个层面分析了新中国成立以来高校毕业生基层就业政策变迁逻辑与发展理路。⑨

上述文章都从不同层面论述了新中国成立后以政府"统一调配"为主要特征的劳动就业制度的建立过程。就目前的研究成果来看，基本上梳理清楚了统一调配就业制度的主要内容与特点。但大多数的研究还停留在较为宏观的层面，缺乏地区性的、个案性的研究，还未能详细揭示制度运行中的具体内容以及地

---

① 莫荣，刘永魁，陈云.新中国成立70年就业发展历程与未来展望[J].中国劳动，2019（11）：5-19.
② 李志明.中国就业政策70年：走向充分而有质量的就业[J].天津社会科学，2019（3）：57-63.
③ 吴绮雯.新中国（1949—1978年）计划就业制度演变及绩效评价[J].中共杭州市委党校学报，2019（2）：74-80.
④ 谢秀军，陈跃.新中国70年就业政策的变迁[J].改革，2019（4）：16-26.
⑤ 孟彬.新中国成立70年我国大学生就业政策变迁[J].当代中国史研究，2019，26（3）：153.
⑥ 王众，刘卫东.新中国70年退役军人就业安置制度的历史实践与探索创新[J].山东社会科学，2019（10）：122-126.
⑦ 刘灿.新中国成立初期北京市复转军人就业安置工作研究[J].军事历史，2021（1）：31-39.
⑧ 王众.新中国退役军人就业安置制度的创建与初步运行（1949—1957）[J].济南大学学报（社会科学版），2021，31（3）：131-139，160.
⑨ 钟云华，刘姗.新中国成立以来高校毕业生基层就业政策变迁逻辑与发展理路：基于1949—2020年政策文本的分析[J].高校教育管理，2021，14（2）：114-124.

方实践的特殊性。对统一调配就业制度的成效、存在的问题还缺乏细致的分析，对它产生的社会影响还需要进一步深入研究。

（二）失业治理研究

对新中国成立初期失业治理问题的研究成果在 21 世纪前 10 年较多，学者们试图从历史经验中找寻解决失业问题的办法。如程连升的博士学位论文《中国五十年反失业政策研究（1949—1999）》，对新中国成立后一段时期消灭失业、促进劳动就业的政策进行了梳理与分析。① 熊祖辕论述了新中国成立以来的六次失业高峰及治理，并总结了各个时期中国政府失业治理政策的特征。② 董一冰、刘静也是从追寻历史经验与启示入手，回顾了新中国初期政府解决失业问题的对策。③ 刘启生的博士学位论文则阐述了马克思主义的劳动就业观，以及马克思主义就业理论在中国的实践，对新中国的劳动就业政策进行了理论上的溯源。④

专门对新中国成立初期北京市、上海市等大城市失业治理问题进行研究的有韩勤英、苏峰的论文《国民经济恢复时期北京的失业知识分子救济政策及其成效》。该论文指出，北京市成立了专门的失业救济机构，划定了救济范围，拟订了救济方案，对登记的失业知识分子采取了多渠道的就业措施等，取得了一定的效果，在实施中也存在一些问题。⑤ 刘荣臻则论述了北京市失业工人的治理机构、治理方式，对取得成效进行了分析，并对治理效果进行了评价。⑥ 吴文俊分析了新中国成立初期上海市失业问题的成因及影响，从路径选择、机构设置、治理制度以及具体举措对上海失业问题的治理做了考察和评析，还分析特殊群体失业问题的治理。⑦ 重视就业工作中的教育工作，是新中国失业问题治理的特色创新做法。高中伟、苏彦玲的《认同与信任：新中国初期中共对失业者政治文化训练评析》指出，带有社会动员、行政命令、政策宣传式的思想教育，提

---

① 程连升. 中国五十年反失业政策研究（1949—1999）[D]. 北京：中国社会科学院，2000.
② 熊祖辕. 中国失业治理研究[D]. 成都：四川大学，2004.
③ 董一冰，刘静. 新中国成立初期党和政府解决失业问题的对策及启示[J]. 理论探讨，2014（5）：140-142.
④ 刘启生. 马克思主义就业理论与社会主义就业实践[D]. 天津：天津师范大学，2008.
⑤ 韩勤英，苏峰. 国民经济恢复时期北京的失业知识分子救济政策及其成效[J]. 当代中国史研究，2006（3）：35-41，126.
⑥ 刘荣臻. 国民经济恢复时期城市失业问题的治理及其成效：以北京失业工人治理为例[J]. 三峡大学学报（人文社会科学版），2010，32（4）：73-76.
⑦ 吴文俊. 上海失业问题及其治理研究（1949—1957）[D]. 苏州：苏州大学，2017.

升了失业人员对党和政府的认同感和信任度。①

应该说学术界对新中国成立初期失业治理问题的研究成果较多，对失业治理的研究也较充分，但也不乏内容雷同、结论重复的成果。有些学者则对当时的一些就业政策缺乏全面和连续性的考察，以至无法解释一些问题。如多数学者在阐述新中国就业政策时都强调新政府对知识分子采取"包下来"的就业政策，似乎知识分子就业问题就基本解决了。如果不对这种政策进行连续性的考察，则可能无法解释此后知识分子就业困难的情况。从这方面来看，学术界还缺少各地区的个案性研究，也缺乏较深入的反思性研究。

（三）人口流动研究

对劳动就业制度的研究与人口流动的研究是紧密相关的，人口流动很大程度上就是劳动力流动。对劳动力人口流动的研究，除了史学界，其他学科如人口学、社会学等相关学科产生的成果也不少。较早涉及新中国人口流动的成果多以回忆性质的文章为主，涉及反右中的迁徙、干部下放、插队、上山下乡等，还不能算是严格意义上的研究。至20世纪90年代，开始出现一批学术研究成果。较为翔实、全面地研究国民经济调整时期城市人口精减的成果有罗平汉的专著《大迁徙：1961—1963年的城镇人口精简》。② 王凛然的博士学位论文考察了1949—1962年天津市动员农村人口返乡工作的过程及效果，以及相关的各种动员措施等。③ 张彬斌等的《新中国70年服务业就业问题研究进程与展望》指出，新中国成立直到1978年前后，服务业的从属地位决定了其就业问题难以作为一个重要的议题进入研究者视野④，这也表明了服务业在当时就业安置中难以吸纳较多的劳动力。

武力的论文《1949—1978年中国劳动力供求与城市化关系研究》，分析了新中国成立初期的经济发展战略与劳动力供求情况，以及这种战略对城市吸纳劳动力的影响、对城乡之间劳动力流动的制约等。⑤ 王爱云分析了1949—1978年我国大量城镇人口向农村转移、到农村就业的现象，认为原因有中国共产党

---

① 高中伟，苏彦玲．认同与信任：新中国初期中共对失业者政治文化训练评析[J]．江汉论坛，2021（2）：89-96．
② 罗平汉．大迁徙：1961—1963年的城镇人口精简[M]．南宁：广西人民出版社，2003．
③ 王凛然．天津市动员农村人口返乡工作研究（1949—1962）[D]．北京：北京师范大学，2015．
④ 张彬斌，徐运保，夏杰长．新中国70年服务业就业问题研究进程与展望[J]．学习与探索，2019（9）：119-127．
⑤ 武力．1949—1978年中国劳动力供求与城市化关系研究[J]．中国经济史研究，1998（3）：16-26．

对全民充分就业的理论认识、我国经济结构和城镇粮食供应能力的限制等。这种做法所取得的效果与中央的预想大相径庭。① 闫存庭则研究了"大跃进"时期新疆生产建设兵团在内地私招劳动力的问题。② 其他的论文还有陈理的《60年代初精减职工、动员城市人口下乡决策的研究》③、聂福如的《六十年代初精减职工工作的经验与启示》等。④ 吴绮雯的《中华人民共和国70年经济发展与城乡劳动力就业的关系探析》一文分析指出：在优先发展重工业的战略导向下，城市消费品供给和就业都受到很大制约，不可能实现充分就业。⑤

新中国的户籍制度演进与人口流动紧密相关。张希的《中国人口流动政策的演进、特点与建议》指出，中华人民共和国成立以来，人口流动政策经历了两次"人口流动自由—人口流动管制"变化周期，这与当时的人口流动政策是直接相关的。⑥ 郭东杰的《新中国70年：户籍制度变迁、人口流动与城乡一体化》指出，1950—1977年，户籍制度变迁不断权益化、福利化和等级化，城乡社会严重分割，社会阶层固化。⑦ 史毅的《新中国成立以来人口流迁的变化特点》指出，新中国成立以来人口迁移流动环境从限制约束走向开放包容，在户籍管理和迁移政策上取得长足进步。⑧ 白永秀、刘盼认为家庭联产承包责任制的演进与农村劳动力流动在时间上有明显的同步性。⑨

目前学术界对改革开放前北京市人口迁徙、流动的专门研究成果还较少，仅有的研究也较为宏观，尚待深入研究。廖胜平的博士学位论文《北京游民改造研究（1949—1953）》，对1949—1953年北京市的游民整治与改造进行了研

---

① 王爱云.从城市到农村：多维度视阈下的就业抉择——试析新中国前三十年间城市劳动力向农村的转移[J].中共党史研究，2012（12）：38-49.

② 闫存庭."大跃进"时期新疆生产建设兵团私招劳动力问题探析[J].党史研究与教学，2014（6）：22-27.

③ 陈理.60年代初精减职工、动员城市人口下乡决策的研究[J].当代中国史研究，1996（6）：20-23，23-27.

④ 聂福如.六十年代初精减职工工作的经验与启示[J].北京党史研究，1998（6）：41-43.

⑤ 吴绮雯.中华人民共和国70年经济发展与城乡劳动力就业的关系探析[J].云南社会科学，2019（3）：34-40，186.

⑥ 张希.中国人口流动政策的演进、特点与建议[J].宏观经济研究，2019（3）：160-167，175.

⑦ 郭东杰.新中国70年：户籍制度变迁、人口流动与城乡一体化[J].浙江社会科学，2019（10）：75-84，158-159.

⑧ 史毅.新中国成立以来人口流迁的变化特点[J].人口与健康，2020（2）：43-47.

⑨ 白永秀，刘盼.新中国成立以来农村劳动力流动的历史演进：基于家庭联产承包责任制推动视角[J].福建论坛（人文社会科学版），2019（3）：5-14.

究。文章以北京市当时主要游民群体为剖析对象，主要研究对象为乞丐、妓女及其他社会游民如散兵游勇、流氓小偷等，梳理了中国共产党执政后对北京市游民改造的全过程，论述了新政府如何对游民组织进行整治，总结了这次游民改造工作的是非得失，也对当下游民问题的解决出路进行了初步的探讨。① 马小红从宏观上回顾了新中国成立60年来北京市流动人口管理体制的5个阶段。② 王承旭则回顾了新中国成立初期北京市的移民工作。③ 吴绮雯的《"一五"时期北京就业政策和就业制度演变》指出，计划就业制度保障了工业化发展对劳动力的需求，适应了北京市由消费城市向生产城市转变的需要，对首都经济建设事业的迅速发展起到了保障作用，但也存在劳动力不能充分调配、企业自主性低等局限性，为企业效率低、人浮于事埋下了隐患。④

总的来看，学术界对改革开放前的中国劳动就业制度的研究也有不少成果。这些成果基本上梳理清楚了当代中国劳动就业的主要方面，如失业治理、劳动力招收与调配、劳动力流动等。这些研究成果为我们了解改革开放前的劳动就业历史提供了大致的脉络。但存在的问题是，已有的研究成果还不够深入，多数还停留在国家层面的制度梳理上。这表现在：（1）对具体的劳动就业制度还缺乏研究，如统一调配就业制度还未引起学者足够的关注；（2）鲜有地区性的个案研究，如对北京市的劳动就业制度做专门研究的尚付阙如；（3）对劳动就业制度发挥的效果、存在的问题还缺乏深入分析，对其影响的探讨也还有很大空间。本书拟以北京市的统一调配就业制度为研究对象，梳理其制度建立、运作过程，以及探讨制度实施效果、存在问题等，力图较全面地展示统一调配就业制度的整体面貌。

三、研究思路

（一）相关概念

1. 统一调配就业

统一调配就业是与个人"自行就业"相对的一种就业方式，全称为劳动力

---

① 廖胜平.北京游民改造研究（1949—1953）[D].北京：中共中央党校，2010.
② 马小红.北京迁移流动人口60年：回顾与展望[C]//北京师范大学，北京市社会科学界联合会.科学发展：文化软实力与民族复兴：纪念中华人民共和国成立60周年论文集（上卷）.北京：北京师范大学出版社，2009.
③ 王承旭.1949年至1950年北京市的移民工作[J].北京党史，2005（5）：37-39.
④ 吴绮雯."一五"时期北京就业政策和就业制度演变[J].北京党史，2017（6）：16-22.

统一调配就业。1952年政务院颁布了《关于劳动就业问题的决定》，提出建立"统一调配劳动力"。① 这种就业制度最明显的特点是政府通过行政手段来安排劳动力就业。

统一调配就业的主要内容是：第一，国营、私营工商企业需要雇用工人职员时，预先提出所需人员的条件和待遇，报送劳动局审查，由劳动局所属的劳动力调配机构统一介绍，在指定登记的失业人员中选择。不经批准，不得登报或出布告自由招雇，不得雇用在职在校人员，不得到外地或乡村招雇。第二，在职工调动方面，允许各产业部门或企业主管部门对所属企业的职工在本系统内调整，但是大批调动到外地的，要征得地方劳动部门的同意。第三，新建、扩建的工矿企业，需要增加劳动力，应提出年度、季度、月度的增加劳动力计划，报送劳动力调配机关，由调配机关按计划调配供应劳动力。② 由此，统一调配就业包含了统一招收、统一调剂（在职人员）和统一分配（对退伍复员军人、中等及以上毕业学生及其他政策性安置人员）三方面的主要内容。

本书考察的就业方式，主要也是这三方面。其中，统一招收的人员当时称为"社会劳动力"，以有别于在岗职工和必须分配工作的人员。

关于改革开放前劳动就业制度的名称，当前学者使用较多的提法是"统包统配"，它指对所有城镇劳动力包分配工作。③ 但在北京市劳动局1950年至1965年档案中，并未见有"统包统配"的提法，常用的是"劳动力统一调配"。且上述著作在解释"统包统配"时，倾向于认为政府是对"所有城镇劳动力"都包分配，这种认识显然与该时期档案文件中的涵盖范围不一致。1953年至1965年，包分配的对象一般是中等（初中）及以上毕业生、退伍复员军人及其

---

① 中央人民政府政务院关于劳动就业问题的决议（修正草案）[A]. 1952年7月. 北京市档案馆藏. 档案号：110-001-00272.
② 袁伦渠. 中国劳动经济史 [M]. 北京：北京经济学院出版社，1990：93-94.
③ 刘嘉林、毛凤华等人认为是对城镇劳动力包下来。参见：刘嘉林，毛凤华. 中国的劳动制度改革 [M]. 北京：经济科学出版社，1988：63. 曹序解释"统包统配"词条时，对涵盖对象语焉不详，有"甚至刑满释放人员也予以安排工作"等语，似乎涵盖对象也是包含所有城镇劳动力，但是又认为劳动力招收和统一分配的对象是有范围的，不是所有城镇劳动力。参见：曹序. 劳动工资词典 [M]. 长春：吉林人民出版社，1987：258，254. 袁伦渠则认为"统包统配"的是国家把每年新成长的劳动力包下来。参见：袁伦渠. 中国劳动经济史 [M]. 北京：北京经济学院出版社，1990：99.

他政策性需要安排工作的劳动力人口。① 对其他社会劳动力，政府可以介绍工作，协助转业培训等，但不是必须安排工作。因此，研究1965年前的劳动就业制度，用"统包统配"的提法不是很准确。本书对1953—1965年就业制度的称谓，采用档案中"统一调配"的提法。在《中国劳动经济史》和《新中国人口史》（下）中也用这种提法。

2. 就业

就业是指具有劳动能力的公民在法定劳动年龄内，依法从事某种有报酬或劳动收入的社会职业。② 按照我国20世纪80年代之前的统计标准，就业人员范围限于国民经济各部门中的劳动力，主要包括全民所有制职工、城镇集体所有制职工、农村集体劳动者、城乡个体劳动者、中外合资企业和外商独资企业中就业的中方劳动者等。现役军人一般不列入劳动就业人口的范围，但军工企业、军队后勤部门所属非军籍职工，均计算为职工人数，作为就业人员统计。③

统一调配就业就是以行政手段统一、有计划地组织就业，与我们当前的个人自行就业、用人单位与个人"双向选择"的就业方式存在很大不同。需要说明的是，用当下的就业概念去理解历史上统一调配就业制度下的就业，需要做出一定的修正。当时的就业，除了包含我们通常理解的"有班上"，劳动部门还把包括参军、升学及其他安排手段都视为就业，我们用"安置"这个词来理解就更全面了。

本书研究的北京市的就业，指的是城市就业，不涉及北京市农村地区的就业。

（二）研究内容

本书以北京市的"统一调配"就业制度作为研究对象。通过对1953—1965年北京市统一调配就业制度的研究，考察了统一调配就业制度的建立过程、变动趋势、所取得的成效及存在的问题等。本书将研究时段限定于1953年至1965年。

全书主体部分有五章。第一章考察了北京市统一调配就业制度建立的历史

---

① 曹序所解释的劳动力招收和统一分配的对象主要包括城镇待业知识青年，大学、中专、技校毕业生，家住城镇的复员军人和军队转业干部，归国华侨，经主管部门批准招用的临时工和合同工等。笔者认为，涵盖对象不同是因国家政策的变动所致，如20世纪50年代对初中生也是负责安排工作的，对有技术的农村退伍军人也可安排在城镇工作。当时学者是依据当时的国家政策做的界定，因而有所不同。
② 林勇. 劳动社会学 [M]. 北京：中国劳动社会保障出版社，2006：279.
③ 曹序. 劳动工资词典 [M]. 长春：吉林人民出版社，1987：249.

背景。主要从失业治理政策的出台、国家大规模建设需要两个角度，分析了北京市统一调配就业制度建立的历史背景。

第二章考察了"一五"时期北京市的统一调配就业制度的建立过程及运行。首先考察了北京市建筑业劳动力统一调配制度的试点过程，其次考察了北京市统一调配就业制度的推广运行，最后分析了统一调配就业制度所取得的成效以及存在的问题。

第三章考察"大跃进"时期的北京市统一调配就业制度的运行状况。本章第一节分析了统一调配就业制度的放宽及后果；第二节分析了"大跃进"时期统一调配就业制度的非常规运行，包括劳动力的频繁抽调与变相招工等；第三节则分析了"大跃进"时期统一调配就业制度实施效果、存在的问题等。

第四章考察了国民经济调整时期北京市的统一调配就业制度发挥的作用。本章第一节论述了此时期统一调配就业制度的收紧与劳动力的精简；第二节论述了北京市对城市失业、无业人员的统一安置就业的努力；第三节论述了统一调配就业制度的改革；第四节则论述了此时期北京市统一调配就业制度所取得的效果与存在的问题。

第五章对北京市的统一调配就业制度进行了评价。既分析了统一调配就业制度的积极作用，也分析了其局限性。最后的结语则概括了统一调配就业制度的变迁及对当今的启示。

本书主要采用文献研究法，主要是通过对一些档案材料进行梳理、考察，辅之以必要的实证研究，如对一些劳动就业数据进行了计算分析。本书还使用了劳动经济学、劳动社会学的一些相关概念与研究方法，力求通过多种视角来分析问题。

（三）拟解决的关键问题和创新点

本书拟解决的关键性问题是梳理各个时期北京市统一调配就业制度的建立与运作过程，最关键的问题有二：一是分析清楚如何分配就业指标，如何统一分配就业，如何通过调剂就业，如何进行招工就业；二是分析清楚统一调配就业制度所取得的成效及存在的问题。

当前学术界对统一调配就业制度进行专门研究的还比较少见，本书从统一调配就业制度的视角，分析了1953—1965年北京市的劳动就业制度。创新点主要有三：第一，较为翔实地考察了北京市统一调配就业制度的建立过程与制度内容；第二，较为翔实地分析了统一调配就业制度的运行过程；第三，较为深入地分析了统一调配就业制度实施的成效及存在的问题。

第一章

北京市统一调配就业制度建立的历史背景

统一调配就业制度的建立，既有新中国成立后失业治理政策的基础，也有国家工业化进程中节省工资基金开支、加强工业化积累的现实考虑。北平和平解放后，党和政府为治理失业而出台了一系列政策，包括政府介绍就业、限制解雇职工、对招雇进行管理、限制劳动力流动等，这些政策都成为统一调配就业制度的雏形。"一五"时期，大规模建设需要大批劳动力，国家选择了低工资制，为避免工资基金过快增长，因而采取了用行政手段统一调配劳动力的方式。同时期，劳动计划体制也随着计划经济体制的建立而建立起来，统一调配就业制度就是在这些背景下建立起来的。

第一节 1950—1953 年的失业问题治理

新中国成立后，战乱破坏等原因导致失业问题十分严重。党和政府在解决失业问题的过程中，采取了对就业问题进行有限干预的政策。这些政策包括失业登记与政府介绍就业、限制解雇、控制招雇、限制外地失业人员流入等，还一度在 1952 年推行过"统一介绍就业"。虽然在新中国成立后直至"一五"初期的数年内，"自行就业"仍是劳动力人口的重要就业方式，但是行政手段安排的就业却越来越占据主导地位。统一调配就业制度就是在失业治理过程中逐渐形成的。

一、新中国成立初期的失业治理

（一）失业现象

新中国成立初期，由于战乱破坏等原因，城市失业现象十分严重，严重地影响了人民生活与社会稳定。1950 年 6 月政务院在《关于救济失业工人的指示》中透露，1950年年初以来，全国主要城市中发生了相当严重的工人失业现象。关内广大地区因"蒋匪残余肆行长期封锁与不断轰炸，加重了工商业的困难"；"那些过去专供地主、官僚资产阶级荒淫享乐的工商行业，随着反动统治阶级的崩溃，趋于不可避免的没落"；"人民政府最近几个月来在财政经济方面进行了若干重大措施，使物价趋于平稳，但同时也带来了暂时的市场停滞和工商业凋敝，甚至关厂、停业现象，某些原来从事投机买卖的工商业，更无法维持"。所有这一切使得某些城市，尤其是上海、南京、武汉、广州、重庆等城市中发生了相当严重的工人失业现象。① 如1950年第一季度，上海新失业的工人就有将近12万人。②

北平和平解放前，北平市区人口为200.6万，消费人口近70万。③ 据1949年度北京市公安局统计，截至1949年12月，北京市全市总人口为2 030 986人，农民除外的人口为1 696 184人。成年男子就业率为91.3%，全市生活无着的人数为173 938人，其中，失业人数估计为54 162人。④ 可见，当时北京市失业人口数量也不少，而且还存在着大量的"消费"型人口，政府认为这些消费人口也是应该就业的。

（二）失业登记与介绍就业

针对新中国成立初期的失业状况，从中央到地方都出台了一系列的失业救济政策，包括失业登记、政府介绍就业、协助介绍就业等。北京市推出的一系列失业治理政策，主要措施有"（政府）介绍就业和自行就业相结合"、限制解雇和控制招雇、限制劳动力流动等。这些就业政策都具有政府"有限干预"的特征。此时期北京市失业治理的方式和手段是很多的，包括以工代赈、训练转业，疏散移民等。⑤ 这里只对与统一调配就业制度密切相关的内容进行论述。

此时期实施的是"（政府）介绍就业和自行就业相结合、扩大就业和实行救

---

① 中国社会科学院，中央档案馆. 中华人民共和国经济档案资料选编（1949—1952）：劳动工资和职工福利卷 [M]. 北京：中国物价出版社，1994：165.
② 中国社会科学院，中央档案馆. 中华人民共和国经济档案资料选编（1949—1952）：劳动工资和职工福利卷 [M]. 北京：中国物价出版社，1994：157.
③ 北京讯. 把消费者投入生产队伍：记京市民政局一年来的几项工作 [N]. 人民日报，1950-02-01（4）.
④ 1949年北京市失业人口估计 [A]. 北京市档案馆藏. 档案号：001-009-00047.
⑤ 李小尉. 新中国成立初期的社会救助研究 [M]. 北京：社会科学文献出版社，2012；韩勤英，苏峰. 国民经济恢复时期北京的失业知识分子救济政策及其成效 [J]. 当代中国史研究，2006（3）：35-41，126；刘荣臻. 国民经济恢复时期城市失业问题的治理及其成效：以北京失业工人治理为例 [J]. 三峡大学学报（人文社会科学版），2010，32（4）：73-76.

济相结合的方针"。① 1949 年 11 月，北京市第二届各界人民代表会议通过的《关于救济失业员工问题的决议》中就要求：所有公私工厂和 10 人以上之作坊解雇其多余之员工后，在一年内每月均须向政府缴纳其所解雇员工原薪 30% 的救济金。如再增雇员工时，需经市政府劳动局之介绍或批准。"领救济金之员工有工作机会时，即由劳动局介绍或自行就业。"政府还可以组织领取救济金的员工"参加半义务性质之公共工程"。这样政府就开始对居民承担介绍工作的责任。②

1950 年 5 月 9 日，为协助本市失业技术员工就业，北京市发布了《北京市失业技术员工登记介绍暂行办法》。办法规定"有左列资格之一者，均得依照本办法所定手续向劳动局申请登记"，登记后由劳动局介绍工作。凡经登记审查合格之失业技术员工，一有就业机会，即由劳动局介绍工作。为了解决部分知识分子失业的问题，1951 年年初，中央人民政府政务院发布了《中央人民政府政务院关于处理失业知识分子的补充指示》，指出对部分失业知识分子"应予以适当的解决"，各地对"所规定之失业知识分子，应由各省、县、市人民政府据实际情况采取适当办法，吸收他们参加工作。其所需经费由地方自筹，但得视需要呈请上级人民政府予以适当补助"③。

应该说，政府这种"有限干预"的就业政策还是取得了积极效果，安置了大量的失业人员，解决了一些人的生活出路问题。以对失业知识分子的救济安置为例，据 1951 年 8 月 29 日北京市失业工人救济委员会报告："最近介绍二百零四人担任成人夜校教员后，已有五分之四就业。介绍到贸易部会计训练班学习十三人，东北阜新高级职业学校教员二人，建设局采石场工作二人，文化馆干部十九人，业余学校教员七人，自谋就业者七十人。送市府人事处处理九人，成人夜校教员二百零四人，取消登记资格二十人。文教局挑去拟用教员八十一人。"④ 就中国共产党和新政府自身而言，它们也获得了良好的政治影响。对旧政权人员采取暂时"包下来"的政策，也有利于政权的顺利交接。

---

① 武力，李光田. 论建国初期的劳动力市场及国家的调控措施 [J]. 中国经济史研究，1994（4）：17-28.
② 中共北京市委党史研究室，北京市档案馆. 北京市重要文献选编（1948.12—1949）[M]. 北京：中国档案出版社，2001：831.
③ 中央人民政府政务院关于处理失业知识分子的补充指示 [A]. 北京市档案馆藏. 档案号：110-001-00188.
④ 北京市失业工人救济委员会失业知识分子登记处工作总结报告 [A]. 1951 年 8 月 29 日. 北京市档案馆藏. 档案号：110-001-00188.

（三）解雇与招雇政策的变动

在当时减少失业的政策目标下，政府在一定范围内限制公私企业解雇员工，对部分企业招雇员工也予以控制。限制解雇的目的在于减少失业，控制企业招工的目的在于掌握就业岗位，便于政府安置失业人员。

1950年2月25日，北京市颁布的《北京市救济失业员工决定试行细则》就规定：凡在本市十人以上之公营与私营工厂作坊，均须遵行本细则之规定。[①] 细则规定将私营工厂企业以十人为标准，纳入政府就业管制的范围。同时，劳动部门对公营企业招雇职工也加强管理，以便于掌握就业岗位。1950年5月9日又规定："凡本市私营企业需求工人时，可申请劳动局介绍，其自行招雇者，应尽先录用本市失业技术员工，并须报请劳动局备案。"[②] "备案"制尽管不是审批，但是离"审批"也更为接近，这就为此后将私营企业的招雇权纳入政府管辖埋下了伏笔。接着在1950年5月30日北京市劳动局又通告："凡本市公营工厂企业招雇技术员工时，应向本局领取添雇技术员工申请登记表"；"凡本市各私营工厂需要雇用技术工时，亦可依规定办理"[③]。

当时减少失业的初衷是好的，但也出现了一些不合理现象。如各地劳动局由于害怕职工解雇后的失业问题无法解决，不敢批准资方某些合理的解雇请求；各地工商局对于批准私营企业的停业、歇业和转业，也由于害怕生产受影响和职工失业而加以过多的限制。1950年8月，中央政府就对上述行为做出了一定的限制。政务院发出指示称，过去各地人民政府所颁布的《关于劳资关系暂行处理办法》中，尽管规定"资方为了生产或工作上的需要，有雇用与解雇工人及职员之权"，但劳动部门在执行中过多地限制了资方的解雇权。[④] 可见，至少在当时，中央层面对私营工商业的用人权力还是保持了尊重的态度。

（四）限制外地人员流入

由于就业率是以行政区划为单位考核的，各地政府必然优先照顾本地劳动力的就业，这就导致了劳动力流动的地区分割。1950年12月4日，北京市就因

[①] 北京市救济失业员工决定试行细则 [A]. 1950年2月25日. 北京市档案馆藏. 档案号：110-001-00039.

[②] 北京市失业技术员工登记介绍暂行办法 [A]. 1950年5月9日. 北京市档案馆藏. 档案号：110-001-00039.

[③] 劳五字第五号通告 [A]. 1950年5月30日. 北京市档案馆藏. 档案号：110-001-00039.

[④] 中央人民政府政务院关于目前私营工商业解雇问题的指示（草案）[A]. 1950年8月. 北京市档案馆藏. 档案号：110-001-00054.

为是否接收一名叫赵玉和的人而向中央请示,"赵玉和原籍虽实是北京而其家实一无所有,严寒之下只好暂住旅店,欠债累累"。北京市认为"对此种情况应请中央考虑是否以不遣送(回京)为宜"。政务院批示同意,"所陈失业工人常年携眷在外,其原籍已无家无靠无生产条件者,应当就地安置,不必遣送还乡。核属可行"。① 北京市显然倾向于避免接收,增加就业负担。在中央政务院发布《中央人民政府政务院关于处理失业知识分子的补充指示》后,北京市在执行办法中就规定如下人员不予救济:外地知识分子自行流入本市者;或机关干部,经分配至外地工作后,自行脱离工作岗位返回本市者。② 阻止外地劳动力的流入,就会强化户籍限制。北京市劳动就业委员会所发布的《关于失业人员统一登记工作细则》中,强调的注意事项是"上述各类失业人员以在本市有固定户籍者为限"③。

1951年5月15日,劳动部(现劳动和社会保障部)规定,各地招聘职工时"凡中央直辖各省市和各大行政区之间招聘职工时,须持有中央人民政府劳动部正式介绍信件。在各大行政区所辖地区之内的省市之间,须持有大行政区劳动部正式介绍信"。这是因为中央劳动部根据西北军政委员会劳动部报告:"中南行政区河南省机械厂,最近派人来宝鸡招揽在职的技术工人,以高额工资并发工人安家费等办法,招走申新铁厂的在业工人29人,因此我们感到这种办法招揽在职工人,甚不适当。"中央劳动部认为河南省机械厂招人"无一定手续,以致造成严重的职工跳厂现象,增加了工人的流动性,直接影响生产",因而做出了上述限制性的规定。④ 可见,劳动部门是限制职工随意跳厂的,也反对企业挖用其他单位人员,这就限制了厂与厂之间工人的流动。

总的来看,在国民经济恢复时期,人民政府对劳动就业的干预是有限的,是属于一种"新民主主义"的劳动就业政策,但在很大程度上又带有过渡性质。

二、1952年的失业高潮与应对

(一)1952年的失业情况

1952年,包括北京市在内的一些大城市又出现了较大规模的失业现象。据

---

① 北京市关于各地遣送回京失业人员问题的请示 [A]. 1950年12月4日. 北京市档案馆藏. 档案号:110-001-00100.
② 救办字第六号通告 [A]. 北京市档案馆藏. 档案号:110-001-00188.
③ 关于失业人员统一登记工作细则 [A]. 北京市档案馆藏. 档案号:110-001-00273.
④ 劳动部对各地招聘职工的规定 [A]. 1951年5月15日. 北京市档案馆藏. 档案号:110-001-00199.

时任中央人民政府人事部部长安子文的报告:"全国现失业半失业人员约有二百八十万,其中失业半失业工人约有一百二十万,失业知识分子约有四十三万人,没有职业或没有正当职业的旧军官约有二十万人,其他应予安置、救济或改造训练使之就业的老弱残废、流浪儿童、无业游民、乞丐、娼妓等共约九十八万人。"① 从1952年4月初到6月底,北京市歇业和缩小营业的私营工商业共2628户,解雇职工共6224人。② 这些失业工人职员的情绪波动较大,对社会稳定显然不利,北京市也要花大力气解决失业问题。

(二)统一介绍就业政策的实施

北京市对彻底解决1952年失业问题的意见是建立统一调配就业制度,由政府统一安排就业。为此,北京市要求"首先应迅速实现中央就业会议上关于一切公私厂矿、企业、机关、学校,招收工人、学徒、职员,必须一律经过劳动局调配、介绍和审查批准的决定。劳动局立即着手进行对全市当前及今后所需增加的工人、学徒、职员的数目、条件、待遇及时间等的调查统计工作,以便进行有计划的调配"③。在失业压力下,中央政府提出建立统一介绍就业制度。④ 据学者的研究,决策经过为:1952年"五反"运动中,许多失业人员直接给中央或毛泽东写信,反映情况并要求解决失业问题。毛泽东在阅读了中办秘书室关于上述来信的报告后,感到问题严重,于是委托周恩来专门召开一次会议,讨论解决失业问题。同年7月,政务院召开了全国劳动就业会议。⑤ 所以统一介绍就业政策的出台与当时大规模的失业有密切关系。

政务院召开全国劳动就业会议后,制定了《中央人民政府政务院关于劳动就业问题的决议(修正草案)》,提出为达到彻底消灭失业、逐步做到劳动力的

---

① 中国社会科学院,中央档案馆.中华人民共和国经济档案资料选编(1949—1952):劳动工资和职工福利卷[M].北京:中国物价出版社,1994:159.
② 赵凡.关于私营工商业歇业、解雇及政府安置救济失业职工情况的报告[M]//中共北京市委党史研究室,北京市档案馆.北京市重要文献选编(1952).北京:中国档案出版社,2002:285-290.
③ 赵凡.关于私营工商业歇业、解雇及政府安置救济失业职工情况的报告[M]//中共北京市委党史研究室,北京市档案馆.北京市重要文献选编(1952).北京:中国档案出版社,2002:285-290.
④ 要求"一切公私企业凡需招聘职工时,必须由当地政府劳动部门统一介绍",实际上就是统一调配就业,参见:武力,李光田.论建国初期的劳动力市场及国家的调控措施[J].中国经济史研究,1994(4):17-28."六、劳动力统一调配决策的制定和调整"部分.
⑤ 武力,李光田.论建国初期的劳动力市场及国家的调控措施[J].中国经济史研究,1994(4):17-28.

统一调配，决议要求，一切公私企业，均应遵守共同纲领和人民政府的政策法令，"不得从解雇职工上想办法""对于因生产改革、提高了劳动效率而多余出来的职工，均应采取包下来的政策，仍由原企业单位发给原工资（计入企业成本之内），不得解雇"。决议还要求"劳动部门应慎重处理解雇问题"。决议甚至要求工商管理部门"对于开业的申请亦应注意掌握""以避免盲目开业，盲目歇业，结果造成失业的现象"①。应该说，这是新中国成立三年来中央在劳动就业问题上态度最明确的政策。从决议语气上来讲，明显不提倡解雇、停业。

按照《中央人民政府政务院关于劳动就业问题的决议（修正草案）》的要求，各地开展了对劳动力的统一登记工作。1952年10月13日，北京市劳动就业委员会发布了进行失业人员统一登记的通告②，开始实施统一介绍就业制度。

（三）实施中的问题

北京市劳动部门实施统一介绍就业的态度比较坚决，认为劳动力介绍工作要做到统一，必须做到以下三点控制：对一切工厂企业、机关、团体、学校添雇职工加以控制；限制外地农民流入城市；对用人单位的招工条件也须加以必要的审查控制，对不适当的限制年龄和性别，排斥老年知识分子和妇女以及过分挑剔历史条件等情况必须加以批判。③ 这说明当时北京市劳动部门主张全面控制劳动就业环节，实行统招统配。但在实际中遇到用人单位的阻力，所以要打通工厂、企业单位的领导思想，加强督促检查，发现违反招工办法的单位则必须给予批评通报。

1. 登记人员虚报技术水平

统一登记过程中，求职人员不可避免地存在着虚报技术水平现象。北京市劳动局于1952年12月下旬对失业员工登记中有技术专长的人，曾做了一次调查清理工作。通知参加考试的技术工人1017人，实际应试的只有526人，最后仅正式录用91人。主要原因是"这些登记的失业技术员工没有真正的或最低的技术"。"登记的失业技术员工没有真实技术，不是少数，而是多数。"④ 这就说明当时就业登记中劳动力的质量存在严重的虚报情形。还有的城市登记面过宽，

---

① 中央人民政府政务院关于劳动就业问题的决议（修正草案）[A]. 北京市档案馆藏. 档案号：110-001-00272.
② 北京市劳动就业委员会进行失业人员统一登记的通告[A]. 1952年10月13日. 北京市档案馆藏. 档案号：110-001-00272.
③ 北京市失业工人救济工作的几点经验[A]. 北京市档案馆藏. 档案号：110-001-00386.
④ 北京市劳动局. 清理部分失业技术员工的工作报告[A]. 1953年1月19日. 北京市档案馆藏. 档案号：110-001-00388.

没有劳动力的老弱病残也登记上了；有的城市过分强调统一调配，甚至对于私营手工业雇用少数职工学徒也加以干涉，介绍就业，不注意生产需要的条件。①

2. 用人单位配合安置不积极

用人单位的用人标准，劳动部门不可能完全满足，为了完成就业任务，只好分配安置。北京市劳动局自己也承认：由于就业登记面很广，统一介绍就业很困难，有些干部未完全从生产出发，不考虑登记就业人员的三大特点（文化低、缺乏技术、历史复杂）与实际生产的需要，单纯为了解决失业人员就业问题，搭配凑数，试工后不准退回等，以致用人单位反映不好。② 1952年12月北京市劳动局曾发文，强制要求各用人单位降低用人标准。"不经我局同意，不得私自招收外地工人；招工条件不得任意提高（如文化程度等）；年龄除学徒工外，一般不得限制太严；除特殊工外，不得限制性别；除必须具有一定文化程度者外，一般可适当降低或不必限制；介绍去的人员，应尽量予以录用，不得无故不要。到外埠招工时，工人一切事项由招工单位与工人协商办理，订立合同，（季节工或临时工）须经我局审核批准。凡须登报或粘贴广告招考者，一律须经我局审核批准。方可招收。"③ 这就大大限制了单位的用人权。

3. 推高了就业期望

作为政府公开发布的政策，必然会对群众产生导向作用，提高心理预期。"有的回了原籍或做了临时工或参加了以工代赈，听说办理劳动就业，才赶回来登记。少数外地农民和其他失业人员羡慕北京找事容易，来京投亲靠友，立了长期户口，办了登记。"④ 统一介绍就业实际上也不能完全解决这些人的问题。"失业人员原以为登记了就可以找到工作，因而产生了急躁情绪，致使干部穷于应付，陷于被动。"⑤ 实际上当时有很大一部分失业、无业人员由于不具备就业条件或者就业条件较差，很难采取统一介绍的办法安置工作。同时还存在着希

---

① 关于劳动就业工作的报告：中央劳动就业委员会、中央内务部、中央劳动部给主席并中央的报告［A］. 1953年8月5日. 北京市档案馆藏. 档案号：110-001-00387.
② 劳动局党组关于中央劳动就业今后的方针和处理办法的几项初步意见［A］. 1953年9月17日. 北京市档案馆藏. 档案号：110-001-00320.
③ 北京市人民政府劳动局招工办法向张副市长的请示［A］. 1952年12月. 北京市档案馆藏. 档案号：110-001-00285.
④ 北京市劳动就业统一登记工作总结［A］. 北京市档案馆藏. 档案号：110-001-00277.
⑤ 关于劳动就业工作的报告：中央劳动就业委员会、中央内务部、中央劳动部给主席并中央的报告［A］. 1953年8月5日. 北京市档案馆藏. 档案号：110-001-00387.

望自行就业的人员，政府统一介绍就业实际上就成了一件过于承担责任的行为。①

（四）统一介绍就业政策的调整

统一介绍就业在实践中遇到的困难，促使中央政府在就业政策上予以调整。政务院在1953年5月就准备在就业问题上有所调整。1953年8月5日，劳动部在一份报告中承认："现有失业人员的情况相当复杂，就业条件各有不同，如要求在短期内由国家统一安置，也是很困难的。"这次报告实际上就是承认了统一介绍就业工作的缺陷。因此，"一方面要将介绍就业与自行就业结合进行，鼓励广大失业人员自找职业，自谋生活出路，以减少目前的失业现象和减轻介绍就业的困难"。报告明确提出：拟请各城市人民政府明令公布，除失业职工仍继续登记外，劳动就业登记宣告停止。②

劳动部的报告还阐述了统一介绍就业的认识，与先前的决议相比，这份报告认识上更为实际。"劳动力调配工作，是为生产服务，介绍就业应服从生产利益，不应将不适合条件的失业人员介绍到工厂企业中去。有计划、有步骤地实行统一调配，是必要的，但在目前情况下，实行无所不包的统一调配办法是过早的，在实际上就限制了公私企业机关用人的方便，缩小了自行就业的门路，因此对于统一调配的范围应适当缩小。劳动部的意见是：招用少数人员时（具体数字由各地自行规定），可自行在当地已登记失业人员中选用，但须向劳动局备案。"③这就恢复了招工单位一定的用人自主权。1953年8月，中央要求各地恢复"介绍与自行就业相结合"的方针，鼓励失业、无业人员自找门路，自行就业。④

北京市也很快调整了统一介绍就业政策。为避免工作陷于被动，北京市采取了"严格登记、内部掌握"的方式，避免给群众造成大的冲击。北京市劳动局提出："考虑到登记范围陡然严格，也会引起群众不满，我们拟采取逐步收缩

---

① 关于对统一介绍就业制度的分析与评价，还可参考武力、李光田的《论建国初期的劳动力市场及国家的调控措施》中"劳动力统一调配决策的制定和调整"部分。
② 关于劳动就业工作的报告：中央劳动就业委员会、中央内务部、中央劳动部给主席并中央的报告［A］. 1953年8月5日. 北京市档案馆藏. 档案号：110-001-00387.
③ 关于劳动就业工作的报告：中央劳动就业委员会、中央内务部、中央劳动部给主席并中央的报告［A］. 1953年8月5日. 北京市档案馆藏. 档案号：110-001-00387.
④ 武力，李光田. 论建国初期的劳动力市场及国家的调控措施［J］. 中国经济史研究，1994（4）：17-28.

的方式,经批示后再暂由内部掌握。"① 1953年8月20日,北京市劳动局下发了意见,认为:"介绍劳动力工作必须服从生产需要,因而今后应采取介绍就业与自行就业相结合的方针,缩小统一介绍范围,扩大自行就业面。"② 北京市这次建立统一调配就业制度的尝试得以调整。

以上北京市的失业问题及治理手段,已经蕴含了统一调配就业制度的某些因素。这些因素在失业治理中不断得到加强,并曾经在1952年的失业治理中一度建立过统一调配就业制度。

第二节 国民经济大规模建设与劳动计划体制的建立

国民经济大规模建设,必然要求大量的劳动力供应,但是在国家工资基金的约束下,国家不能采用物质刺激的办法来保障劳动力的供应。而且采用物质刺激的方式,也不符合党和政府的劳动就业理念。为确保劳动力供应,国家采取了统一调配劳动力的办法,通过行政手段,统一地、有计划有组织地为各部门供应劳动力。

一、国民经济建设规划

1952年年底,全国大规模的经济建设即将开展,在当时"一穷二白"的基础上发展工业,首先要重点投资的就是基本建设。就全国来讲,从1953年"一五"计划开始,固定资产投资就进入了快车道。1953—1957年,全国实际完成基本建设投资588.47亿元,为1949—1952年的7.5倍。五年之中,年平均递增达17.9%。在固定资产投资中,占据首要地位的无疑是工业投资。"一五"计划中,全部工业实际完成的投资额为250.26亿元,占全部基本建设投资的42.5%,其中生产资料的投资又占到工业投资的86.9%。③ 这种投资结构鲜明地体现了国家的工业化发展战略。这种发展战略必然需要大量的人力资源作支撑。

新中国成立初期,北京市就迎来了建设高潮,投入了较大规模的人力物力

---

① 劳动局长马光斗给张副市长的请示[A].1953年8月.北京市档案馆藏.档案号:110-001-00386.
② 关于今后劳动力介绍工作的意见[A].1953年8月20日.北京市档案馆藏.档案号:110-001-00388.
③ 中国社会科学院,中央档案馆.中华人民共和国经济档案资料选编(1953—1957):固定资产投资和建筑业卷[M].北京:中国物价出版社,1998:1.

改变市容市貌。"旧的北平，是专供反动统治阶级享用的乐园，全市仅有的一点现代城市设备，如下水道、自来水、柏油路以及舒适的住宅等，几乎全都集中在所谓富贵之区的东西城，至于劳动人民聚居的南北城，那就只有破败和脏污，完全是另一番景象。现在，人民掌握了政权，我们要把旧的北平改建成新的北京，就必须首先从城市建设的路线和方针上加以根本的改变。"①

1950年北京市新建交通工程有26.59千米的高级路面，改建了16.83千米的胡同。特别是在下水道建设方面，掏挖和整修南北沟沿、崇文门、朝阳门、安定门、北新华街、棋盘街、大石桥等地的下水道，并改建龙须沟为暗沟。共计掏挖沟道101 309米。翻修沟道3207米，添建探井2320座和雨水口4640座。还有河道工程、卫生工程都开始了大规模的建设。②

新中国成立后，北京各厂矿的职工，掀起了修复厂房、设备的劳动大竞赛。北京市加以整顿扩充的厂矿有京西煤矿、清河制呢厂、燕京造纸厂、新建面粉厂、新建玻璃厂，并拟增设纺毛厂、地毯厂、面粉厂、染烫厂等一些新厂。③ 截至1952年，在基本建设方面，新建、扩建单位主要有新华印刷厂、北京化学制剂厂、清河制呢厂精纺车间等。④ 1952年北京市基本建设投资额为1.71亿元（新币），占到全国投资总额的3.9%。⑤

在新中国成立最初几年，北京市的建设领域主要是建筑工业。据北京市委报告，1953年前后，建筑工业是当时北京市最大的产业，1953年建筑业职工最高曾达23万人，1954年是14万人。国家在北京市基本建设（主要是机关办公、学校和住宅等建筑）方面的投资每年都很大。1953年完成的工程任务达310万平方米，投资50 000余亿元，1954年的工程任务，包括1953年跨年度的工程共330万平方米，投资达到约50 000亿元。⑥ 如此巨大的建设规模，必然要求大量的劳动力。北京市1950—1957年全市房屋竣工面积如表1-1所示。

---

① 中国社会科学院，中央档案馆.中华人民共和国经济档案资料选编（1949—1952）：基本建设投资和建筑业卷［M］.北京：中国城市经济社会出版社，1989：621.
② 中国社会科学院，中央档案馆.中华人民共和国经济档案资料选编（1949—1952）：基本建设投资和建筑业卷［M］.北京：中国城市经济社会出版社，1989：615-617.
③ 中国社会科学院，中央档案馆.中华人民共和国经济档案资料选编（1949—1952）：基本建设投资和建筑业卷［M］.北京：中国城市经济社会出版社，1989：583.
④ 中国人民大学工业经济系.北京工业史料［M］.北京：北京出版社，1960：1.
⑤ 中国社会科学院，中央档案馆.中华人民共和国经济档案资料选编（1949—1952）：基本建设投资和建筑业卷［M］.北京：中国城市经济社会出版社，1989：263.
⑥ 中共北京市委党史研究室，北京市档案馆.北京市重要文献选编（1954）［M］.北京：中国档案出版社，2002：290.

表1-1　北京市1950—1957年全市房屋竣工面积① 单位：万平方米

年份	1950年	1951年	1952年	1953年	1954年	1955年	1956年	1957年
竣工面积	31.9	130.4	220.1	297.8	321.8	427.2	383.7	313.8

"一五"时期北京市并不是工业重点建设投资的城市。"一五"计划中，中央原定在北京新建11个工厂，后来有4个停建，1个"还在考虑"。② 但是这并不是说北京市不想建设大工业。北京市委认为"首都的工业基础十分薄弱"，导致"缺乏强大的近代产业工人作为群众基础"。因而在许多方面都突出地反映了"小资产阶级"的、"小职员"的、"小市民"的、"消费者"的思想情绪和要求。北京市委认为"这是首都最大的弱点，和首都的政治地位极不相称"。据尤金提供给北京市委的材料，当时莫斯科工人是城市人口的主要部分，占200万以上，莫斯科的一些工厂是全国同类工厂的榜样。因此北京市委向国家计委反馈意见，认为"我们首都的前途，也应该是这样的，而且工业的发展速度不应该太慢"，首都北京"必须建设成为强大的工业基地"③。如表1-2所示，从1950年至1957年，北京市固定资产投资额增长很快，其中很大一部分是工业投资，8年间固定资产投资中，用于工业投资的比重年均为33%。

表1-2　北京市1950—1957年固定资产投资额及投资结构表④ 单位：万元

| 年份 | 总计 | 工业 | 占比（%） | 其中 | | 建筑业和资源勘探 | 运输邮电 |
				重工业	轻工业		
1950年	3028	1645	54.3	1146	499		180
1951年	8960	3798	42.4	2537	1261	187	3303
1952年	9942	3460	34.8	2569	891	277	3026

---

① 北京市统计局.北京四十年：社会经济统计资料［M］.北京：中国统计出版社，1990：77.

② 中国社会科学院，中央档案馆.中华人民共和国经济档案资料选编（1953—1957）：固定资产投资和建筑业卷［M］.北京：中国物价出版社，1998：860.

③ 中国社会科学院，中央档案馆.中华人民共和国经济档案资料选编（1953—1957）：固定资产投资和建筑业卷［M］.北京：中国物价出版社，1998：856-857.

④ 北京市统计局.北京四十年：社会经济统计资料［M］.北京：中国统计出版社，1990：77.

续表

年份	总计	工业	占比（%）	其中		建筑业和资源勘探	运输邮电
				重工业	轻工业		
1953年	45726	9004	19.7	5967	3037	3211	4936
1954年	72747	17515	24.1	7814	9701	5012	11076
1955年	63788	21188	33.2	16357	4831	4875	8267
1956年	89031	30619	34.4	25186	5433	6527	13163
1957年	74690	16621	22.3	12140	4481	5122	15563

二、工资基金约束与劳动力供应

建设规模和建设计划如此之大，必然需要大批的劳动力，统一调配劳动力就有了现实的需求。如由劳动部劳动力调配司（今人力资源和社会保障部调解仲裁管理司）起草的《北京市建筑业工人统一调配办法草案（初稿）》其目的之一是"适用国家大规模建设的需要"[1]。

（一）劳动力市场化与工资支出

新中国成立初期，各地、各企业工资标准是不一样的。国营企业之间不一样，私营企业也基本能自主定价，国营、私营之间工资差别较大。这是劳动力市场化的表现，工人都是由工资低的单位流向工资高的单位。例如，北京机器厂1950年从天津示范厂调来30多名工人，后因天津地区工资比北京高，不少人都辞职回到天津。其他各企业由上海调来的技术职工，也有不少因北京的工资低于上海而请假辞职返回上海。[2] 1951年6月劳动部一份关于《技术职工流动情况报告》的数据显示，一些国营企业职工在跳厂后工资普遍得到了大幅度的增长（见表1-3）。

---

[1] 北京市劳动局．北京市建筑业工人统一调配办法草案（初稿）[A]．1953年1月21日．北京市档案馆藏．档案号：110-001-00424．

[2] 武力，李光田．论建国初期的劳动力市场及国家的调控措施[J]．中国经济史研究，1994（4）：17-28．

表1-3 北京三个国营企业部分跳厂职工跳厂前后工资比较表① 单位：小米斤

原厂名	姓名	工种	原工资	跳往的厂名	跳厂后的工资	增长率（%）
七十兵工厂	王谦	钳工	350	南苑飞机厂	425	21
七十兵工厂	姚存桂	学徒	165	南苑飞机厂	400	142
七十兵工厂	贾树芳	钳工	275	农业机械厂	400	45
七十兵工厂	刘明进	翻砂工	425	聚盛铁工厂	525	24
人民机器厂	张明久	车工	340	振华工厂	380	12
人民机器厂	李龙安	机车班长	310	未详	500	61
人民机器厂	刘殿奎	学徒	125	未详	270	116
人民机器厂	刘明德	车工	290	北大医学院	420	45
都市建筑委员会	段海英	工程师	800	中央贸易部	1200	50
都市建筑委员会	熊春芳	技术员	560	中国建筑公司	1200	114

从这些跳厂职工工资前后对比来看，工资增长幅度最大的达142%，最低的也有12%。绝对数额增长最高的达640小米斤，最低的也有40小米斤。这些国有企业工人的工资开支，都要由国家支付。对国家来讲，这种追求高工资的流动，势必增加国家工资基金支出。即使工人向私营企业流动，也会抬高国营企业的工资水平，增加国家财政负担。

（二）工资基金约束与劳动力供应

征集劳动力主要靠两种手段：市场化与行政调配。如果简单地因为大规模建设的需要，就认为建立统一调配制度有"必然性"，这是不符合常理的。但我们又不能完全否认这种"必然性"。

在大规模的劳动力需求下，国家选择了统一调配来供应劳动力，是与当时国家工资基金约束有密切联系的。在当时国家财力紧张的情况下，国家选择了低工资制，全国工资基金每年是有计划的，要力求不突破，或少突破。而在全国各大区的工资标准基本统一的情况下（也就是说不能随意涨工资），如何征集

---

① 武力，李光田. 论建国初期的劳动力市场及国家的调控措施 [J]. 中国经济史研究，1994（4）：17-28.

人力资源呢？显然只有通过行政手段来配置劳动力。

在当时国家工业化建设要求资金积累的情况下，国家对工资基金增长控制很严。正如1953年中央在一份批示中指出："工资福利待遇问题是带有根本性的问题，这一方面情况极为混乱。一个地区没有统一的标准，工资等级随便规定，福利待遇随便许愿，以致高低不一，不一则乱，许多混乱情况由此发生。故必须加以统一规定，彻底整理。"① "必须逐步统一工资、工时、技术标准和劳保福利待遇。目前应首先制止现在存在着的混乱现象的发展，然后根据中央的原则规定由一个城市的统一、地区的统一、逐步做到全国的统一。"②

而只有确立全国统一的工资标准，才能切实做到对全国工资基金的总量控制与增长控制，所以，统一全国工资提上了日程。此前的1950年8月中央曾在北京召开了全国工资改革准备会议，基本原则为既要"打下全国统一的、合理的工资制度的初步基础"，又要"照顾国家财力和工农关系，不过多增加国家负担"。改革内容为：一、全国统一以"工资分"为工资的计算单位。二、以大行政区为单位，建立新的工人和职员的工资等级制度。各大行政区还排定了各产业的工资顺序：钢铁冶炼、煤矿为一类产业，工资标准最高；其次是机器制造、电力；轻工、纺织工资标准最低。关于各企业的工资标准，除了东北地区是同一个产业的各企业实行同一种工资标准，其他各大区则一般在同一产业中实行四五种工资标准，照顾了各企业的重要性及规模的大小等。三、改革计件工资制和奖励工资制。四、制定了工人的技术等级标准。③ 此后，从1951年全国各大区相继开启了工资改革的步骤。

国营企业的工资基本统一后，为了消除私营单位高工资对工人的吸引力，此后，各地陆续采取措施，调整大中城市私营企业职工的工资水平。一般是参照国营企业职工的工资标准和水平予以调整，以缩小公私企业之间的差异。④

第二次工资改革则在全国范围内统一了职工的工资标准。1956年6月16日，国务院通过了《关于工资改革的决定》，此为第二次全国工资改革。这次改革工人工资的一个重要内容就是按产业统一规定了全国工人的工资标准，减少

---

① 中共北京市委党史研究室，北京市档案馆．北京市重要文献选编（1953）[M]．北京：中国档案出版社，2002：82．
② 中央劳动部关于全国建筑工人调配工作会议的报告 [A]．1954年5月29日．北京市档案馆藏．档案号：110-001-00540．
③ 庄启东，袁伦渠，李建立．新中国工资史稿 [M]．北京：中国财政经济出版社，1986：49．
④ 武力，李光田．论建国初期的劳动力市场及国家的调控措施 [J]．中国经济史研究，1994（4）：17-28．

了工资标准数目。例如,有色金属矿,全国原有 25 个工资标准,这次统一规定为 12 个。当然,工资标准也规定了地区差异。"同类产业企业在不同地区采用不同的工资标准和工资增长幅度",内地重点发展地区的工资标准规定得较高。①

工资标准的统一,实际上就是取消了劳动力流动的市场化因素,也为国家对全国工资基金进行总量控制奠定了基础。东北区劳动局局长称,"政府规定了统一工资标准与劳动标准,使得私自抬高工资,促使工人盲目流动的现象基本上消灭了"②。

此后,全国工资基金总额基本纳入了国家计划,控制很严。国务院在第二次工资改革中再次强调了对工资基金的总量控制:"国务院各部门、各省、自治区、直辖市人民委员会应该根据已经确定的工资标准和工资总额的增长控制数字进行。"全国工资会议所规定的或者各部门下达的工资增长控制数字中,"凡是由国家预算开支的,在不超过各省(市)由国家预算开支的 1956 年工资增长总额的 1% 的幅度内,各省(市)可以自行调剂(如某省 1956 年由国家预算开支的增长工资总额为 3000 万元时,其 1% 上下的幅度,即为 30 万元上下)。但是,超过 1% 以上的,必须将增长目标的项目和原因报请国务院审核批准"③。如国务院批准的 1957 年度国民经济计划草案中就规定:1956 年年底全国职工总数达到 2235 万人,1957 年年底计划达到 2206.6 万人,比 1956 年年底减少约 28 万人;1957 年职工的工资总额为 141.3 亿元,比 1956 年增加 11.4 亿元,增长 8.8%。④ 国家计划委员会、劳动部下达的 1959 年全国职工的工资总额为 213 亿元。中央下达计划时强调"全国工资总额 213 亿元这个数目,应该保证不突破"⑤。

总之,通过工资总额这道"硬杠杠"的控制,国家就可以在不增加或少增

---

① 庄启东,袁伦渠,李建立. 新中国工资史稿 [M]. 北京:中国财政经济出版社,1986:61-74.
② 曹阳戈. 认真做好基本建设劳动力的平衡计划与统一调配工作 [J]. 劳动,1953 (6):35-37.
③ 中国社会科学院,中央档案馆. 中华人民共和国经济档案资料选编 (1953—1957):劳动工资和职工保险福利卷 [M]. 北京:中国物价出版社,1994:477-478.
④ 中国社会科学院,中央档案馆. 中华人民共和国经济档案资料选编 (1953—1957):综合卷 [M]. 北京:中国物价出版社,2000:563.
⑤ 国家计划委员会,劳动部. 关于 1959 年增加工资八亿元的分配和编制 1959 年职工平均人数、工资总额计划的通知 [A]. 1959 年 8 月 20 日. 北京市档案馆藏. 档案号:110-001-01073.

加工资支出的前提下，投入大量的劳动力进行建设。所以，如果能从国家工资基金的"硬约束"这个角度来理解的话，对国家来讲，统一调配就业制度确实不失为一种合算的配置劳动力方式。

三、劳动计划体制的建立

新中国成立后，采用计划方式发展经济是当时党和政府的共识。计划经济体制下，计划的对象既包括物资资料，也包括劳动力资源。① 有计划地发展经济，必然要求有计划地使用劳动力。统一调配就业制度，就是采用计划的手段，来达到避免劳动力使用上的浪费，并节约工资基金。

（一）有计划地使用劳动力

《劳动》杂志刊发的"劳动经济讲座"专题，对社会主义劳动的性质及原则做了阐述，第一条即指出："劳动力的扩大再生产与分配，是有计划地进行。"② 因为资本主义生产无计划，造成了极大的盲目性和自发性，社会主义劳动要避免这种现象。这就能解释为什么在社会主义建设中国家能自然而然地将劳动力纳入各种计划配置指标之中。劳动计划体制作为计划经济体制的一部分，是伴随当代中国计划经济体制的建立而同步建立的。中央人民政府在1952年11月成立了国家计划委员会，作为全国计划工作的领导部门。1952年12月22日，中共中央在《中共中央关于编制一九五三年计划及五年建设计划纲要的指示》中称："为了加速国家建设，除应动员全国力量，集中全国人力和财力以外，必须加强国家建设的计划工作，使大规模建设能在正确的计划指导下进行，避免可能发生的盲目性。"③ 编制计划时"不仅应在产品数量（包括产品品种）方面有先进的指标，而且应在产品的质量、成本和劳动生产率等方面，也应有具体的先进的指标"④。其中劳动生产率指标就是劳动计划的重要内容之一。

1953年2月13日，中共中央又发出《中共中央关于建立计划机构的通知》，要求中央一级各国民经济部门和文教部门，必须迅速加强计划工作，建立起基

---

① 以往对计划经济的研究，往往只是注意到对生产资料、原材料以及劳动产品等物质资料的公有制及计划配置，对劳动力的公有制及计划配置往往被忽视，或语焉不详，实际上劳动力资源的配置一直都是计划经济的重要内容之一。
② 单振英. 劳动经济讲座：第三讲社会主义制度下的劳动 [J]. 劳动, 1956 (3)：35-38.
③ 中国社会科学院，中央档案馆. 中华人民共和国经济档案资料选编（1953—1957）：综合卷 [M]. 北京：中国物价出版社，2000：356.
④ 中国社会科学院，中央档案馆. 中华人民共和国经济档案资料选编（1953—1957）：综合卷 [M]. 北京：中国物价出版社，2000：358.

层企业和基层工作部门的计划机构。计划机构的任务为："应按照国家计划委员会与省、市党委及人民政府指示，负责编制必要的地区性的物资和劳动平衡计划。"① 在1954年2月1日，中共中央又在《中共中央关于建立与充实各级计划机构的指示》中明确了各级计划机关的任务，其中就包括"在国家的统一计划之下，充分考虑利用本地区天然的、生产的、劳动力的资源，制订本地区内经济和文化教育事业发展的措施计划"，以及"尽可能按国家计划保证供应本地区内直属中央各部的企业所需的原材料和劳动力"②。可见，劳动计划是必然包含在了国家计划经济范围内的，是计划经济指标中的重要组成部分。

（二）确立劳动计划的执行机构

统一调配就业制度的实施，必须建立相应的劳动计划管理制度及执行机构。在新中国计划经济体制的建立过程中，确立了劳动部门作为劳动计划执行的主体机构。

1953年12月中南局在向中央的请示中，提出将"为工业建设服务，有计划、有步骤地做好劳动力调配，特别是首先做好建筑工人调配和工矿、交通企业工资工作"的任务，集中到劳动部门进行。"一年多的经验说明劳动调配工作必须有专门机构管理，我们认为有必要将建筑工人调配和工资工作交由劳动部门统一管理。"中央批示同意。③ 全国大部分省市都沿用了这样的做法。

劳动部门也将劳动力的招用、调配作为主要工作任务之一。1953年12月，中央劳动部召开了第二次全国劳动局长会议，会议报告认为，劳动部门当前应管理工资、劳动力调配、技术工人培养训练、劳动保护、失业工人处理等工作。会议确定的关于劳动力招用、调配的管理工作具体为：劳动部负责管理工业、建筑、交通运输企业劳动力的招用、调配工作，监督这些企业合理地使用劳动力，并管理商、贸、粮、合、农、林、水利等企业、事业和其他单位劳动力的招用工作；省、市劳动部门负责管理地方工业、建筑、交通运输企业劳动力的招用、调配工作，协助上级管理当地国营工业、建筑、交通运输企业劳动力的招用、调配工作，管理当地商、贸、粮、合、农、林、水利等企业、事业和其他单位劳动力的招用工作，监督上述企业、事业单位贯彻执行上级国家机关关

---

① 中国社会科学院，中央档案馆．中华人民共和国经济档案资料选编（1953—1957）：综合卷[M]．北京：中国物价出版社，2000：347．

② 中国社会科学院，中央档案馆．中华人民共和国经济档案资料选编（1953—1957）：综合卷[M]．北京：中国物价出版社，2000：347．

③ 中国社会科学院，中央档案馆．中华人民共和国经济档案资料选编（1953—1957）：综合卷[M]．北京：中国物价出版社，2000：112．

于劳动力招用、调配方面的法令、决议、命令和指示。1953年12月18日，中共中央同意并批转了此报告。①

在计划经济体制建立后，一些国营企业出现了劳动力浪费的现象。要避免这种现象，只能通过统一调配的方式，将用人单位的招、用人权力收归上级部门，通过审批与计划管理的方式来限制用人单位的浪费劳动力现象。统一调配就业制度，就是作为改进、加强劳动计划而出台的一项具体制度，它是劳动计划的具体实施制度。其直接目的就是避免劳动力使用上的浪费，做到合理使用，以便节约工资基金，增加工业化积累。

总之，1949年以来，北京市在治理失业的过程中，实施了一系列招工、解雇及劳动力流动的政策，这些政策一定程度上限制了企业的自行招工与解雇，也限制了劳动力流动。这些失业治理的经验为后来统一调配就业制度建立了基础。"一五"时期国民经济大规模的建设对劳动力的需求，以及劳动计划体制的建立，使得统一调配就业制度有了现实需要。

---

① 中国社会科学院，中央档案馆. 中华人民共和国经济档案资料选编（1953—1957）：综合卷［M］. 北京：中国物价出版社，2000：123.

第二章

"一五"时期北京市的统一调配就业制度（1953—1957）

1951年北京市即在建筑行业试行统一调配就业制度，这套制度对保障建筑行业急需用工、减少浪费都发挥了一定的作用，也为统一调配就业制度的推广提供了经验。1955年统一调配就业制度在国民经济各部门推广实施。统一调配就业制度建立后，个人自行就业逐渐被压缩，单位招工必须按上级下达的就业指标实施。城市就业工作由劳动部门统一安排，主要形式有：对退伍、复员军人，毕业学生等群体予以包分配就业，对在职职工调剂就业，面向社会无业人员、农村劳动力的招工就业，等等。"一五"时期，统一调配就业制度提升了北京市居民就业率，保障了建设所需要的劳动力。存在的问题是计划性不强，企业囤积劳动力，推高了本地居民就业期望，也影响了劳动积极性。

第一节 建筑业统一调配就业制度的试点

在北京市统一调配就业制度建立过程中，最先开始试点的是建筑业。要管理好建筑业工人，就得先掌握建筑业工人的领导权，把建筑业工人从封建把头控制下，转变为由政府直接掌握的建设力量。建筑业工人统一调配就业制度的建立，对保障劳动力供应、减少工人频繁流动起到了一定的作用。但由于制度刚刚建立，还存在调配工作忙乱等问题，需工单位也存在着"本位主义"倾向。劳动部门针对这些问题采取了提高调配水平、制定劳动定额等措施。建筑业工人统一调配的试点，为此后统一调配就业制度的推广提供了经验。

一、"反把"斗争与劳动力掌握

（一）把头制度的来源

北京市建筑业工人一般少量来自本市无业、失业居民，大部分是郊区及附近省份农民，尤以河北省农村壮工为最多。这些建筑工人一般都是以乡邻、亲族为纽带，在某个领头人的带领下，聚团在建筑工地做工。规模较小的组织往往联合起来，形成较大的建筑工人集团，这样就形成了把头。据北京市财经委员会私企组报告："包工头制之所以兴旺，是业主图省事省力把工程包给工人来做。包工头一种是由业主包给大包，有时由大包顶给二包，二包又顶给三包，这种办法有时会顶到四包五包；另一种是由业主包给营造厂商，营造厂商又包给大头（大包工头），有时大头就用自己的人来做，有时大包又顶给二包，自己从中剥削一部分。还有一些是不通过正式登记手续，也不按期交纳规定税额，而私自在外承揽工程。如最近方家胡同有个张姓工头，包做中央卫生防疫总队在阴子胡同七号的工程。"①

包工头制度当然有明显的弊端，如剥削工人、偷盗建筑材料、偷工减料以致有携款潜逃的风险等。如上述方家胡同的张姓工头，包做中央卫生防疫总队在阴子胡同七号的工程。结果在工程开始时偷偷把40余间房的大托拉下，后来被业主发现正在追究中。还有一些包工头在把工程包到之后做一半就携款潜逃，致使业主与工人同受损失。② 大大小小的包工头依靠各种关系，聚集、掌握了大量的建筑业工人。"目前大部分修建单位的建筑工人是在封建把头控制之下，公司与工人不能直接见面，把头掌握着进工退工的大权，工人不能不依靠把头找工作，找饭吃。再加上建筑工人流动性太大，而今年建筑任务又重，各修建单位措手不及，只好依靠把头来完成任务。"③

要取得对建筑业工人的领导权，就得把这些把头、工头取消，让劳动力成为政府直接领导下的基本建设力量。新中国成立初期，无论是出于消灭剥削，还是直接掌握劳动力、改造建筑工人队伍的考虑，政府对建筑业中的把头制度都是确定要取缔的。"封建把头压迫与剥削工人，偷工减料，损害工程质量。有一小部分把头并且是特务、恶霸，在日伪时期贩卖华工，负有血债的分子。因此，目前发动全市广大建筑业工人群众，消灭建筑业中的封建把头制度是十分必要的。"④ 天津市劳动局也称："彻底废除封建把头制度，统一调配工人后，

---

① 北京市财经委员会私企组. 关于取消北京市建筑业中包工头制的意见 [A]. 1950 年 9 月 5 日. 北京市档案馆藏. 档案号：004-003-00203.
② 北京市财经委员会私企组. 关于取消北京市建筑业中包工头制的意见 [A]. 1950 年 9 月 5 日. 北京市档案馆藏. 档案号：004-003-00203.
③ 北京市劳动局. 关于建立建筑工业工人统一调配机构的请示 [A]. 1951 年 9 月. 北京市档案馆藏. 档案号：110-001-00198.
④ 北京市反霸（把）委员会. 开展建筑业中反封建把头斗争的方针与计划 [A]. 1951 年 7 月 20 日. 北京市档案馆藏. 档案号：032-001-00096.

工人与企业直接发生了关系,并防止了新把头的形成,取消了中间剥削。"① 这就便于政府直接掌握劳动力。

(二)北京市的"反把"斗争

1951年6月27日,北京市总工会、劳动局、公安局、建设局、人民法院、永茂建筑公司等单位负责人开会,研究建筑业开展反对封建把头斗争问题,共同组成建筑业反把头委员会,领导斗争。当月,北京市政府公布了营造业管理暂行条例,宣布废除建筑业中的封建把头制度。②

北京市大规模的"反把"斗争发动于1951年11月。"自十一月初大张旗鼓地开展反把运动以后,先后召开了全市性和地区性及一些小型坦白说理大会,展开群众检举,把头坦白,公开账目,公布合同的斗争。""对罪大恶极的把头应当狠狠打击,送交政府法办,没收其全部财产,对一般中小把头,只要真正低头工人原谅能退就退,适可而止。对于一大部分仍未向工人彻底低头退钱或耍无赖的把头,应以劳动局名义举办联合训练班,强制不坦白的学习,彻底肃清在首都暗藏的把头及破坏分子。"③

当时材料反映:把头在这个控诉会后感到恐慌害怕,觉得自己是不行了;新建窑的两个把头第二天就找工会说,"过去我们制度不好,以后我们一定要公开账目";有的把头吓跑了(中国建筑公司杨××据说当晚就上天津了,以后还回来),有的道歉,有的拉拢工人。首都建筑公司的小工头谢××说,"前两天还拿不定主意,想剥削一下就可富裕些日子,这一来我可不干了";还有的说,"以后我一定不包工了,现在的账就公布出来,红利大家分"。④

"自从十月一日在文化宫开过控诉大会以后,各公司各工地都展开了反把运动,根据不完全统计,仅城内一部分工地就检举了五十八个把头。到十四日,全市已有三十五个把头坦白认错。有些把头,还在顽强抗拒,不肯公开账目,不肯承认错误。像革大工地的徐××、周××等,都经工人控诉后,被法院逮捕

---

① 天津市人民政府劳动局建筑工人统一调配处. 天津市建筑工人统一调配工作总结 [J]. 劳动,1953(2):7-9.
② 北京市劳动志编纂委员会. 北京劳动大事记 [M]. 北京:中国工人出版社,1993:27.
③ 北京市建筑业反把委员会. 反把工作报告总结 [A]. 1951年11月28日. 北京市档案馆藏. 档案号:110-001-00198.
④ 北京市建筑业工会筹委会. 反把快报:第二号 [A]. 1951年11月15日. 北京市档案馆藏. 档案号:110-001-00198.

了。""各大工地公开开了控诉会,市军法处逮捕了死不认错的把头。"①

反把斗争很快瓦解了包工头对建筑业工人的控制权,政府也接手了工人的组织领导权。政府在反把斗争取得胜利后,及时指出"反把"并不是最终目的。"目前建筑工业反把头工作已有初步进展,(但)忽视了与全面工作的配合,尤其对反把工作的主要关键:普遍大力地建立工会组织,进行对工人的各种教育,和建立统一劳动力调配机构,却没有很好加以重视和研究解决。""所以我们深刻感到公司内部建立统一调配劳动力机构,是反把的关键问题。解决了这个问题,才能使公司和工人之间建立直接的调配关系。"② 这就为统一调配劳动力创造了条件。

(三) 掌握建筑业工人

打破封建把头对建筑业工人的控制后,客观形势上要求建立北京全市建筑业工人统一调配制度,将工人组织起来。目前"很多公司工程不能衔接,工种不能单独调配,造成工人流动"。因此要"统一按现有组织形式将工人组织起来,如各公司营造厂都应负责,将现有雇用的职工分别工种性质等,编班、编队,工会亦可按行政之班队建立起工会组织。然后分别到劳动力调配机关登记,并入调配网内"③。

通过废除把头制度,政府将建筑业工人统一置于劳动局统一管理之下,使其成为政府掌握的有组织的基本建设力量。此后,为了清除建筑业工人中暗藏的反革命分子、坏分子,防止在建设过程中出现破坏事件,还实施了对建筑业工人的清理、整顿及冬训计划。此后,人民政府对劳动力的掌握、使用,不仅仅是招用劳动力的问题,还注重把劳动力改造为"社会主义性质"的劳动者,思想政治标准成为劳动力招用中的重要因素。

二、建筑业统一调配就业制度的建立与运行

(一) 制度建立

新中国成立后,北京市基本建设规模很大,为了保证基本建设所需要的劳

---

① 各工地展开算账检举运动 把头低头认罪从轻处理 顽强抵抗严厉法办 [A] //北京市建筑业工会筹委会. 反把快报:第二号. 1951年11月15日. 北京市档案馆藏. 档案号:110-001-00198.

② 北京市劳动局. 关于建立建筑工业工人统一调配机构的请示 [A]. 1951年9月. 北京市档案馆藏. 档案号:110-001-00198.

③ 北京市劳动局. 关于建立建筑工业工人统一调配机构的请示 [A]. 1951年9月. 北京市档案馆藏. 档案号:110-001-00198.

动力，北京市较早便建立了建筑业工人的统一管理制度。1951年9月，北京市劳动局向市政府上报了劳动局《关于建立建筑工业工人统一调配机构》的请示，并获批实行，这标志着北京市开始建立建筑工人统一调配制度。请示称，为"彻底废除封建建筑业中的封建把头制度，树立统一调配制度，协助求职人员就业以期完成首都基本建设任务"，北京市劳动局草拟了《北京市建筑工人登记调配暂行办法草案》。

草案明确规定："凡本市公私营建筑企业单位招雇工人时，必须申请本会统一介绍和调配，不得自行招聘。如本市不能解决，得由本会批准按统一招工办法到外地招雇。"为了配合统一调配，草案对建筑业工人的招收做出了地域限制。如对登记人员的地域范围做了限制，要求外地来京寻职之人员由县、区统一组织后，取得北京市劳动力调配机关同意后方可调入办理登记。① 可见，北京市对外地来京寻职人员做出了明确的行政许可限制。对用人单位而言，其则通过设置申请、审批，开始限制需工单位的招雇自主权。

随着建筑业用工需求的激增，劳动部门加强了对劳动力的管理。首先是明确了北京市劳动局与中央单位的劳动力管辖问题，中央单位的建筑需工也要由北京市劳动局管理。其次是开始设法限制、阻止建筑工人的受雇、离职自由，并酝酿出台一些配套政策，以阻止劳动力的自由流动，达到建筑业工人在劳动部门掌握之下的统一调配。

1952年12月31日，中央人民政府政务院秘书处发出通知，称"入冬以来一些单位未通过北京市人民政府劳动局即自行在京招募工人，甚至有个别单位用提高待遇及其他不正当手段挖走原有建筑部门的固定工人"。因此规定："一、凡招收建筑工人的单位，要经过北京市人民政府劳动局统筹办理。如需向外地招募工人，亦须报告中央劳动部统筹规划，分配招募地区，经由当地人民政府进行招募。二、各有关部门对所属建筑单位招工情形进行一次检查，如有其他建筑单位已固定的工人，应立即送回原单位。"②

1953年1月21日，北京市劳动局向市政府上报了由劳动部劳动力调配司起草的《北京市建筑业工人统一调配办法草案（初稿）》，提出了建筑业工人统一调配办法。这个文件对调配范围、调配对象等都做了规定。

该办法制定的目的是"有组织计划地实行建筑工人的统一调配，以适用国

---

① 北京市劳动局. 关于建立建筑工业工人统一调配机构的请示（附：北京市建筑工人登记调配暂行办法草案）[A]. 1951年9月. 北京市档案馆藏. 档案号：110-001-00198.

② 中央人民政府政务院秘书处关于在北京市招募建筑工人应注意事项的通知[A]. 1952年12月31日. 北京市档案馆藏. 档案号：110-001-00285.

家大规模建设的需要"。纳入调配的行业、人员范围为："适用于从事建筑工程的技术员工与国营（地方国营）、私营建筑、营造以及非营业性质的自行施工单位；建筑业中的非技术工及学徒工的登记调配工作，各地得根据需要自行决定"；"凡从事建筑工程的技术员工均应登记"；"凡经登记审查合格的技术员工即发给登记证，无建筑员工登记证或非当地登记的建筑技术员工，又未办理转移手续者，一律不予介绍工作"；"凡已取得登记证的技术员工及各建筑单位，均应服从调配"。①

尽管北京市早在1951年就开始提出建立建筑业工人统一调配制度，但是在实施中囿于新民主主义政策的限制，并未将这套制度严格地在私营建筑企业中实施。如北京市劳动局局长马光斗在实施《北京市建筑业工人统一调配办法草案（初稿）》的请示函中表示，该草案"有些地方还未取得一致意见，如实施范围包括私营建筑公司"。鉴于这个办法影响面广，张副市长批示：照市委商量决定后再办。②可见，当时对私营企业是否实施统一调配就业制度还存在不同的意见。

全国性的建筑业工人统一调配制度的建立是在1954年。该年5月26日，中央财政经济委员会颁发了劳动部制定的《建筑工人调配暂行办法》。该办法首先是明确建筑工人的管理职责，规定国营、地方国营、公私合营建筑企业及其他施工单位的建筑工人调配工作"均由工程所在地劳动行政部门统一管理"。但对私营营造厂则是"根据需要酌量调配一定劳动力，并分别情况予以适当管理"③。可见对私营建筑企业的用工管理规定得比较模糊。

劳动部的统一调配办法比北京市的更为具体，首次提到企业要"按期编造劳动力平衡计划（包括在地区间的内部调度计划）"，向当地劳动部门报送调度计划并提请审批④，这就开启了数字指标管理的先声。

（二）内容与原则

1953年1月起草的《北京市建筑业工人统一调配办法草案（初稿）》规定，建筑工人调配的原则为："建筑技术员工的调配，应以工程性质及其轻重缓

---

① 北京市劳动局. 北京市建筑业工人统一调配办法草案（初稿）[A]. 1953年1月21日. 北京市档案馆藏. 档案号：110-001-00424.
② 北京市劳动局. 北京市建筑业工人统一调配办法草案（初稿）[A]. 1953年1月21日. 北京市档案馆藏. 档案号：110-001-00424.
③ 中央人民政府政务院财政经济委员会. 建筑工人调配暂行办法[A]. 1954年5月26日. 北京市档案馆藏. 档案号：110-001-00540.
④ 中央人民政府政务院财政经济委员会. 建筑工人调配暂行办法[A]. 1954年5月26日. 北京市档案馆藏. 档案号：110-001-00540.

急为原则,暂定为'国防建设第一,工业建设第二,其他建设第三'。"

调配程序与办法为:"需要调配技术员工的工程,应由承办工程的建筑单位事先将月度、季度或年度需工计划报请当地劳动行政部门审核批准,按期调配。如当地人数供不应求,劳动行政部门应即逐级上报统一调配之";"建筑单位需要技术员工时,应持有当地政府批准施工的证明文件,填具申请书,报由当地劳动行政部门审核批准后统一介绍,不得私自招雇";"建筑单位得自由调整本单位内部的建筑技术员工,但大批调至外地者,须分别向当地及所往地劳动行政部门备案";"多余出来的长期技术员工,应在不影响生产和照顾工人生活的原则下,全部包下来。发给原工资,进行轮训。如本单位不完全需要,可报当地劳动行政部门予以调配"。

建筑工人的招收手续以及资格为:"建筑工地因当地人数不足须至外地招雇技术员工时,各大行政区相互间招雇时,须经当地劳动行政部门同意报由大行政区劳动部发给正式介绍信。省辖区内各市、县、镇相互间招雇时,须经当地劳动或民政等部门同意,报由省人民政府劳动局发给正式介绍信件";"建筑单位培养学徒工,应尽先吸收失业人员参加,并须申请劳动行政部门介绍之"①。

(三) 配套措施

为了维护统一调配就业制度,劳动部门对各施工单位开展了招工情况检查,发现有一些单位私招工人。如北京市自来水公司,通过工人招工方式,录用了188人;水电局工程公司登记了7000多人;北京木柴厂事先未通过劳动部门即到苏州拉来工人83人;其他如北京大学,既不申请,又不备案,吸收了242人。②

1953年1月28至2月5日,北京市劳动局与有关部门组成的联合检查组重点检查了华北基建工程公司等5个单位的招工情况,共发现了招工来源有问题的401人,其中333人被拉的可疑性很大。工人被拉的,以北京市建筑公司和中直公司为最多,多系瓦木工。各建筑单位预计1953年施工任务大,便"不择手段乱拉工人"。如一些招工干部为了完成任务而乱许福利,提高工资。第二机械工业部除扩大宣传福利外,并用大会戴光荣花的方式。华北基建公司则以临时

---

① 北京市劳动局. 北京市建筑业工人统一调配办法草案(初稿)[A]. 1953年1月21日. 北京市档案馆藏. 档案号:110-001-00424.
② 北京市劳动局三年来劳动力调配及转业训练方面的材料[A]. 1953年6月. 北京市档案馆藏. 档案号:110-001-00388.

工转正不降低百分之十的工资为号召,使工人情绪波动而跳厂。① 可见,在当时基本建设开工增加的情况下,由市场机制而产生的工人流动现象必然增多。

当然,在建筑业工人统一调配制度建立之初,对私招的处理并不是很严格。对检查出来的私招的工人,彭(真)市长指示,"拉工单位应将拉来的工人送还原单位,如原单位不需要时,可经其同意后,吸收为本单位长期工"②。可见,此时期还是处理得较轻。

建筑工人自由离职、跳厂,主要是因为薪资待遇、劳动强度及技术标准等方面的差异。北京市劳动局局长马光斗就指出:"有些单位为了抢拉工人,私自抬高工资福利待遇。有的招雇工人时不签订合同或合同内容辞意含混,加以有些招工干部乱向工人许愿,影响工人情绪,这些都多少助长工人经济主义思想,促使工人盲目流动"③。因此,劳动部门认为,必须从统一薪资待遇、劳动强度及技术标准问题入手,才能有效解决建筑工人自由流动问题。1952年12月5日北京市劳动局就曾规定,所有建筑单位调整工资或提高工人工资等级,必须事先经过市劳动局批准。④

中央劳动部向中央财经委员会的报告中也指出建筑业中的挖工、跳厂现象非常严重。一方面是由于基本建设任务很重,技术员工缺少;另一方面也是由于没有统一的调配办法和专管机构。劳动部提出几点解决意见:一、建立统一领导机构,由相关部门组成建筑工程平衡委员会,统一解决劳动力调配办法。委员会有权按照建筑工程的轻重缓急决定调配建筑技术员工的办法,以便克服窝工现象,合理使用劳动力。二、确定建筑计划,各单位应将建设任务、需工数目等向平衡委员会报告,以便统一掌握情况,分配劳动力。三、统一工资、福利待遇和技术标准。四、实行统一调配,除已固定的工人外,如再需工人时,均须由劳动局统一介绍。⑤ 中央对此的批示是:"原则上是可行的,各地可以

---

① 北京市劳动局三年来劳动力调配及转业训练方面的材料[A].1953年6月.北京市档案馆藏.档案号:110-001-00388.
② 北京市劳动局三年来劳动力调配及转业训练方面的材料[A].1953年6月.北京市档案馆藏.档案号:110-001-00388.
③ 马光斗.做好北京市建筑业劳动力调剂介绍工作[J].劳动,1954(3):8-10.
④ 北京市劳动志编纂委员会.北京劳动大事记[M].北京:中国工人出版社,1993:35.
⑤ 中央劳动部解决北京市各建筑单位乱拉工人现象的意见向中财委党组、政务院党组、中央的报告[M]//中共北京市委党史研究室,北京市档案馆.北京市重要文献选编(1953).北京:中国档案出版社,2002:87.

参考。"①

当时的劳动部门认为,"要实行基本建设工人统一调配,必须有统一的工资制度(包括技术标准、工资标准、劳动定额、支付办法)相辅而行,因为工资制度实质上起着组织劳动力的作用"②。以上所有这些举措都为了一个目的,即建立统一调配就业制度。"为逐步做到有计划、有组织地调配劳动力,进而达到劳动力合理使用。"但是在实施过程中,由于信息障碍、时间限制等因素,往往做不到预想中的合理使用,实际执行中往往就是注重于"有计划、有组织",而忽略了最终目的是发展生产。

(四)制度运行

建筑业工人统一调配,实际就是劳动部门在统一掌握建筑业工人后,在各用人单位之间调剂使用劳动力,在劳动力不足时,再通过劳动部门统一招收。最初的劳动力调配可以分为两个层面:一是行业内部的调配,以各行业主管局调配为主;二是在全市各行业之间的调配,以劳动部门调配为主。这个时候的劳动力调配工作,主要是调剂各用工单位之间的余缺,减少劳动力浪费,并在劳动部门的统一安排下,招用劳动力。

1. 劳动力调剂联合办公组织的工作

北京市建筑工程局成立了劳动力调剂联合办公组织,在局劳动工资处领导下,由所属土建公司即直属生产单位派员参加。规定每星期一、四两日为联合办公时间,在会上,主要是调剂劳动力,解决窝工、缺工问题和交流调配经验等,拟定一种借调合同。对于不严格执行合同的单位(如不按期还工、不事先联系擅自退还,或宁窝不借等),则在联合办公时给以批评。

建筑业工人统一调配的形式为:劳动力调剂联合办公组织收集各单位建筑工人余缺信息,组织各单位相互借调,并签订合同。如果无法相互调剂,再由劳动部门批准招收,即先调剂,再招收。统一调配的理论设想是:"在每次联合办公会时,各单位要详细地汇报窝工、缺工的情况,然后,根据全面的情况,经过研究,确定相互借调的单位。借调双方签订合同,进行借调。这样,不但加强了联系,而且还了解了各单位调配工作中的真实情况,做到心中有数,就可以根据各单位工人的增减变动情况,及时解决窝工、缺工问题。"此外,在工

---

① 中央劳动部解决北京市各建筑单位乱拉工人现象的意见向中财委党组、政务院党组、中央的报告[M]//中共北京市委党史研究室,北京市档案馆. 北京市重要文献选编(1953). 北京:中国档案出版社,2002:81-83.
② 徐公民. 统一工资制度是统一调配劳动力的必要条件[J]. 劳动,1954(7):14-15.

作中还需照顾到工程任务的轻重缓急。如苏联展览馆需要铁筋工、架子工、机工等，各公司就大力支持，及时供应，以便完成这个具有政治意义的紧急工程任务。①

可见，成立统一的调度机关，通过开会来互通信息的方式是劳动力调度的主要方法。但是这种理论层面的设想能否切合实际情况，特别是变化中的情况，还存有很大的疑问。

2. 调剂案例与特点

这里以重工业部直属工程公司 1953 年在北京钢铁学院的事例来说明劳动力调度是如何实现的。施工单位有调度室，调度室组成人员及分工是：调度长（主任工程师兼）掌握全面业务；调度员协助调度长处理日常工作中所发生的问题；调度助手负责记录，填写报表；通讯员担任传达调度命令等工作。公司掌握调度的具体办法如下：

一、建立电话调度会议（每星期三次）。会议时间一般为半小时，内容包括工程进度，材料、工具、劳动力供应情况，以及施工中存在的问题。出席会议的有各工地及有关职能科室和专业队，会议由调度长主持。凡会上解决不了的问题，由调度长于会后召开专业会议研究解决。二、平衡会议，每旬召开一次，由施工技术科召开，会上调度长做上旬的施工情况报告，然后各施工单位提出下旬施工计划及需求，继由各职能部门提出保证供应计划。最后由施工技术科做出下旬的各单位工程进度计划，编制旬施工作业计划，送交各有关部门执行。三、开工准备检查会议，由调度长掌握，在每件工程开工前十天召开两次。决定有无开工条件，以免出现开工后即停工的现象。四、工地每天召开施工调度联合会议，解决工地内部调度问题，或汇报调度室协助解决。此外，还建立劳动力出勤状况表、工程快速日报表和设立劳动力动态牌，以便随时掌握劳动力变动情况。②

可见，在当时，劳动力调配几乎都选择了增加"会议"的形式，而会议的功能就是加强信息收集与处理。只有在掌握精确的信息条件下，才能做好计划调配工作。重工业部直属工程公司北京钢铁学院，仅仅是在一个施工单位内部的劳动力调配，掌握起来可能难度不大。但是如果扩大到各单位之间、各行业之间，其调度困难就可想而知了。

为了提高劳动力调配水平，调配部门大大增加了管理人员，使得调配流程

---

① 张耀贤．北京市建筑工程局的劳动力调剂工作 [J]．劳动，1954 (1)：11-12.
② 李宪章．一个施工单位的劳动力调配工作 [J]．劳动，1954 (4)：37-38.

趋于严密复杂。存在的问题是调配工作缺乏预见性，有时在调配工作上处于被动状态。因此要求"除加强施工作业计划的正确性外，深入现场进行检查，及时发现问题和解决问题"；"调配人员必须做到三快二灵，即腿要快、汇报与总结分析要快、解决问题要快，耳朵要灵眼睛要灵"。这实际上就反映了统一调配制度下的一个困境，即信息收集的难题：调配范围越广，信息收集难度越大。

三、试点的成效、问题及应对

（一）成效及问题

在建筑业工业统一调配制度建立期间，北京市劳动局加强了建筑业工人调剂工作。1953年6月北京市建筑业工人有96 601人，其中固定工人50 039人，预约工33 092人，临时工13 470人。北京市劳动局、市财委及有关各建筑单位联合组成北京市建筑业劳动力调剂联合办公室，在需工与窝工单位进行借调中起桥梁作用，办理统一招工手续，协助各建筑单位的劳动管理工作。截至1953年5月16日，申请需工的共188单位次。1955年，北京市劳动局全年共调剂供应建筑工人55 573人次，基本上满足了各单位的需要。试点工作首先贯彻了系统内部和单位之间平衡调剂的原则，组织窝工、缺工单位调剂27 389人次，占调剂供应总数的49.29%，节省窝工工资153万多元。为工人增加收入65.6万多元。①

但是由于制度初建，还不完善，建筑业劳动力统一调配制度运行过程中也存在一些问题，主要表现在以下三方面。

1. 调配忙乱，供应质量不高

劳动力统一调配是一项既复杂而又很细致的科学组织工作，要做好这个工作，还必须根据原则和当地具体情况制定出一些切实可行的具体调配办法。要求劳动力调配机关"对工人方面也应弄清楚各种不同工种、技术水平等情况，并需随时了解工人思想情况、劳动态度"等。② 实际上劳动部门很难精确了解工人信息与需工信息，即劳动部门所说的"掌握不住工人情况"③。北京市劳动局局长马光斗也承认，在建筑业劳动力借调工作中碰到最大的困难是"不能及时掌握各单位具体需工计划和窝工情况，有些单位事先不报需工计划，现要现

---

① 北京市1955年劳动力调配工作报告[A]. 1956年2月7日. 北京市档案馆藏. 档案号：110-001-00660.
② 毛齐华. 更进一步做好建筑工人调配工作[J]. 劳动，1954（2）：1-2.
③ 北京市劳动局. 北京市建筑业劳动力调剂工作报告[A]. 1953年5月24日. 北京市档案馆藏. 档案号：110-001-00425.

报；有的报少要多或报多要少；有的要了人又不要；也有不少单位抱着宁窝务缺，不愿报窝工数字，怕借出去回不来。有些单位的本位主义思想，也给劳动力调剂工作带来很多困难"①。在工作中，劳动部门往往只能以完成调拨（数字）任务为目标，而对调拨的劳动力质量则无法顾及。有些地区曾将一些老、弱、病、残人员或政治上有问题的人员也介绍给建筑单位，"有人便给，没有人便不管"，有时只能被动应付。

2. 需工单位的"本位主义"

在劳动力统一调配制度下，建筑单位怕劳动力缺乏，完不成施工任务，便"盲目"地过多固定和预约工人，结果造成了一些窝工现象。如北京市建筑工程局下属各公司"相互借调工人，由于各建筑公司所在地区分散，互不了解情况，在执行借调过程中，有的单位到处乱跑，忙于借工；有的单位却窝了许多工人，借不出去。有时双方可以互相借调，但因互不了解情况，可借出的怕借出去后，本单位需工时要不回来，因此，就发生宁窝不借的现象"②。

外地也有这种情况出现，如沈阳市劳动部门根据各单位上报的劳动力计划，深入各现场进行实地检查，发现各施工单位提出的需工计划都带有很大的伸缩性和盲目性。经检查的 10 个单位"原计划共需木工 825 人，抹灰工 806 人，砌砖工 150 人，挂瓦工 13 人"。经检查，劳动部门认为实际情况是"不但可以不要，而且还多出木工 148 人，抹灰工 227 人，砌砖工 214 人，水暖工 149 人，普通工 50 人，以及铁筋防水工各 10 余人"③。

3. 有消极怠工现象

1953 年 11 月 25 日，中共北京市委曾指出，建筑业工人中"一些反革命分子则常常抓住我们工作中的某些弱点，或利用某些群众的落后思想，不断兴风作浪，制造纠纷"。1954 年 3 月，中共北京市委认为，现在实行的计时工资已不能更进一步刺激工人提高生产的热情。基层劳动组织较乱，工人流动性过大，壮工的劳动效率很低。④ 一些建筑工地在生产时间上劳动力浪费很大。工人形式上是 9 小时劳动，实际一般只不过 7 小时左右，小窝工或如工人所说的"半死

---

① 马光斗. 做好北京市建筑业劳动力调剂介绍工作 [J]. 劳动, 1954 (3)：8-10.
② 张耀贤. 北京市建筑工程局的劳动力调剂工作 [J]. 劳动, 1954 (1)：11-12.
③ 中国社会科学院，中央档案馆. 中华人民共和国经济档案资料选编（1953—1957）：劳动工资和职工保险福利卷 [M]. 北京：中国物价出版社，1994：127.
④ 中共北京市委. 中共北京市委关于 1953 年建筑工程的基本总结和 1954 年建筑工程的基本任务向华北局、中央的报告 [M] //中共北京市委党史研究室，北京市档案馆. 北京市重要文献选编（1954）. 北京：中国档案出版社，2002：137.

不活"状态经常出现。还有一些工人利用计时工资与计件工资制度的漏洞,"找邪门"多拿工资。如多报停工时间,多算运输距离,计时工人帮助计件工人干活,"在计时时做好准备,在计件时大大超额",有的小组"计件时拼命干,计时时磨洋工",自称计件为"过渡时期",计时是"住北戴河"等。有的小组做计件时每人每天砌砖3200块,做计时时还不到300块。① 这说明建筑工人劳动纪律松弛现象较为突出。

其他省市的建筑业也出现了劳动纪律松弛的现象。华东第一工程公司三工地四中队工作期间,劳动纪律松弛的现象十分严重。表现在不少工人无故或借故请假,如杂工姚步祥一个月内旷工5天,且事假8天半;泥工戴销志为找对象旷工一周,结婚又旷工6天;还有的工人请假去看戏、游玩;有的借口不舒服,就回家休息几天。据统计,从1953年1月至5月因请假、缺勤损失有3034个工作日(全队共有400多名工人),其中请事假和旷工即达1977工,而且数字逐月增加。尤其在星期六、星期一请假人数更是惊人,缺勤人数竟达职工总数的21.3%。无故迟到早退的现象也很普遍:如有的工人敲了上工钟,还睡在床上不动。下工时间未到,一听到别队吹哨子就抢着回家。不服从生产小组长的分配,自己挑活干。如壮工爱挑劳动力较轻的工作,泥徒工要做易学技术的工作。在生产时间之内,有的工人在脚手板上、材料间,偷懒睡觉。此外,像赌博、打架、损坏工具、浪费材料、违反操作规程等现象也时常发生。②

消极怠工的原因是多方面的,如有些工人有自由散漫的习惯,工地管理制度(请假、考勤、歇工、上工)不健全等,但与统一调配就业制度下工人的劳动积极性受影响也有关系。

(二)应对措施

1. 努力提高调配水平

提高劳动力调配水平,尽力满足各单位的劳动力需求是劳动部门一直要努力解决的问题。当时劳动力调配人员对这个问题进行了多方面的探讨,我们从《劳动》杂志所刊发的文章中可以看出。1954年第2期的《劳动》杂志刊发了劳动部副部长毛齐华的《更进一步做好建筑工人调配工作》的文章,要求做好建筑工人的调配工作。"单就劳动力的组织方面来说:由于存在着种种不合理现

---

① 中共北京市委.中共北京市委关于建筑业推行计件工资试点工作向中央的报告[M]//中共北京市委党史研究室,北京市档案馆.北京市重要文献选编(1954).北京:中国档案出版社,2002:554-557.

② 华东第一工程公司三工地四中队加强劳动纪律工作的几点体会[J].劳动,1953(9):25-26.

象，造成国家很大的人力浪费，甚至有时还发生挖工、跳厂、农民盲目流入城市等混乱现象。说明了建筑业工人的劳动力调配水平亟待提高。"①

此一时期的《劳动》杂志也刊发了大量的文章，说明提高劳动力调配工作水平的紧迫性。如1953年第9期的《长春沈阳辽西的建筑工人调配工作》《郑州市基本建设劳动力的统一调配问题》，第10期的《边研究、边发现、边分配：做好劳动力供应工作》《集体办公是建筑工人调配工作中的一个好办法》《深入工地解决基本建设劳动力不足问题》，1954年第1期的《北京市建筑工程局的劳动力调剂工作》，第2期的《更进一步做好建筑工人调配工作》《进一步做好东北区1954年的劳动工作》《我们是怎样做好劳动力调配工作的》，第4期的《一个施工单位的劳动力调配工作》等。可见，当时的劳动部门也在努力探讨提高劳动力调配水平。

如郑州市劳动局针对调配忙乱的现象，拟定了一些提高统一调配水平的措施。郑州市的办法是要求各施工单位增强用人的计划性，坚决克服"随用、随要"的现象。只有施工单位制订出了准确的用人计划，劳动部门才能按计划调配。因此要求：(1) 各较大承包单位须迅速进行工程排队，确定任务。(2) 尽可能地做出施工计划，掌握计划、工程进度等，做出准确的用人计划。(3) 要有成本思想，克服本位主义，逐渐做到五定（定人、定时、定点、定质、定量）等。② 长春市劳动局建筑工人调配处则提出"深入检查与集体办公相结合"的工作办法。广州市建筑工人统一调配部门认为长春市的"集体办公"是帮助建筑工人调配工作的好办法，并予以推广。③ 可见，当时为了解决这个难题，全国各主要城市的劳动力调配部门还是进行了一定的探索。

2. 推进生产定额、技术定标、工资定级工作

工人流动的原因主要在于劳动强度及工资福利方面的差别待遇。工资、工时、劳保福利标准没有统一，造成工人调动困难，有不少工人往往为了追求高工资福利待遇而"盲目"流动。建筑业工人统一调配就业制度建立之前，建筑工人待遇在地区之间、公私之间、单位之间差别很大，同一城市也有许多不同的制度，甚至在一个建筑公司内部也不一致。其他如假日、雨天、停工待料、冬训、路费等津贴也各不相同。但劳动部门认为这些差别的存在是不应该的，

---

① 毛齐华. 更进一步做好建筑工人调配工作 [J]. 劳动, 1954 (2): 1-2.
② 中国社会科学院，中央档案馆. 中华人民共和国经济档案资料选编 (1953—1957)：劳动工资和职工保险福利卷 [M]. 北京：中国物价出版社, 1994: 108.
③ 中国社会科学院，中央档案馆. 中华人民共和国经济档案资料选编 (1953—1957)：劳动工资和职工保险福利卷 [M]. 北京：中国物价出版社, 1994: 119, 121.

"这些问题的存在，严重地影响工人的生产情绪，同时也是发生挖工跳厂的一个重要原因"。如长沙市调往韶关的工人，认为长沙市的工资单价有奔头，便有200人开小差跑回去了，该市调给建筑单位的泥工的出勤率仅达65%，致使工程任务不能如期完成，质量也很差。同时私营营造厂商往往在国营建筑单位施工紧张阶段用提高工资福利待遇的办法诱挖国营在业工人，以致影响工人生产情绪，妨碍基本建设任务的完成，有的私自到农村招工。① 因此劳动部门认为，"必须逐步统一工资、工时、技术标准和劳保福利待遇。目前应首先制止现在存在着的混乱现象的发展，然后根据中央的原则规定由一个城市的统一、地区的统一，逐步做到全国的统一"②。东北区劳动局局长也称，"由于政府规定了统一工资标准与劳动标准，使得私自抬高工资，促使工人盲目流动的现象基本上消灭了"③。

1954年，北京市委认为，要进一步提高劳动生产率，必须实行计件工资制度。要求"凡是有条件实行计件工资的单位，均应按照统一的劳动定额，有步骤地推行"。1954年不能实行计件工资的单位，应改善奖励办法，积极创造条件。劳动定额一般应采用1954年全国先进的指标。在实行计件工资同时，必须加强现场的技术指导，建立与健全技术检查机构、检查制度和质量责任制，以保证工程质量。④

在北京市建筑工程企业中推行计件工资的工作，从1954年5月下旬在5个工地开始试点，至7月即由点到面推开。当时北京市认为，"典型试验证明：改变计时工资制为计件工资制，能够推动生产大踏步前进"⑤。当然这种认识正确与否，此后也出现了不同的意见。

劳动定额、工资标准和技术标准的统一，目的之一在于消除由于待遇、工作强度等方面的差别而引起的劳动力流动。为了避免劳动力的盲目流动，东北

---

① 中央劳动部关于全国建筑工人调配工作会议的报告[A]. 1954年5月29日. 北京市档案馆藏. 档案号：110-001-00540.
② 中央劳动部关于全国建筑工人调配工作会议的报告[A]. 1954年5月29日. 北京市档案馆藏. 档案号：110-001-00540.
③ 曹阳戈. 认真作好基本建设劳动力的平衡计划与统一调配工作[J]. 劳动，1953（6）：35-37.
④ 中共北京市委. 中共北京市委关于1953年建筑工程的基本总结和1954年建筑工程的基本任务向华北局、中央的报告[M]//中共北京市委党史研究室，北京市档案馆. 北京市重要文献选编（1954）. 北京：中国档案出版社，2002：137.
⑤ 中共北京市委. 中共北京市委关于建筑业推行计件工资试点工作向中央的报告[M]//中共北京市委党史研究室，北京市档案馆. 北京市重要文献选编（1954）. 北京：中国档案出版社，2002：552.

人民政府于1952年开始统一规定了东北区建筑工人的工资标准和技术标准，并统一制定了建筑工程劳动定额，要求各建筑部门大力推行计件工资制度。劳动定额和工资标准的统一，扭转了过去各自抬高工资的混乱现象，基本上克服了历年来劳动力的盲目流动情形，为劳动力统一调配工作创造了有利的条件。①

3. 实施建筑业工人"冬训"计划

加强对建筑工人的思想改造教育是必要的。从1953年始，北京市开始了建筑业工人的"冬训"计划，即利用冬季建筑工作间歇期，集中开展对建筑业工人的政治整顿与思想教育。

1953年11月25日，中共北京市委报告，北京市建筑工人的队伍在政治上存在着严重的不纯现象。报告称，"一些反革命分子则常常抓住我们工作中的某些弱点，或利用某些群众的落后思想，不断兴风作浪，制造纠纷"。因此，"在今冬须集中力量对北京建筑工程、房地产管理局的长期建筑工人、职员和一般技术人员分别进行政治训练，提高其政治觉悟，并在这一基础上对建筑工人的队伍加以整顿，清除其中的反革命分子"。

冬训的内容，"首先进行关于党在过渡时期的总路线、总任务的教育，使他们认清国家利益和个人利益、长远利益和目前利益的关系，认清党与工人阶级的关系，认清自己主人翁的地位与建设国家的责任，以提高其阶级觉悟。然后在这一基础上开展忠诚老实运动，号召坦白、交代问题，检举反革命分子"②。

据北京市委报告，"经过这次运动，初步摸清了建筑工人队伍的政治情况，清除了一批反革命分子，提高了工人的阶级觉悟"。运动中交代一般政治问题的8933人，交代重大政治问题的2075人，合计11 008人，占参加运动总人数21.5%。其中有"五类反革命分子"227人，"血债分子"56人，伪军、政、警、宪、地方团队骨干分子1673人，五类反革命嫌疑分子和血债嫌疑分子119人。此外，还缴获短枪10支、子弹300余发，发现枪支案件线索14起。③ "这些事实再一次说明了建筑工人队伍的严重不纯，证明了在北京市建筑企业中进行清理是完全必要的与正确的。"对确定的反革命分子，则予以打击。"对早已

---

① 曹阳戈.东北区建筑工程劳动定额是怎样编制与贯彻的［J］.劳动，1953（11）：2-5.

② 中共北京市委.中共北京市委关于整顿建筑工人队伍和冬训工作的计划向中央、华北局的报告［M］//中共北京市委党史研究室，北京市档案馆.北京市重要文献选编（1953）.北京：中国档案出版社，2002：539-540.

③ 中共北京市委.中共北京市委关于清理建筑工人队伍向华北局、中央的报告［M］//中共北京市委党史研究室，北京市档案馆.北京市重要文献选编（1954）.北京：中国档案出版社，2002：109.

掌握确实材料，而又拒不坦白的罪大恶极的反革命分子22人，已在运动中陆续予以逮捕"；"对于罪行较大应予以管制的反革命分子，暂不处理，留待春节开工后，再依法宣布管制"。对有历史问题的工人的打击，教育了其他工人。"这个运动大大提高了广大工人的阶级觉悟，明确了敌我界限，他们说：'咱们这里面可真混进了反革命分子，今后可要提高警惕。'"①

通过整顿纯洁了建筑工人队伍。"有些流氓分子也表示：'今后一定好好工作，来报答党和人民的宽大'"；"在广大建筑工人发动起来之后，反革命残余分子被孤立，正气抬头，邪气下降，去年反革命分子经常制造各种借口煽惑工人闹事，如因春节前迟走一天即鼓动群众砸坏经理的办公室。今年则大不同，在春节前每晚都有几千建筑工人在车站自动排队买票，秩序井然"②。可见，政府对建筑工人的冬训取得一定的成效。此后，1954年冬北京市继续开展了建筑业工人的冬训计划③，继续对工人进行社会主义清理与教育。

建筑业工人统一调配制度的试点，尽管出现了很多的问题，但大多是新制度磨合中产生的问题。试点为统一调配就业制度的全面推广提供了经验。

第二节 统一调配就业制度的推行

继建筑业统一调配就业制度建立后，这套制度就逐步向其他工矿企业推广。中央正式要求建立全国性的劳动力统一调配就业制度是在1955年年初。此后，中央劳动部也先后发布了一系列指示，明确劳动力调配的原则与程序，至1956年10月，国务院发布了《国务院关于工业、建筑、交通运输企业劳动力调配、招收管理办法的暂行规定（修正草案）》，标志着统一调配就业制度的基本建立。在制度建立过程中，统一调配的范围从国营、地方国营、公私合营企业延伸到私营企业，从建筑业延伸到工矿、交通企业，最后将所有企业和事业单位

---

① 中共北京市委. 中共北京市委关于清理建筑工人队伍向华北局、中央的报告 [M] // 中共北京市委党史研究室，北京市档案馆. 北京市重要文献选编（1954）. 北京：中国档案出版社，2002：111-112.

② 中共北京市委. 中共北京市委关于清理建筑工人队伍向华北局、中央的报告 [M] // 中共北京市委党史研究室，北京市档案馆. 北京市重要文献选编（1954）. 北京：中国档案出版社，2002：111-112.

③ 中共北京市委. 中共北京市委对市公安局党组关于继续清理基本建设职工队伍意见的批示 [M] // 中共北京市委党史研究室，北京市档案馆. 北京市重要文献选编（1954）. 北京：中国档案出版社，2002：693.

<<< 第二章 "一五"时期北京市的统一调配就业制度（1953—1957）

都纳入其中。① 与之配套的一系列保障措施也建立起来。统一调配就业制度建立后，个人自行就业的空间被逐渐压缩，单位招工必须按照上级下达的指标执行。劳动部门通过包分配、调剂、面向社会招工等形式来安排劳动力的就业。

一、制度推广

（一）全国性统一调配就业制度的推广

1955年2月，中共中央对李富春在第二次全国省（市）计划会议上做的《全国计划工作总结报告》的批示中指出：过去已经执行的计划工作中，存在着财力、物力、人力方面的很大的浪费现象，最终都表现为资金的浪费，这与社会主义工业化所必需的增加积累是相矛盾的。中共中央要求，必须系统地严格地进行工作的检查，堵塞工作上的漏洞。"一切部门的劳动调配必须纳入计划，增加人员必须通过劳动部门统一调配，不准随便招收人员，更不准随便从乡村中招收人员。"② 中央明确要求一切部门用人都要纳入统一调配的范围。

为贯彻中央指示，国务院在1955年年初也发出《国务院关于控制各企业、事业单位人员增长和加强劳动力管理问题的指示》，要求"加强劳动力的管理工作，建立劳动力的调配制度"。"中央各部和省（市）人民委员会各厅局应切实掌握所属单位各类人员的多余和缺少情况，建立劳动力的管理和调配制度，并在本系统内组织劳动力的调配。"劳动部和省（市）劳动局应"在部门之间和地区之间进行平衡、调节"。国务院要求"一切部门的劳动调配必须纳入计划，增加人员必须通过劳动部门统一调配，不准随意招收人员，更不准从农村招收

---

① 关于统一调配就业制度建立的时间，比较公认的是1955年，但没有明确是以哪个正式文件为准。路遇认为是"1953年中国建立了建筑工人调配机构，1954年在全国范围内统一了建筑工人的招收和调配制度。1955年该制度扩大到工矿企业和交通运输等各个部门"，参见：路遇. 新中国人口五十年：下 [M]. 北京：中国人口出版社，2004：863. 李冠生认为是"根据国务院关于控制各企业、事业单位人员增长和加强劳动力管理问题的指示（1955年年初），决定将工业、交通运输等部门的职工统一纳入调配范围，进而将所有企业、事业单位职工都纳入统一调配的范围"。参见：李冠生. 新编企业劳动人事管理工作全书 [M]. 北京：工业出版社，1994：104. 袁伦渠认为是1955年5月第二次全国劳动局长会议要求建立劳动力统一调配制度，参见：袁伦渠. 中国劳动经济史 [M]. 北京：北京经济学院出版社，1990：96. 本书认为，统一调配就业制度是在1955年2月，经中央、国务院先后提出要求建立的，其制度内容是在此后逐步形成、完善的。

② 中国社会科学院，中央档案馆. 中华人民共和国经济档案资料选编（1953—1957）：综合卷 [M]. 北京：中国物价出版社，2000：536-537.

人员"①。国务院在指示中提出各部门对本行业内部劳动力实行"分工管理",劳动部和各省(市)劳动局对部门之间和地区之间的劳动力调配进行"统一管理"。这就是劳动力管理中"统一管理,分工负责"原则的雏形。

1955年5月劳动部召开第二次全国劳动局长会议,会议明确规定了劳动力统一招收和调配的基本原则——"统一管理,分工负责",即在劳动部门统一管理下,由企业主管部门分别负责进行。具体办法是:第一,在招工方面,企业招用工人和技校学生统一经过劳动部门进行。在劳动力调配方面,企业之间劳动力的调剂由主管部门在本系统内进行,地方劳动部门平衡调剂。第二,各部门、各地区之间劳动力调剂以及抽调技术员工支援内地,由劳动部门进行。第三,各部门和各地区根据国家批准的劳动计划,编制本部门本地区的年度劳动力平衡计划,劳动部门进行部门间、地区间的劳动力调配。②

至1956年10月,国务院发布了《国务院关于工业、建筑、交通运输企业劳动力调配、招收管理办法的暂行规定(修正草案)》③,对企业劳动计划的订、劳动力调配权限与途径、招工原则与程序以及相关保障措施等,都做了较为详细的规定。这样,统一调配就业制度的内容与原则就基本确立了。

(二)北京市统一调配就业制度的推广

在建筑业统一调配就业制度建立后,北京市劳动局就不断发布通告,加强对其他行业劳动力招收的管理,逐步向统一调配就业制度过渡。之前在1954年11月15日,为了"逐步统一供应劳动力,以适应国家经济建设的需要",北京市劳动局发布《本市国、私营企业录用职工的通告》及实施细则,对公、私企业一次性招用职工数量做了规定:"国营、地方国营、合作社和公私合营的企业,需用长期职工或一个月以上的临时职工,在十人以上的,都须向本局申请统一介绍,在九人以下的,可自行录用,但须先向本局备案";"私营企业,雇用长期职工或一个月以上的临时职工,在五人以上的,都须向所在区人民政府劳动科申请统一介绍;在四人以下的,可自行雇用,但须先向所在区人民政府劳动科备案"④。除了对招用少量职工不要求审批,其他单位如"行政机关、团

---

① 国务院关于控制各企业、事业单位人员增长和加强劳动力管理问题的指示[A]. 劳动通讯, 1955 (1). 北京市档案馆藏. 档案号: ZK002-006-00001.
② 袁伦渠. 中国劳动经济史[M]. 北京: 北京经济学院出版社, 1990: 96.
③ 国务院关于工业、建筑、交通运输企业劳动力调配、招收管理办法的暂行规定(修正草案)[A]. 1956年10月5日. 北京市档案馆藏. 档案号: 110-001-00808.
④ 北京市劳动局. 本市国、私营企业录用职工的通告[A]. 1954年11月15日. 北京市档案馆藏. 档案号: 110-001-00543.

体、学校、部队（后勤生产部门不包括在内）等部门需用职工，可在本市失业、无业人员中自行选用"①。这个通告提出了要"逐步统一供应劳动力"，但还留有余地，没有完全"统一"。

在中央要求建立劳动力统一调配制度后，1955年3月23日，北京市劳动局发布了《北京市关于厂矿企业劳动力管理供应实施细则》，目的是"为适用国家大规模经济建设的需要，实行有计划、有组织地管理和供应劳动力，扩大劳动力资源范围，逐步达到统一调配和合理使用劳动力"②。这个通知将国营厂矿企业纳入劳动力统一调配范围，但暂未将私营企业、事业单位纳入。1955年4月13日，北京市劳动局又发布通告，将事业单位招用职工也纳入了统一调配的范围。"凡在本市的国营、公私合营企业和单位，以及私营企业、事业录用职工时，均须执行本通告规定"；"企业和单位及私营企业、事业需用职工时，一律不得私自招工、诱挖在职职工"③。

1955年5月20日，根据北京市人民委员会建立劳动力统一调配制度的通知，北京市劳动局与工商管理局向北京市工商业联合会发出通知，规定私营企业在增添设备、增加工人时，资方代理人须报送所在人民委员会审核批准。"私营企业雇用职工必须经所在区人民委员会（劳动科）审核批准，并统一供应。"④ 这就将私营企业也纳入了统一调配制度的轨道。

在1955年上半年，北京市劳动局不断发布通告，将劳动力统一调配的范围从国营企业延伸到私营企业、事业单位。这样就建立了涵盖了各种所有制、各行业、各类型（党政机关干部除外）的统一调配就业制度。

（三）统一调配就业制度的主要内容

统一调配就业制度的主要内容是逐步充实、完善的。1956年10月国务院发布了《国务院关于工业、建筑、交通运输企业劳动力调配、招收管理办法的暂行规定（修正草案）》。这个规定对劳动计划的制订、劳动力调配权限与途径、招收新劳动力的原则与程序以及相关保障措施都做了较为详细的规定，主要内

---

① 北京市劳动局. 北京市劳动局企业申请招工细则（草案）[A]. 1954年11月15日. 北京市档案馆藏. 档案号：110-001-00543.
② 北京市劳动局. 北京市关于厂矿企业劳动力管理供应实施细则（第一稿）[A]. 1955年3月23日. 北京市档案馆藏. 档案号：110-001-00655.
③ 北京市劳动局. 北京市劳动局通告（草案）[A]. 1955年4月13日. 北京市档案馆藏. 档案号：110-001-00655.
④ 北京市劳动志编纂委员会. 北京劳动大事记[M]. 北京：中国工人出版社，1993：63.

容如下①：

1. 劳动计划的编制

首先，用人单位要确定用人计划（即数量与种类），但不是随意上报的数量，而是需要经主管局上报、并最终获批的指标。"企业调配和招收劳动力，均须根据国务院或省、自治区、直辖市人民委员会批准的年度劳动计划办理。"劳动力调配、招收计划的编制程序是：企业应该根据生产任务和劳动计划，编制年度招收工人、学徒、学员的计划，报送主管部门，同时抄送当地劳动部门。省市劳动部门根据各企业主管部门下达的招收计划和当地劳动力补充来源情况，编制本地区的劳动力平衡计划，报省市人民委员会批准后执行，报劳动部备案。

2. 劳动力调配的权限与途径

在计划指标范围内劳动力调配的权限与途径是：企业技术工人的调配工作，由企业主管部门在本系统内进行。新建重点企业必要时可以由主管部门商同同级劳动部门提出计划，报请国务院或省市人民委员会批准后，在部门之间和地区之间进行调配。普通工人的调配工作，由企业所在地的劳动部门组织进行。企业主管部门在本系统内调配技术工人时，为了避免同类工人相向调动和不必要的远距离调动，经征得企业所在地劳动部门同意后，可以由企业所在地劳动部门在当地平衡调配。

跨部门、跨地区（省级行政区）调配劳动力的管理权限为：部门之间和地区之间劳动力多余和缺少的调剂工作，由劳动部门组织进行。劳动部根据各省市劳动力多余和缺少的情况，编制省市之间的劳动力调剂计划指标，下达给有关的省市劳动部门进行调剂。

3. 招收新劳动力的原则与审批程序

现有职工调配不足则补充新劳动力，补充原则及审批权限为：经过主管部门和劳动部门调配后企业所需要的劳动力仍然不足，需要在社会上招收新工人、职员、学徒和工人技术学校学员时，必须通过劳动部门。一般应该先在城市内招收，如在城市内招收不足时，可以到农村中招收。在劳动计划外招收工人时，应该报请企业主管部门批准后，向当地劳动部门申请招收。企业招收工人，均须通过劳动部门。应该由当地劳动部门介绍到指定招收地区劳动部门办理手续后，进行招收。企业零星招收厨师、保育、勤杂人员时，可以在当地自行招录，录用后向所在地劳动部门备案。企业不得私自招工，不得诱挖在职工人和在校

---

① 国务院关于工业、建筑、交通运输企业劳动力调配、招收管理办法的暂行规定（修正草案）［A］. 1956 年 10 月 5 日. 北京市档案馆藏. 档案号：110-001-00808.

学生，违者应该受到纪律处分。

文件还提出了劳动力使用的优先次序原则："调配和招收劳动力时，应该分别轻重缓急，尽先满足重点工程和厂矿企业需要。"

4. 保障措施

劳动力统一调配需要劳动部门掌握劳动力储备，做到有劳动力可用。文件规定：劳动部门必须掌握有关劳动力补充来源的情况，统计企业多余职工、培训技工、劳动部门自办的工人技术学校、工人技术训练班，委托企业代训的技术工人、城市零散建筑工人、无固定雇主的临时工人、失业工人，及其他社会剩余劳动力。还包括尚未安置的复员建设军人，本年度未升学的16周岁以上的学生，农村可以调出的劳动力等。

此外，为确保工人服从调配，企业和劳动部门应该"向被调动的工人进行教育工作，被调动的工人应该服从国家分配"。"调动工人工资与补助费按国务院关于企业工人职员工资问题的几项暂行规定草案执行。"为确保统一调配就业制度的执行，劳动部门"必须对企业劳动力的调配、招收和使用情况进行检查。必要时劳动部门可以进行抽调，企业不得拒绝"。这就赋予了劳动管理部门必要的权限。

（四）北京市统一调配就业制度的实施细则

北京市劳动局1955年3月23日发布了《北京市关于厂矿企业劳动力管理供应实施细则》，1955年4月13日发布了《北京市国、私营企业录用职工的规定》。这两个文件对劳动力调剂、招收、解雇及实施程序做了详细规定。

1. 关于统一调配的范围。"凡在本市的国营、公私合营企业和单位，以及私营企业、事业单位录用职工时，均须执行本通告规定。"上述范围外的"其他单位录用工人时，亦须用本市转建军人、失业、无业人员，并向各区劳动科备案，非经本局批准，不得赴外地招工"[①]。

2. 统一调配的执行机构与程序。"（北京市）劳动力调配供应统一由北京市劳动局掌管。劳动部门根据本办法可随时进行监督检查，各单位必须认真协助，不得拒绝。"[②] 企业和单位向本市调入或自本市调出职工时，应事先报经本局同

---

① 北京市劳动局. 北京市劳动局通告（草案）[A]. 1955年4月13日. 北京市档案馆藏. 档案号：110-001-00655.

② 北京市劳动局. 北京市关于厂矿企业劳动力管理供应实施细则（第一稿）[A]. 1955年3月23日. 北京市档案馆藏. 档案号：110-001-00655.

意。私营企业、事业招用职工时，必须向所在区人民委员会劳动科申请统一供应。①"凡列入国家劳动计划的企业、事业单位招用新工人时，均须报请其主管部门（局、委、社）审批。已经列入计划内的增加人数由主管部门批准，用人单位可持批准文件敬请劳动局供应。属于计划外的增加人数，由主管部门申明理由报市计委审批后，到劳动局办理供应手续。主管部门审批增加工人的计划根据，在上报年度劳动计划未经批准前按上报计划掌握，计划下达后，按批准计划掌握。"②

3. 劳动计划的编制。按期编造年、季度劳动力平衡计划，分别由主管部和市计划委员会批准后，于每年、每季度第一个月前十五日报送劳动局。③

4. 关于劳动力调剂的规定。劳动力调剂，首先应在本产业系统内平衡调剂，并首先由其上级主管部门在本市所属系统内部进行平衡调配。其次在本市各系统间进行平衡调配，平衡不足时，由本市劳动资源中统一供应；本市不能解决时，经本局核准并转劳动部解决。④

5. 关于劳动力招收的规定。劳动部门规定用于招用的劳动力来源有："已办理劳动就业登记的失业人员、职员和求职人员；私营工商业新失业的工人和职员（不能归口的）符合登记条件者；未进行登记的社会富余劳动力（适合在本市就业的）；自训和委托代训人员，需要协助就业的未能升学学生。"超出这个来源范围的需要劳动局另行批准。长期工人的招用办法为："凡本市国营、地方国营、公私合营和合作社营的厂矿企业需用工时，均应向劳动局申请，经审核后，分配各区劳动科或掌握劳动力的单位介绍供应。"招用临时工和私营企业雇用工人也"均需向所在区劳动科申请统一介绍"。如所需人员无法供应时，劳动科可报经劳动局统一解决。本地单位赴外地招工的审批权限为："各国营企业和单位所需工人在本市无法解决或供应不足，须赴外地招工时，得报经劳动局批准后转请劳动部解决。"招工需审查拟招用人员的政治历史情况。"劳动部门在介绍前应配合招工单位和公安部门认真审查失业人员的条件，特别是政治历史

---

① 北京市劳动局. 北京市劳动局通告（草案）[A]. 1955年4月13日. 北京市档案馆藏. 档案号：110-001-00655.
② 北京市计划委员会. 北京市计划委员会关于列入国家劳动计划的企业事业单位招用工人审批程序的通知[A]. 1956年4月18日. 北京市档案馆藏. 档案号：110-001-00808.
③ 北京市劳动局. 北京市关于厂矿企业劳动力管理供应实施细则（第一稿）[A]. 1955年3月23日. 北京市档案馆藏. 档案号：110-001-00655.
④ 北京市劳动局. 北京市劳动局通告（草案）[A]. 1955年4月13日. 北京市档案馆藏. 档案号：110-001-00655.

情况。"①

6. 关于劳动力解雇的规定。细则规定:"招工单位退回应招人员,应经过劳动部门的审查同意。招工单位如认为应招人员条件不合,应事先与劳动力管理部门取得联系后始得退回。在试工期内,如发现条件不适合的,须书面理由报经本局(区)审查同意后,始得退回。"②

从1955年至1956年,劳动部门通过对劳动力的招收与使用设立一套审批程序,从而建立起了统一调配就业制度。从此,所有企事业单位的招工行为与个人的就业行为都纳入了计划管理范围。统一调配就业制度包含的内容可以概括为两个层面:第一,由各行业主管部门分工负责本行业内部的劳动力调剂工作;第二,由劳动部门统一管理各行业部门的劳动力招收与行业间的调剂工作。其中包含的审批制度有劳动力计划制订与审批制度、劳动力调剂审批制度、从本地招收劳动力制度、赴外地招收劳动力的审批制度等。不管是招收还是调剂,都必须在上级下达的计划指标范围内执行,如超出计划,则另行报批。这样,依靠审批制度加计划管理的模式,建立了一套以"统一管理、分工负责"为特点的统一调配就业制度。

统一调配就业制度建立后,中央依据自身判断不断调整劳动就业政策,使得统一调配就业制度并非一种稳定的制度,而是经常面临着中央乃至地方一些临时"通知""规定"等政策的冲击。如由于"1956年招收工人和职员,大大突破了计划规定的劳动力发展计划",国务院决定在1957年限制招收职工规模,并冻结了临时工转正,这无疑对很多人的就业产生了影响。

二、保障措施

统一调配就业制度的运行必须有一系列配套措施,才能确保"统一调配"。劳动部提出的劳动力统一调配制度的运作思路和方法为:认真掌握劳动力资源情况,根据企业的需工计划及时地供应劳动力。第一,要求各级劳动部门加强调查统计工作,切实掌握劳动力资源的分布情况;第二,要求各企业部门及时地、准确地编制劳动力计划和招用计划;第三,劳动力计划经批准后,劳动部门"迅速分配招收地区,协助招工单位进行招收,必要时可统一部署招收工

---

① 北京市劳动局.北京市关于厂矿企业劳动力管理供应实施细则(第一稿)[A].1955年3月23日.北京市档案馆藏.档案号:110-001-00655.
② 北京市劳动局.北京市关于厂矿企业劳动力管理供应实施细则(第一稿)[A].1955年3月23日.北京市档案馆藏.档案号:110-001-00655.

作"；第四，逐步建立检查制度，对各企业劳动力使用情况进行监督检查。① 这四个步骤在理论上构成了一个严密的劳动力统一调配体系，它以数字计划的形式表现出来。一般情况下，个人要想就业，就得被纳入这个制度的计划"指标"之中。这个制度的实施，首先就是确保劳动力来源，要做到"有劳动力可调"。

（一）劳动力调查与组织：做到心中有数

劳动部门既然"统一"了劳动力的供应，就必须掌握劳动力来源。所以，北京市劳动局联合公安、民政等部门加强了对社会劳动力的调查、统计与组织工作。劳动部门认为，劳动力调配供应要加强计划性，就必须掌握本市的劳动力资源、条件和变动情况，这就需要将本市劳动力加以组织管理。"过去由于掌握不住劳动力情况，调配供应心中无数，今年基本建设开工后需要大批劳动力就采取突击办法进行调查动员和介绍。但对介绍去的工人政治历史、体力等条件不摸底，有许多工人因体力差不适合需要被辞退；有的干不了中途不辞而别，有的区供应介绍拖长时间影响施工计划。"②

1. 掌握劳动力来源

北京市劳动局对劳动力掌握做了较为清晰的分工，规定由劳动部门直接管理的人员有：已办理劳动就业登记的失业人员、职员和求职人员；私营工商业新失业的工人和职员（不能归口的）符合登记条件者；未进行登记的社会富余劳动力（适合在本市就业的）；自训和委托代训人员；需要协助就业的未能升学学生。上述劳动力派出所和街道办事处要经常掌握，定期通过公安分局汇总转送区劳动科。郊区农业富余劳动力，特别是农业合作社富余劳动力，由乡委员会调查统计，报区农林科掌握，和劳动科建立业务关系。③ 这就是规定城市劳动力由劳动部门掌握，农村剩余劳动力由农林部门掌握，但劳动部门可以协商调动农林部门掌握的劳动力。

为充分发掘劳动力资源，减少本市的外来人口，也为了减少本市粮食消费量，一些女性劳动力也被动员起来，鼓励参加保姆工作。④ 此后，北京市每隔一

---

① 劳动部关于做好1956年劳动力调配工作的意见［A］. 北京市档案馆藏. 档案号：ZK002-006-00002.
② 北京市劳动局. 关于本市失业无业和零散建筑工人的调查、组织管理工作的报告（草稿）［A］. 1955年11月24日. 北京市档案馆藏. 档案号：110-001-00659.
③ 北京市劳动局. 北京市关于厂矿企业劳动力管理供应实施细则（第一稿）［A］. 1955年3月23日. 北京市档案馆藏. 档案号：110-001-00655.
④ 北京市劳动局. 对适合做保姆工作的失业、无业妇女的宣传动员提纲［A］. 1955年11月21日. 北京市档案馆藏. 档案号：110-001-00659.

段时间都要对本市的劳动力状况进行反复的调查统计，以便掌握本市劳动力情况，为统一调配就业工作打下基础。①

2. 分类管理劳动力

北京市劳动局还将这些清理、组织的劳动力进行了初步分类，分为可以登记介绍和不予登记介绍。②

（1）可以登记介绍工作的。①青徒工：有培养前途的，年龄在16至25周岁之间，具有高小程度的男女青年（以供应企业、厂矿招收的学徒工为主）和具有初中程度的男女青年（以供应技术工人学校招收的学院为主）。②技术工人。具有工业、交通运输和建筑技术的工人，以供应工业、交通运输、建筑等企业、事业单位所需要的技工为主（技术工人系指车钳、锻、铆、焊、汽车司机及建筑业的技术工人；一般行业的带有技术性的人员可填入登记表内技术特长栏内，如会计、打字、织布、缝纫、护理、炊事等）。③一般知识分子。年龄在26周岁以上，具有初中、高中程度或25周岁以下具有高中程度的男女，以供应学校的教员和机关、团体、企业、事业等单位需要的一般干部为主。④一般职员店员。年龄在26周岁以上，具有高小程度的男女，以供应商业、贸易、粮食、合作社等企业、事业单位所需要的售货员、保管员等为主（其中包括从事过商业有一定商业技能的人员，这类人文化程度还可以稍低一些）。⑤粗壮工、勤杂人员。年龄在18周岁以上的男女，文盲或粗通文字的人员，以供应各方面需要的粗壮工和勤杂工为主（其中女性一般应在40周岁以下，男性如做勤杂工一般应在45岁以下）。⑥高级知识分子：具有大学及专科以上文化程度的知识分子，按照其志愿、专长，进行分类登记。

（2）不予介绍工作的。①根据劳动保险条例规定已达到退休年龄的人员（男60岁以上，女50岁以上）；②不满16周岁的童年；③身体患有严重疾病或有残疾而丧失劳动能力的人员；④目前不能介绍工作，将来也不能介绍工作的从事家务劳动的主妇；⑤没有取得离职证明的在职人员及未取得离校证明的在校学生；⑥长期性的临时工（如建筑业的季节工、合同工、预约工以及厂矿、企业事业机关等单位的长期性临时工）；⑦其他已有临时工作的人员（个别使用极不合理的，可个别处理）；⑧有现行活动或有严重历史罪恶非捕不足以平民愤的反革命分子。这些属于"不予介绍工作的人"。

---

① 北京市劳动志编纂委员会. 北京劳动大事记［M］. 北京：中国工人出版社，1993：60.
② 北京市劳动局. 失业无业人员的登记分类标准［A］. 1956年5月25日. 北京市档案馆藏. 档案号：110-001-00809.

3. 实行建卡管理失业无业登记人员

对这些登记人员实行建卡管理,卡片管理加强了对失业、无业人员的信息掌握,以便能做到随时调用。卡片样式如表2-1所示。

表2-1 社会失业无业登记索引卡片①

区　　类　　号　　派出所名称

姓名		性别		年龄	
文化程度		籍贯		民族	
政治面目		技能			
登记日期		年　　月　　日			
住址					
介绍单位及时间			注销情况		
			注销原因		
			就业单位		
			注销日期		
			迁移	区迁入 迁出	
备注					

4. 调查农村劳动力

除了挖掘城市劳动力潜力,在用工紧张的年份,如1956年,北京市劳动局还希望掌握并调用农村劳动力。自1956年6月起,北京市劳动局就不断向北京市人民委员会请示,希望能调用农村劳动力。劳动局还曾经对一些农业生产队的劳动力使用情况进行了摸底调查。1956年6月15日,北京市劳动局向张(友渔)副市长报告,称"今年上半年,本市劳动力供应工作经常处在紧张状况,

---

① 北京市劳动局. 社会失业无业登记索引卡片[A]. 1956年5月25日. 北京市档案馆藏. 档案号:110-001-00809.

至5月底，尚有42个单位次，招工5999人，未得到及时解决。加上6月需工，共需11 801人，其中有市农林水利局所需农工1087人，急需调配供应。我们认为，郊区农业生产合作社的劳动力，多数区是有一定数量劳动力可以抽出支援国家建设，不致影响农业生产"。劳动局认为"应由市委农村工作部和郊区区委负责领导，我局配合，进行这一工作"①。可见，在劳动力紧张的情况下，劳动局开始设法调用农村劳动力。

北京市劳动局通过对昌平区、南苑区、京西矿区三个农业生产合作社的调查和计算，认为郊区农业社是有剩余劳动力的。但是往往有劳动力调不出，正如乡、社负责人所说的："农村劳动力伸缩性很大，一年四季总是有活干。"北京市劳动局认为，乡、社能从调整劳动组织、提高劳动生产率等方面着手，剩余劳动力是可以调出来的。②可见劳动局调查的目的很明确，就是摸清楚劳动力情况。

（二）检查私招

既然将用人单位的招工权力收归劳动部门"统一"了，用人单位不通过劳动部门审批的招雇就是违法的"私招乱雇"行为。为维护统一调配就业制度，劳动部门必然要加大对私招行为的查处。"要保证劳动介绍工作的顺利开展，必须防止不合理的招工和私招、拉工等混乱现象发生，加强对招工单位的检查是很必要的。"③

1955年4月20日，北京市劳动局组织力量对全市各国营、地方国营和合作社营企业的招工情况进行检查，发现有些单位私自招工情况严重，尤其是合作社系统。例如，市消费合作社、供销合作社、手工业生产合作社和木材公司、百货公司所属的29个单位，共私招农民667人。建筑业方面发现私招的有3起，合计私招376人，检查后均做了处理。④

中央机关及所属单位对劳动力统一介绍政策也重视不够，认为"中央可以不受地方控制"，或"中央劳动部已批准，不必再到地方政府找麻烦"。因此一些单位在招工中不通过北京市劳动局，就地招用；或者去外地招工时，只通过

---

① 北京市劳动局. 北京市劳动局关于动员本市农业生产合作社劳动力支援工业建设的请示[A]. 1956年6月15日. 北京市档案馆藏. 档案号：110-001-00810.
② 北京市劳动局. 北京市劳动局关于农村劳动力使用情况的调查报告[A]. 1956年8月. 北京市档案馆藏. 档案号：110-001-00810.
③ 北京市劳动局. 北京市劳动局三年来劳动力调配及转业训练方面的材料[A]. 1953年6月. 北京市档案馆藏. 档案号：110-001-00388.
④ 北京市劳动志编纂委员会. 北京劳动大事记[M]. 北京：中国工人出版社，1993：61.

中央劳动部而不通过地方；一些外地来京招工单位也只通过中央劳动部而不通过地方。还有的招工单位觉得通过劳动局招人不能充分地挑选，私招可以任意挑选、任意退回，也可免去手续上的麻烦。有的单位为了满足私招，采取了变通办法，如百货公司需工95人，经劳动局介绍只录用了5人，其他90人自行私招。还有一些单位仍有挖工、拉工的情况，如为了做好本单位的工作，用提高工资、福利待遇或通过私人关系，动员在职工人辞职后再行雇用，有的单位盲目任用跳厂工人，不问来由，以致造成拉工现象。①

据北京市劳动局、北京市监察局的检查报告，在北京市人民委员会于1956年11月23日下达《关于国家机关停止增设机构增加人员和冻结编制的通知》后，北京市各单位仍有违反通知招收工人，或从临时工转为正式工人的情况。如市属第二地方工业局，第二、第三商业局，农林局等8个部门所属11个单位自1956年11月28日起到1957年1月5日止，共增添了工人46人，临时工人转为正式工人137人。② 私招劳动力现象并不局限于企业，机关事业单位的私招现象也很突出。据监察部报告，截至1957年12月底，在重点检查的130个单位中，都有不同程度违反规定私招工人的现象。共私招工人3853人，其中有1911人是外地农民，有338人是郊区农民，占私招人数的58.3%。违反法令私招工人现象多发生在机关、团体、文教卫生、手工业合作社等。③

当时对私招、挖工等行为的处理还较轻，控制不算太严。"我们处理私招和拉工的办法是：如所招确系本市登记失业人员，虽未办理招工手续，一般都让招工单位进行检讨，补办手续，准予录用；被拉单位坚持要人，由拉工单位负责将工人退回。情节严重，行政又不承认错误的，令其除负责将工人送回外，并在报纸上公开检讨。"④

（三）劝阻农村劳动力自发流入城市

劳动力的自发流动与统一调配制度是不相符的。早在1952年，政府对农村劳动力流入城市开始展现明确的反对态度。1952年11月26日，《人民日报》发表中央人民政府内务部社会司《应劝阻农民盲目向城市流动》一文，该文是

---

① 北京市劳动局．北京市劳动局三年来劳动力调配及转业训练方面的材料［A］．1953年6月．北京市档案馆藏．档案号：110-001-00388．

② 北京市劳动局、北京市监察局关于本市部分单位贯彻执行冻结编制指示情况的报告［A］．1957年3月．北京市档案馆藏．档案号：035-002-00224．

③ 北京市西四区人民委员会关于检查私招农民情况和处理意见的报告［A］．1957年2月5日．北京市档案馆藏．档案号：035-002-00224．

④ 北京市劳动局．北京市劳动局三年来劳动力调配及转业训练方面的材料［A］．1953年6月．北京市档案馆藏．档案号：110-001-00388．

劝阻、制止农民流入城市的先声。接着1953年4月17日,中央人民政府政务院发布了《关于劝止农民盲目流入城市的指示》,规定今后县、区、乡政府对于要求进城找工作的农民,除有工矿企业或建筑公司正式文件证明为预约工或合同工者外,均不得开给介绍证件。未经劳动部门许可或介绍者,各单位不得擅自去农村招收工人,更不得张贴布告,乱招工人。已进城的农民,除为施工单位所需要者外,应由所在地的人民政府劳动部门及民政部门会同工会和其他有关机关动员还乡。① 这是新中国成立后中央人民政府下达的第一个限制农村人口流入城市的规定。

1. 动员农民返乡

在中央人民政府下达指示前后,北京市就已经着手清理、劝返外地来京农村人口。据北京市劳动局报告,外县农民和部分转业军人大量流入北京,始于1953年2月25日前后。农民来京的原因,绝大部分是听说1953年首都建设任务大,用人多。部分建筑单位到农村私招工人,也是引起农民盲目流入的原因。流入本市的农民感到城市找工作还是容易,生活好混,认为"与其回去没办法,莫若在这里等,早晚总会有用人的一天"②。

2. 加强户籍管理

除不断地遣返、堵截农村劳动力流入外,严格执行户口登记政策也是制止农村人口流入的重要措施。北京市公安部门就发现,一些资本家给外地农民开虚假就业证明,以达到落户北京的目的。劳动部门此后对开虚假就业证明的现象严加查处。北京市公安局就曾向市劳动局发函称:最近我们在办理迁入户口登记中,发现有些不法资本家给外县农民(以山东肥城、河北饶阳等地为最多)开假就业证明,伪称某某某确系来本号做工(或学徒)。使农民在原籍骗得迁移证明后,来北京入户。东单、东四、西四、崇文、宣武、海淀等分局均有此类情况。如大北、新兴、振兴等6家私营水暖安装工厂的资本家开出假就业证明达98件之多,宣武分局管界9家商户的资本家,在9月以内就开了59件,仅广安门外大街永和煤铺经理常凤鸣一人即给15个外县农民开了假就业证明,新兴水暖社经理路怀安甚至将开好的一些空白证明交其表弟张傅训带给其亲友随便填写后,骗取迁移来京。这些人来京后绝大部分并无正当职业,也没有固定的

---

① 周恩来. 中央人民政府政务院关于劝止农民盲目流入城市的指示 [N]. 人民日报, 1953-04-18 (1).

② 北京市人民政府劳动局. 北京处理外县农民流入城市的报告 [A]. 1953年4月20日. 北京市档案馆藏. 档案号:110-001-00388.

居住处所。①

这个制度"漏洞"很快就被堵塞。北京市人民政府公安局、劳动局、工商管理局于 1954 年 12 月联合发出通知,要求"各派出所必须与区劳动科联系,认真审查其就业情况是否属实,如有以假就业证明骗取原籍之迁移证者,除该迁移证无效外并应予以追究",并由各区人民政府劳动科、工商科、公安分局共同召集已开过此项假证明的资本家开会,让资本家负责动员其所开证明骗使来京的农民回籍。② 制止私招乱雇、工人跳厂以及反对农民自发进城谋生,就是筑起了一道制度的"大坝",大坝两边的择业、就业行为都要通过这个"大坝"来统一调度。

三、运行原则

统一调配就业要求贯彻政府特定的就业政策与目标,将劳动力资源按照国家的需要予以配置。因此它包含一系列的配置导向,或者说基本原则。

(一) 合理使用劳动力,防止浪费

防止浪费是社会主义国家管理经济工作的出发点之一,当时的认识是"节约是社会主义经济的基本原则之一"③。我们对资本主义经济制度的批判之一,就在于资本主义经济危机所造成的"商品过剩"等浪费现象,因而要建立一种避免这种"浪费"的经济制度。计划经济模式建立的主要原因之一,就在于要避免这种过剩与浪费现象。研究社会主义经济问题的学者曾注意到,"对传统社会主义企业来说,上级部门决定的计划通常是'紧'的"④。这种从"紧"的资源配置模式也会延伸到劳动力管理与使用制度上。如东北劳动局副局长曹阳戈在论述劳动力平衡计划和统一调配工作时就指出:"要采用一切措施,避免浪费窝工。"⑤

在计划经济条件下,有些用人单位有着持续的劳动力需求膨胀的要求。如

---

① 市公安局给市劳动局的函 [A]. 1954 年 10 月 6 日. 北京市档案馆藏. 档案号:110-001-00543.

② 北京市人民政府公安局、劳动局、工商管理局联合通知:关于私营企业资本家给外地农民开假就业证明问题处理办法的通知 [A]. 1954 年 12 月 8 日. 北京市档案馆藏. 档案号:110-001-00543.

③ 上海市劳动局革命委员会. 我市劳动管理工作的情况 [A] //国家计划革命委员会劳动局. 劳动力节约挖潜工作经验汇编(内部文件),1972:2.

④ 科尔内. 短缺经济学:上卷 [M]. 高鸿业,校. 北京:经济科学出版社,1986:58.

⑤ 曹阳戈. 认真作好基本建设劳动力的平衡计划与统一调配工作 [J]. 劳动,1953(6):35-37.

何解决这种问题，当时还不能通过加强成本核算的硬预算约束来抑制招工的冲动，因而只能采用上级部门统一调配的办法来收紧招工权限，以避免浪费劳动力，节约工资基金。

合理使用劳动力，首先就是防止出现"窝工"等浪费劳动力现象，以避免损失国家资金。1956年，《人民日报》发表社论《加强劳动力的调配工作，克服劳动力的浪费》，这是《人民日报》第一次以社论的形式提出克服劳动力浪费现象。社论指出："过去两年中，各部门（不包括私营工商业）就增加了二百余万工人和职员"；"与此同时，也产生了劳动力的严重浪费现象，这种情况在一定程度上已经成为改进企业管理和进一步提高劳动生产率的障碍。劳动力浪费突出表现在人浮于事，劳动组织不合理和工时利用率很低等事实上"[1]。《劳动》杂志转载了这篇社论。

《人民日报》社论还详细列出了一些企业存在严重的劳动力浪费现象。"全国建筑业职工总人数中减去十五万人也可以完成今年的建筑安装任务。""由于许多企业没有严格的编制和定员制度，用人没有标准，生产中忙闲不均，浪费也很大，甚至本来已经缺乏的工程技术人员也有分配不当和使用浪费的现象。各部人员构成的共同特点是：直接生产人员和主要的业务人员比重很小，其他人员的比重很大。""在工业企业特别是建筑企业中，工时利用率很低，窝工、停工和浪费工时的现象更为严重。今年第一季度中央六个工业部的生产总值是完成了计划，但停工和缺勤达七百六十九万工作日，比去年同期增加了百分之八十一，相当于十万零五千人一个季度没有工作。劳动时间的浪费，也就是一切劳动力使用上的浪费，这必须成为当前反浪费斗争中的一个重要环节。"[2]

合理使用劳动力，不但要防止数量上出现浪费现象，而且要避免质量上的"过高"需求，如用人单位追求过高学历，以及年龄、性别等方面的选择。在劳动力紧张的情况下，劳动部门认为用人单位不要过于挑剔，"积极克服各方面的思想障碍和劳动力调配工作中的缺点。用人单位适当挑选是必要的，但不合理地抬高条件的现象必须说服纠正，能用女的多用女的，能用年岁大的就用年岁大的，能用文化低的就不要用文化高的"[3]。批评这些现象也说明"合理使用、

---

[1] 人民日报社论. 加强劳动力的调配工作，克服劳动力的浪费[J]. 劳动，1955（8）：2-4.

[2] 人民日报社论. 加强劳动力的调配工作，克服劳动力的浪费[J]. 劳动，1955（8）：2-4.

[3] 北京市劳动局党组关于1956年上半年劳动工作的情况向市委的汇报[A]. 1956年7月7日. 北京市档案馆藏. 档案号：110-001-00670.

避免浪费"确实是统一调配就业制度的原则之一。

（二）先内部调配，再统一供应

首先在在职人员中调剂劳动力余缺，这是统一调配供应劳动力的优先选项。中央在要求建立劳动力统一调配制度的指示中，就要求"今后劳动调配必须执行以下原则：老企业老机关增产、增事、不增人，新企业新机关首先从老企业老机关抽调；精简机关，充实企业；企业中要精减管理人员和服务人员，充实生产人员；凡是需要人员的单位首先从原行业（公的私的）中抽调，从有多余的劳动力的城市中抽调。机关工作人员和企业职工必须遵守政府调动工作的命令"①。

1955年3月23日发布的《北京市关于厂矿企业劳动力管理供应实施细则》规定：凡本市国营、地方国营企业缺余工人时，首先应在本产业系统内平衡调剂。② 稍后于1955年4月13日发布的《北京市劳动局通告（草案）》更明确规定，企业和单位需用职工时，须按以下规定办理："首先由其上级主管部门在本市所属系统内部进行平衡调配，其次在本市各系统间进行平衡调配，平衡不足时，在本市劳动资源中统一供应，本市不能解决时，经本局核准并转劳动部解决。"③

值得注意的是，规定由劳动部门统一供应，并非意味着用人单位必须接受劳动部门推荐的人选。用人单位在录用中还要对推荐人选进行审查。一般情况下，用人单位可以决定录用与否，劳动部门并不能"硬塞"。这样，对个人来讲，就业需要面对至少两层筛选：劳动部门的筛选以及用人单位的筛选。如用人单位绕过劳动部门的规定，自行筛选，则属于"私招"。当然，在不能自行招用的情况下，用人单位能选择的劳动力很有限，一般会予以录用。

行业内部劳动力调配不足，再由劳动部门统一组织供应劳动力，当时称为劳动力平衡调配。所谓"平衡调配"，并非按照任务大小、多少在各用人单位之间分配劳动力。劳动部门在调配劳动力时，是按照任务的"轻重缓急"来决定调配劳动力的数量、质量。一般来讲，军事项目要优先于民用项目，重工业项目要优先于轻工业项目，国家建设项目要优先于民生项目。如由劳动部劳动力

---

① 中国社会科学院，中央档案馆. 中华人民共和国经济档案资料选编（1953—1957）：综合卷 [M]. 北京：中国物价出版社，2000：536-537.
② 北京市劳动局. 北京市关于厂矿企业劳动力管理供应实施细则（第一稿）[A]. 1955年3月23日. 北京市档案馆藏. 档案号：110-001-00655.
③ 北京市劳动局. 北京市劳动局通告（草案）[A]. 1955年4月13日. 北京市档案馆藏. 档案号：110-001-00655.

调配司拟定的《北京市建筑业工人统一调配办法草案（初稿）》就规定："建筑技术员工的调配，应以工程性质及其轻重缓急为原则，暂定为'国防建设第一，工业建设第二，其他建设第三'。"① 再如天津市劳动局的建筑工人统一调配工作，"始终按照'国防建设第一，工业建设第二，普通建设第三，一般修缮第四'的原则执行"②。受到优先关注的项目必然在劳动力配置与物力配置上都得到优先照顾。如苏联展览馆需要铁筋工、架子工、机工等，各公司就大力支持，及时供应，以便完成这个具有政治意义的紧急工程任务。③

劳动力的不平衡配置，实际上是国家投资在各部门中的比例关系的反映。新中国成立后，工业化的战略是优先发展重工业，而在重工业当中，又优先发展国防工业。第一个五年计划规定，"轻工业与重工业投资的比例为一比七点三，即百分之十二比百分之八十八"；而重工业当中，"按照五年计划，国防工业是很突出的"；"重工业中存在的主要问题是，国防工业突出，石油工业落后，煤、电紧张"。④ 投资的比例如此，那么劳动力的配置也必然与此是一致的。

（三）先城市，后农村，统一组织招收

新中国成立后，在政府的劳动就业政策中，一直倾向于首先满足城市人口就业，城市不足再从农村统一组织招收的原则。至于为什么优先解决城市人口的就业问题，我们从1952年7月发布的《中央人民政府政务院关于劳动就业问题的决议（修正草案）》中或许能看出国家对农村剩余劳动力的就业安排思路："农村中大量的剩余劳动力不同于城市的失业半失业人员，他们是有饭吃有地种的。"⑤ 这种就业思路或许可以帮助我们理解政府为什么优先照顾城市人口就业。

此外，我们还必须注意到粮食统购统销与就业的关系。因为城市劳动力属于国家，由国家直接配给粮食，所以城市劳动力必须"人尽其力"，有劳动能力的人不允许吃"闲饭"。而引进农村劳动力则势必增加商品粮配给量，这在当时粮食指标严格计划的情况下是不合算的，所以要优先使用城市劳动力。

北京市在处理城乡人口就业上，贯彻了中央优先解决城市人口就业的方针。

---

① 北京市劳动局.北京市建筑业工人统一调配办法草案（初稿）[A].1953年1月21日.北京市档案馆藏.档案号：110-001-00424.
② 天津市人民政府劳动局建筑工人统一调配处.天津市建筑工人统一调配工作总结[J].劳动，1953（2）：7-9.
③ 张耀贤.北京市建筑工程局的劳动力调剂工作[J].劳动，1954（1）：11-12.
④ 陈云.关于第一个五年计划的几点说明[M]//陈云文选（1949—1956）.北京：人民出版社，1984：238-239.
⑤ 中央人民政府政务院关于劳动就业问题的决议（修正草案）[A].1952年7月.北京市档案馆藏.档案号：110-001-00272.

而且在粮食施行统购统销后,限制农村劳动力的流入还有减少城市粮食供应的考虑。北京市"对于必须从社会上招收的劳动力,根据中央关于'先城市解决'的供应方针,坚决采取由本市失业、无业人员中动员供应的办法,代替了历年来从农村招雇的办法"①。

依据以上两个原则,劳动部门理想的就业模式是:劳动力需求主要靠内部调剂解决,其次靠外部调剂,不得已的少量缺口才允许在社会上招工;面向社会招工又以在城市招工为优先,其次才从农村补充劳动力。

(四)对毕业学生、复员退伍军人统一安排就业

当时国家必须安排就业的人员是大中专院校学生(早期还包括初中生)、转业复员军人,以及一些政策性安置人员(如援外回国工人、华侨、城市建设用地征用后的农村无地人员等),优先安排就业的是城市户籍劳动力,严格限制招用的是农村劳动力。

新中国成立后,复员、转业建设军人在就业上予以统一安排就业。国民经济恢复时期就开始对转业建设军人统一安排工作,"一五"时期这种优待走向了制度化与规范化。如未犯有明显的错误,家居城市,或入伍前在城市就业的军人在复员、转业或退伍后,政府一般都能予以安置工作。而原籍农村的,有一定技术专长的基本上也能安排在城市工作。

对革命残废军人的就业问题,国家曾发出予以优待的指示。1954年4月2日,政务院发布的《中央人民政府政务院关于革命残废军人学校毕业学员工作分配的指示》指出:"各级领导部门应把吸收革命残废军人参加工作当作一项政治任务。在分配工作时,应以适应他们特长和身体条件,使之力能胜任为原则。"应首先在省的范围内,由省人民政府统一处理,责成省民政厅于每年年初将革命残废军人学校的毕业学员人数和学员的履历、鉴定送交省人事厅列入年度干部调配计划之内,统一分配调用。在定员定额编制内,适当规定革命残废军人应占的比例。切实保证他们就业优先权的贯彻。②

1954年10月,内务部(现民政部)又发出《复员建设军人安置暂行办法》,称"妥善地安置复员建设军人,是各级人民政府和广大人民群众的一项光荣的政治任务"。"家在城市的,劳动、人事部门在分配、介绍员工时,应给予优先就业的便利。如参军时原是机关、团体、工矿、企业的职工,原工作单位

---

① 北京市1955年劳动力调配工作报告[A]. 1956年2月7日. 北京市档案馆藏. 档案号:110-001-00660.
② 周恩来. 中央人民政府政务院关于革命残废军人学校毕业学员工作分配的指示[J]. 山西政报,1954(8):55.

应予以吸收。各工矿、企业事业部门和基本建设工程部门招募或招考员工时，应给复员建设军人规定一定名额，在年龄限制上适当放宽，优先予以吸收。"①当然，这个文件也规定了"复员建设军人以在原籍安置为原则。家在农村的，以从事农业生产为主"。还是原则上沿用了城乡劳动力的差别待遇。但是这种"一刀切回到农村"的做法很快就被改变了，变成了事实上复员军人可以在城市安置工作，这就使得后来"参军"成为农村人口移入城市的主要的渠道之一。

1955年5月31日发布的《国务院关于安置复员建设军人工作的决议》从不同的层面详细规定了复员军人就业安置办法②："凡是从工厂、矿山及其他企业、事业单位参军的职工，原单位不论是公营或私营，均应恢复其工作，如果原单位因为编制所限不能吸收时，也应当将他们列入编列职工的平衡调配计划之内，加以培训或调入本系统其他单位就业。对原是私营企业职工现在该企业已经停业或改组的，应当按照'行业归口'的原则由主管该行业的机关安置他们的工作。""对原从中等以上学校参军的学生，原学校应当准其复学，或由当地教育部门介绍入其他适当学校复学。""劳动部门和计划部门在给新建、扩建的厂矿企业调配人员时，应当优先调配复员建设军人，并在劳动力调配计划中，把复员建设军人放在第一位。"这个决议最重要的变动是对农村军人复员后一律回到农村的"一刀切"做法予以批评否定。实际上就是规定了农村籍复员军人也可以安置在城市。"有些复员建设军人虽然原来是在农村参军的，但现在具有专门技术，应当根据他们本身的条件给他们分配以适当的工作；而有些地方在安置这些复员建设军人时，机械执行'原籍安置'的原则，硬要他们从事农业生产，没有根据不同对象，适当地解决他们的就业问题"；各主管部门"在新建扩建厂矿、铁路、公路、农场、合作、邮电等较大企业的时候，应当有计划地吸收一批复员建设军人参加工作。上述部门应当每年将用人计划送交劳动部汇总转送国防部，以便统一调配遣送"。

决议对之前已经遣返到农村的复员军人，也予以一定程度的纠正。"对已经和即将复员到农村，但确实具有相当文化水平或专门技术不适合从事农业生产的，当地县人民委员会应当加以分类登记，尽量就地解决他们的工作问题，如在本县范围内确实无法解决时，可报请省人民委员会设法统一调配解决。任何不顾实际情况机械执行'原籍安置'或借口'原籍安置'而推出了事的做

---

① 内务部. 复员建设军人安置暂行办法［A］. 1954年10月23日. 北京市档案馆藏. 档案号：110-001-00504.
② 国务院关于安置复员建设军人工作的决议［A］. 1955年5月31日. 北京市档案馆藏. 档案号：110-001-00662.

法，必须纠正"。经过上述规定的"层层兜底"，农村复员军人安置到城市的机会就可以说是很大了。

四、运行过程

（一）分解就业指标

统一调配就业计划的执行过程，就是以劳动力平衡表的形式贯彻、分解一系列的量化指标数据。编制平衡表是编制计划的主要方法之一，它的实质在于"要求整个社会生产范围内的需要和资源互相适应"。"平衡表法可以有计划地规定与协调国民经济中的实物比例关系和价值比例关系，从而保证计划的统一。"所谓劳动力平衡表，其目的是"保证按照所计划的生产规模和社会文化活动规模提供所需要的劳动力。在这种平衡表中可以看到在计划期中劳动力资源和对劳动力的需要量之间的对照情况。根据劳动力资源平衡表，就能按国民经济各部门和各地区的需要做出分配劳动力资源的计划"①。

简单来讲，劳动力平衡表就是劳动力的供应和需求对照表，要求在一个计划期内劳动力的供应和需求在数字上达到平衡。用人单位能否招到职工，或者说个人能否就业于某个岗位，首先要看在劳动力平衡表中有没有"指标"。按正常的途径，个人就业的过程就是纳入某种数字指标管理的过程。

1. 就业指标的传递与执行

在计划体制下，就业指标是沿着计划机构上传下达的。在计划经济时期，我国计划机构呈现的是金字塔形的垂直结构（图2-1）。

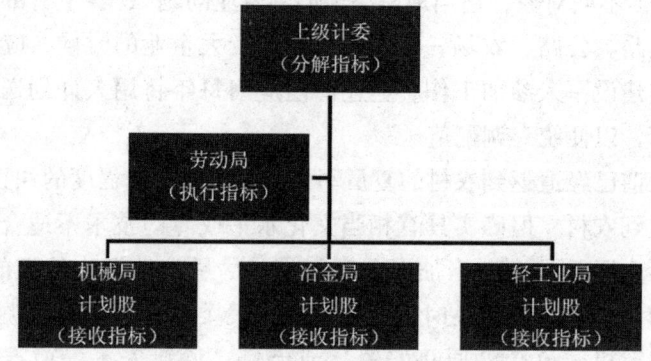

图 2-1　劳动力就业指标流动示意图

---

① 阿法纳西耶夫. 社会主义生产管理理论与实践问题 [M]. 中国人民大学外国经济管理研究所, 译. 北京: 北京出版社, 1981: 183, 184.

计划指标在这个金字塔结构内层层传递，而劳动部门则具体贯彻、执行劳动计划指标。按照规定，劳动力统一调配由各级劳动部门内的调配部门具体执行。如北京市劳动局调配科的工作职责为：（1）掌管国营工业、基本建设、交通运输及其他企事业单位劳动力管理工作。（2）审查基本建设企业劳动力平衡计划，掌握管理本市劳动力来源，编制全市劳动力平衡计划。（3）监督检查企业、事业单位合理使用劳动力，协助处理编余人员和老弱病残人员；掌管基本建设企业间的劳动力平衡调剂工作。（4）检查处理私招工人等违反劳动力调配制度问题。（5）指导各区劳动力介绍所的劳动力管理和供应工作。[1]

那么计划指标又是如何确定的呢？一般是由国家根据一定时期的经济形势和发展要求，逐级下达计划控制数字（或建议数字），然后由各地区各部门直至各企业自下而上编报计划草案，最后经国家在综合平衡的基础上审定批准，再自上而下逐级正式下达。这就是计划经济时期通常所谓的"两下一上"的计划编制程序。计划指标在上传下达的过程中，免不了有"讨价还价"的行为。[2]劳动计划的确定是个双向的过程：一方面是计划部门、劳动部门提出宏观的总的用人计划，特别是工资总额；另一方面是各用人单位主管部门提出本行业需工及新增计划，报请计划委员会与劳动部门批准。这种纵向的指令传递并非单向的，下级并非只是被动接受执行。研究传统社会主义经济的学者指出："计划指令"也不是单方面决定的。在计划确定之前，计划的制订者和执行者之间总有某种对话，这被称为"对计划讨价还价"（plan bargaining）。计划制订者总想让企业以较少的投入取得较多的产出；计划执行者则相反：总希望有较低的产出指标和较宽大的投入供应。在讨价还价中，企业强调计划大大高于正常标准，达到了容忍上限；上级则强调大大低于正常标准，落到了容忍下限。最后正是在这两种"意见"之间达成妥协。[3]

2. 就业指标执行的两个层次

根据北京市劳动局发布的规定：凡本市国营、地方国营企业缺、余工人时，首先应在本产业系统内平衡调剂。[4]"首先由其上级主管部门在本市所属系统内部进行平衡调配，其次在本市各系统间进行平衡调配，平衡不足时，在本市劳

---

[1] 北京市劳动局. 北京市劳动局各科室工作范围［A］. 北京市档案馆藏. 档案号：110-001-00678.
[2] 吴晓求. 紧运行论［M］. 北京：中国人民大学出版社，1991：254.
[3] 科尔内. 短缺经济学：上卷［M］. 高鸿业，校. 北京：经济科学出版社，1986：62.
[4] 北京市劳动局. 北京市关于厂矿企业劳动力管理供应实施细则（第一稿）［A］. 1955年3月23日. 北京市档案馆藏. 档案号：110-001-00655.

动资源中统一供应，本市不能解决时，经本局核准并转劳动部解决。"①

根据这些规定，统一调配就业制度的运作分为两个层面：第一，是调剂劳动力，这是劳动力供应的优先选择项。第二，无法调剂或者调剂后仍有缺口时，经劳动部门批准，按规定面向社会招工。需要说明的是，调剂人员既包括现有在职人员，也包括属于包分配的退伍复员军人和中等及以上学校毕业生、职业学校、技校生等，这几类人员不属于社会就业人员。劳动部门往往将入伍、入学视为已经安置过了，不再属于社会劳动力。一般情况下，北京市的统一调配就业计划不但涵盖了本市机关事业单位、各主管部门所属企业，还包括了中央企事业单位。②

3. 就业指标的执行形式

不管是申请调剂，还是申请招工，都依照劳动力计划平衡表的指标来执行。首先，计划委员会、劳动局制订全市的劳动力使用计划，报市委、市人民委员会批准。以1959年度的劳动力平衡表为例（因未找到1958年前的劳动力平衡表，这里只能用1959年的表格来说明问题，下同），如表2-2所示。

表2-2　北京市劳动力平衡表③

项目	1958年预计	1959年预计	1959年比1958年增加或减少数
一、人口总数	6187.738	6395.000	207.262
男	3152.235	3259.497	107.262
女	3035.503	3135.503	100.000
二、劳动力总数	2983.210	3064.446	81.236
男（16~60周岁）	1743.196	1790.508	47.312
女（16~55周岁）	1065.014	1098.937	33.923
不足或超过劳动年龄参加劳动的	175.000	175.000	—

---

① 北京市劳动局. 北京市劳动局通告（草案）[A]. 1955年4月13日. 北京市档案馆藏. 档案号：110-001-00655.
② 有时候中央下达的数字指标已经单独切出一块预留中央单位了，这时候北京市只要照中央数字划拨即可。
③ 北京市计划委员会. 北京市1959年度劳动工资计划草案[A]. 1958年11月5日. 北京市档案馆藏. 档案号：110-001-01072.

续表

项目	1958年预计	1959年预计	1959年比1958年增加或减少数
三、劳动力分配数	3083.210	3224.445	141.235
工业（包括手工业）	758.176	951.894	193.718
农业（农、林、牧、副、渔）	903.423	818.616	-84.807
基本建设	235.277	284.223	48.946
交通运输邮电	75.807	93.945	18.138
商业、饮食业、服务业和集体福利事业	142.975	143.995	1.020
文教科学研究机构	445.924	560.028	114.104
其中16岁以上在校学生	239.697	308.638	68.941
国家机关、政治部门和党群系统	94.742	94.742	—
城市公用事业	26.110	35.110	9.000
家务劳动者和家庭雇工	194.069	2.421	-191.648
其他	206.707	239.471	32.764
四、平衡差额（调出或调入）	-100.000	-160.000	-60.000

注：劳动力总数包括：1.现有在职在业人数；2.城市无职业具有劳动能力人数（包括街道已组织起来的）；3.农村整半劳动力；4.驻军和外地驻京单位；5.16岁以上在校学生；6.不足或超过劳动年龄的人数。平衡差额：1958年10万人是河北省等地在京的工业基建部门徒工和预约工。因无户口未计算在劳动力总数内。1959年差额16万人系外地在京合同工约7万人，勤工俭学8万人，义务劳动1万人。

劳动力平衡表各项数据是以上一年度数据为基础，计划了下一年度该行业调配劳动力的数量与种类，数字上有增加或减少。据总的劳动力平衡计划表，计划委员会与劳动部门又制定了国民经济各部门劳动计划平衡表，仍以1959年为例，如表2-3所示。

当代北京市统一调配就业制度的历史考察（1953—1965年）

表2-3　1959年北京市国民经济各部门劳动计划平衡表①

部门	1958年年末到达人数	1959年年计划 增加 合计	复员军人	大中专毕业生	部门调入	社会招收	减少 合计	回农村	处理	部门调入	退外地	年末到达人数
全市职工人数合计	1 352 544	42 048	20 148	3000	9700	9200	70 200	20 000	30 500	9700	10 000	—
一、工业	574 759	19 000	10 500	2400	4700	1400	35 000	10 000	20 000	5000	—	564 759
二、农林水利气象	12 578	234	—	230	—	4	—	—	—	—	—	12 812
三、基本建设	226 548	1763	1700	50	—	13	34 700	10 000	10 000	4700	10 000	193 611
四、勘察设计	30 601	—	—	—	—	—	—	—	—	—	—	30 601
五、交通邮电	52 505	5750	1800	170	2626	1154	—	—	—	—	—	58 255
六、商业饮食服务业	135 365	2500	—	—	1000	1500	—	—	—	—	—	137 865
七、文教卫生	196 727	—	—	—	—	—	500	—	500	—	—	—
八、银行保险	7178	—	—	—	—	—	—	—	—	—	—	7178
九、城市公用事业	28 727	1059	148	109	736	66	—	—	—	—	—	29 786
十、国家机关	87 556	242	—	166	13	63	—	—	—	—	—	87 798

① 北京市劳动局.1959年国民经济各部门劳动计划平衡表[A].1959年6月26日.北京市档案馆藏.档案号:110-001-01072.

从表 2-3 中我们能看出，该年计划增加的人员中，首先必须安排工作的是复员军人，每年回地方的复员军人数量比较稳定，所以需要安置的人员数量较精确。其次是大中专毕业生，最后是从社会上招收。

4. 就业指标确定的依据

职工人数的计划是根据北京市的人口总规模、粮食配额，特别是上年职工人数、工资分配数额来确定的。如国家计划委员会、劳动部下达的 1959 年全国职工的工资总额，预定为 213 亿元，比 1958 年的 180 亿元增加 33 亿元，其中 25 亿元用作职工平均人数增加 700 多万人的工资，8 亿元用于保持（或略予提高）职工的工资水平。中央下达计划时强调，"全国工资总额 213 亿元这个数目，应该保证不突破"。还要求"各地区、各部门应该通过各种措施尽可能地使职工平均人数少增加一些"。国家计委、劳动部给出的 1959 年北京市职工平均人数和工资总额参考数字为：1959 年平均职工人数为 122 万人，比 1958 年增加 19 万人，工资总额为 81 257.8 万元，比 1958 年增加 8590.0 万元。国家计委、劳动部据此要求各地提出 1959 年的职工平均人数和工资总额的计划指标。[①] 可见，统一调配就业的重要目的之一在于确保国家下达的工资计划不被突破。

在计划体制下，计划数字指标受各种因素影响而变动的可能性很大，最大的变动因素来自中央或上级部门的指令。

根据计委、劳动局确定的各主管局职工人数及增减计划，各行业主管局再制订本局下属各单位职工人数及增减计划。各主管局、单位按照数据指标来调剂、招用劳动力。如前所述，劳动力的内部平衡调剂由行业主管局负责，外部调剂由所在行政区的劳动主管部门负责。招工由主管局组织，或者用人单位自行招用，劳动部门指定招工区域、数量，并协助招工。总之，只有在上级下达的数字指标之内，需工单位的录用才能实现。

（二）统一分配就业

对于必须安置的人员，如中等及以上毕业学生（含初中生）、复员转业军人，则在总的计划之内预先留出用人指标，再予以统一分配。不管是上报需求计划，还是分配工作，都是以行业主管部门上报的用人计划为依据的。

1. 对毕业生的统一分配原则与程序

以北京市为例，北京市大学生的统一分配是根据北京市的需要计划确定的。

---

① 国家计划委员会，劳动部．关于 1959 年增加工资八亿元的分配和编制 1959 年职工平均人数、工资总额计划的通知［A］．1959 年 8 月 20 日．北京市档案馆藏．档案号：110-001-01073．

北京市计划委员会、劳动局按年度制订《北京市大学生需要计划表》上报国家计划委员会。这个计划细分了各类专业，以及该年度北京市需要的各专业的大学生数，上报国家计委审批，最终按实际到达报到的数量予以分配。以1959年度为例，如表2-4所示。

表2-4 北京市大学生需要计划表（节选部分）①

专业名称	1958年预计到达	1959年需要国家分配
总计	3665	10 531
一、工科	995	4577
1. 地质：	53	102
矿产地质和勘探	9	20
……	—	—
2. 煤炭：	63	26
煤田地质和勘探	—	4
……	—	—
3. 水电	21	264
工业企业电气化	17	115
……	—	—
4. 石油：	—	10
人造石油	—	6
……	—	—
5. 冶金：	14	875
钢铁冶金	—	266
……	—	—

---

① 北京市计划委员会. 北京市大学生需要计划表（1959年度）[A]. 北京市档案馆藏. 档案号：110-001-01081.

第二章 "一五"时期北京市的统一调配就业制度(1953—1957)

当时对大学生的需求特别紧张,需要最多的是工科、师范和医药类,所以北京市频繁向国家计委打报告要求增加分配大学生。得到分配来的大学生后,北京市再制订这批大学生的分配方案,分配方案以数字表格体现出来。我们以北京市大学毕业生初步分配方案(1959年度)为例,来说明大学生的分配过程。

北京市该年获得中央分配大学毕业生1154人(不包含中央单位数字),仅为上报计划10 531人的10.96%。其中,工科毕业生194人,为上报计划4577人的4.23%;师范毕业生285人,为上报计划2434人的11.7%。由于该年大学生分配和需要相差悬殊,难于满足各单位的需要,这个初步分配方案主要根据集中使用、重点配备和照顾一般的原则提出,具体如表2-5所示。

表2-5 1959年北京市分配大学生初步意见(节选部分)①

专业	分配方案	市委办公所	农村工作部	工业生产委员会	工业基建委员会	市委建工部	人委程办	市委文化部	纺织局	化工局	机电局	冶金局
总计	1153	1	2	1	4	2	2	1	7	35	94	23
一、工科	194	—	—	—	—	—	—	—	—	—	—	—
1. 地质和勘探	9	—	—	—	—	—	—	—	—	—	—	—
2. 矿产开采和经营	6	—	—	—	—	—	—	—	—	—	—	—
3. 动力	4	—	—	—	—	—	—	—	—	—	—	—
4. 冶金	13	—	—	—	—	—	—	—	—	—	—	—
5. 化工	7	—	—	—	—	—	—	—	—	—	—	—
6. 机电	118	—	—	—	—	—	—	—	—	—	—	—
7. 建筑	21	—	—	—	—	—	—	—	—	—	—	—
……												

---

① 北京市计划委员会,劳动局. 北京市大学毕业生初步分配方案(1959年度)[A]. 北京市档案馆藏. 档案号:110-001-01081.

续表

专业	分配方案	市委办公所	农村工作部	工业生产委员会	工业基建委员会	市委建工部	人委程办	市委文化部	纺织局	化工局	机电局	冶金局
二、农科	41	—	—	—	—	—	—	—	—	—	—	—
三、财经	41	—	—	—	—	—	—	—	—	—	—	—

1959年1153名大学生全部分配在市直属部门或中央企业，直接分给9个城区（东城、西城、宣武、崇文、海淀、朝阳、大兴、顺义、周口店）及延庆县、平谷县和怀柔县的各1名大学生，均为财经专业。这反映了当时大学生是属于极其珍贵的劳动力。

北京市也向国家计委报告，请求多增加毕业生分配指标，因为北京市所得的毕业生指标远远不敷分配。中共北京市委称：1959年全国高等学校毕业生6.1万余人，其中北京各高等学校的毕业生即有1.1万余人，占总数的18.1%。然而1959年预计分配给北京市的只有1035人，仅占全国毕业生总数的1.7%，预分配给28个省市的毕业生共4.7万余人，平均每个省市分配2.7%，分配给北京市的比平均数还低。其中，预分给北京的工科毕业生171人，只占全国工科毕业生总数的1.3%。预分给北京的师范科毕业生243人，只占全国师范科毕业生总数的1.26%，其中除北京师范学院的毕业生178人外，北京师范大学今年的毕业生有993人，只分配给北京市65人，这无论如何都不能适合首都中等教育的发展。① 因此，北京市委请求中央在计委分配的名额外，再增加690个名额，其中，工科280名，师范科260名，医药科110名，文史、外文科40名。此外，北京市还向中央建议，今后中央各部门直属的高等学校毕业生的分配，能够实行与地方分成的办法。② 但北京市的这个建议并未得到正面回应。

2. 退伍、复员军人分配原则与程序

退伍、复员军人的工作安排也是遵循统一分配的原则。技术兵种在分配工作时，尽量照顾他们接近的工种，例如，汽车司机原则上分配给交通运输局，通信技术人员分给长途电信局，机械技工和建筑技工则分给机电局和建筑工程

---

① 中共北京市委党史研究室，北京市档案馆. 北京市重要文献选编（1959）[M]. 北京：中国档案出版社，2003：361.
② 中共北京市委党史研究室，北京市档案馆. 北京市重要文献选编（1959）[M]. 北京：中国档案出版社，2003：361.

局。北京市劳动局要求"接收这些人员的单位,对于分配接收的人员应该热情接待,作为政治工作,不要挑挑拣拣"。劳动部门还要求各单位对这批退伍复员军人"一律分配学习技术""接收后要做好巩固工作,建立感情,搞好关系"。①可见当时对退伍复员军人的工作分配还是很重视的。我们从劳动局对退伍复员军人的分配方案(表2-6)可以大致了解这批军人的就业去向。

表2-6 北京市劳动局对两万名退伍义务兵和复员军人分配意见(第一方案)②

单位名称	增加人数	其中		分配意见		备考
		1958年批准尚差人数	1959年计划增加人数	分配人数占需要比例(%)	分配人数	—
机电工业局	38 344	8344	30 000	21	8000	—
冶金工业局	15 799	4302	11 497	31	5000	
化学工业局	25 654	2723	22 931	8	2000	包括北京炼焦厂的人数
纺织工业局	9791	300	9491	—		
建筑材料工业局	10 038	1600	8438	10	1000	主要分给耐火材料、陶瓷厂
交通运输局	18 000	6000	12 000	11	2000	为明年卡车司机
建筑工程局	13 500	500	13 000	4	500	为机械施工培养骨干
地质局	1700	300	1400	12	200	
地下铁道工程局	20 300	300	20 000	5	1000	—

① 北京市民政局,北京市劳动局,北京市兵役局.关于接受两万名退伍义务兵及复员军人的分配意见请示[A].1958年12月8日.北京市档案馆藏.档案号:110-001-01070.
② 北京市民政局,北京市劳动局,北京市兵役局.关于接受两万名退伍义务兵及复员军人的分配意见请示[A].1958年12月8日.北京市档案馆藏.档案号:110-001-01070.

续表

单位名称	增加人数	其中		分配意见		备考
		1958年批准尚差人数	1959年计划增加人数	分配人数占需要比例（%）	分配人数	—
长途电信局	1828	350	1478	17	380	—
合计	154 954	24 719	130 235	—	20 080	—

新中国成立初期，北京市就认真贯彻了对复员、退伍军人统一分配工作的政策。1952年6月，针对当月回到北京市的转业建设军人就业尚不及三分之一的情况，北京市人民政府批判了若干单位的错误认识，如"领导干部重视不够，甚至存在着糊涂思想"等。批评了"不好领导""怕影响生产"的借口，或故意提高条件，拒不接受的行为。北京市人民政府行政会议要求，对回到本市的转业建设军人，根据各机关、企业、学校情况，统一分配。"在转业建设军人未能就业以前，各单位一律不得擅自录用工作人员。"[①]

当时内务部对安置复员建设军人比较努力，也协助北京市的安置工作。1955年3月，内务部接北京市转业建设委员会报称："本市复员建设军人尚未安置的，共有1752人，但本市安置已发生困难，据闻中央部门需用工作人员请协助安置。"希望中央各部和所属各单位应该积极协助该市安置复员建设军人，需用工作人员时，首先使用北京市复员建设军人。[②]

北京市用人单位还是能较好地执行优先录用退伍复员军人的规定，一来是因为退伍复员军人政治条件好，二来年轻力壮，确实是优质劳动力。如北京市建筑材料工业局砖瓦厂在向招工人员传达招录工人标准时就提出，"在审查录用工人时，对于转业复员军人。如果他们与农业社的社员（或城市失业人员）有同等条件，就应该优先录用"[③]。

"大跃进"之前，北京市共接收了复员转业军人101 935名，其中安置在厂

---

① 中共北京市委党史研究室，北京市档案馆. 北京市重要文献选编（1952）[M]. 北京：中国档案出版社，2002：253-254.
② 内务部优抚局. 内务部优抚局"需用工作人员时请优先录用北京市复员建设军人由"的函 [A]. 1955年3月16日. 北京市档案馆藏. 档案号：110-001-00662.
③ 北京市建筑材料工业局. 关于砖瓦厂招收新工人工作中的几项规定 [A] //关于砖瓦厂预约工改变预约关系及招工工作中的情况和问题（第八号）. 1958年2月12日. 北京市档案馆. 档案号：132-001-00234.

矿、企业的有 55 545 人，机关、团体、学校的有 27 800 人，从事农业生产的有 18 590 人。① 可见当时大部分复员转业军人都被安排在了城市工作。

3. 对失地农民的安置

对因为城市建设、工矿企业建设等征用土地而导致的农村失地农民的就业安置，首先是由征用单位负责安置，安置有困难的，再由劳动部门协助安置。北京市的安置工作是根据政务院《关于国家建设征用土地办法》规定执行，先由用地单位提出安置计划，经批准用地后，即由用地单位按所提计划负责安置，对用地单位确实安置不了而农民自行转业又有困难的，由劳动部门协助转业。

北京市自 1949 年至 1955 年年底共征用农地约 14.7 万亩，需要转业的农民约 2316 人。由用地单位安置的有 2012 人，占 86.87%；由劳动行政部门协助安置的 71 人，占 3.07%；自行转业的 224 人，占 9.67%。转业农民中，以转为勤杂工的居多，少数转为产业工人，自行转业的有些当小贩，有些经营运输。用地单位安置转业农民，以企业单位做得最好，一般是包下来。1956 年第一季度需要转业安置的农民只有 145 人，用地单位安置了 138 人，劳动部门协助安置了 5 人，自行转业 2 人。全部得到了解决。② 总的来讲，北京市对建设用地征用后的农村劳动力的安置还是比较妥当的。

(三) 调剂就业

补充职工的两种方式，一是调剂，二是招工。如前所述，劳动部门优先考虑通过调剂来补充劳动力。北京市劳动局在 1956 年 5 月制定了劳动力的调剂工作制度。

1. 建筑企业、自行施工的修缮单位以及市政建设单位需用工人时，持主管上级的批准信（说明需用的工种、人数、用工期限、工作地点等），于需工三日前至市劳动局办理申请手续，填写《招用建筑工人申请登记表》，经审查确定供应时，首先从单位之间调剂解决。

2. 企业、事业单位及机关、团体、学校、医院等部门需要长期工人时，由需工单位持上级批准信（说明需用的工种、人数、用工日期、工作性质等）于需工七日前，至市局办理申请手续，填写《招用职工申请登记表》，经审核确定

---

① 中共北京市委党史研究室，北京市档案馆．北京市重要文献选编 (1957) [M]．北京：中国档案出版社，2003：401．

② 中共北京市委党史研究室，北京市档案馆．北京市重要文献选编 (1956) [M]．北京：中国档案出版社，2003：291-292．

供应时,首先从转业军人和各单位多余人员中调配解决。①

劳动力调剂的情形,在"大跃进"时期比较典型,称为劳动力"抽调"。故劳动力调剂的运作,可参考第三章第二节关于劳动力抽调的内容。

(四)招工就业

招工指经劳动部门批准,从城市无业人员中或者农村劳动力中招用职工,劳动部门称为从"社会"上招工。当调剂不能解决劳动力需求时,经劳动局批准,可以从社会上招收劳动力。按统一调配就业制度的规定,招工单位在招工中,严禁招用在职工人。

1. 面向社会招工的原则与程序

1956年5月,北京市劳动局对从社会上招录职工做了如下规定:第一,建筑企业、自行施工的修缮单位以及市政建设单位需用工人时,持主管上级的批准信(说明需用的工种、人数、用工期限、工作地点等),于需工三日前至市劳动局办理申请手续,填写《招用建筑工人申请登记表》。经审查确定供应时,首先从单位之间调剂解决,解决不了时再根据各区劳动力调配所掌握的劳动力数字,填发"调配三联单"下达各区所组织供应。当辞退工人时,应开完工介绍信,将工人介绍回区所。对连续在单位工作三个月以上的工人,劳动部门应进行鉴定,并将鉴定结果寄回区所。②

第二,企业、事业单位及机关、团体、学校、医院等部门需要长期工人时,由需工单位持上级批准信(说明需用的工种、人数、用工日期、工作性质等)于需工七日前,至北京市劳动局办理申请手续,填写《招用职工申请登记表》。经审核确定供应时,首先从转业军人和各单位多余人员中调配解决,不足时,根据各区所待调查登记人员情况,填发"调配三联单"分配各区所组织供应。单位确定录用时应于试工后五日内填妥《招用人员结果回报单》,并连同未录取人员登记表一并退回各区所。③

第三,上述单位需要临时工时,各需工单位持其主管部门批准信,于需工三日前到居住所在区所办理申请手续,经核准可以供应时,填写《招用职工申

---

① 北京市劳动局.关于局、区劳动力调配工作制度[A].1956年5月25日.北京市档案馆藏.档案号:110-001-00809.
② 北京市劳动局.关于局、区劳动力调配工作制度[A].1956年5月25日.北京市档案馆藏.档案号:110-001-00809.
③ 北京市劳动局.关于局、区劳动力调配工作制度[A].1956年5月25日.北京市档案馆藏.档案号:110-001-00809.

请登记表》一份，本区不能解决，介绍到市局，再分配其他区所供应。①

2. 招工的手续

调配劳动力需要在各区劳动力调配所开"调配三联单"，作为调配劳动力的手续。调配三联单样式如表2-7所示。

表2-7 调配三联单存根②

区调配所　　　第一联　　年　月　日

需工单位		接工卷号			
工种	介绍人数	介绍日期	长期工或临时工	工作日期	备考

调配员

劳调配字第　　　号

区调配所　　　劳调配字第　　　号

兹介绍　　　单位　　　同志前往你区招用如下工人，希按指定条件、日期供应，并于调配结束后将结果填入本单位第三联上报本局。

需工单位				地址			
经手人		电话		接工卷号			
工种	做什么工作	年龄	文化程度	性别	人数	长期工或临时工（临时工应注明工作日期）	介绍日期
备注							

第二联，本联为正式调配单，区所存。

---

① 北京市劳动局. 关于局、区劳动力调配工作制度 [A]. 1956年5月25日. 北京市档案馆藏. 档案号：110-001-00809.
② 北京市劳动局. 调配三联单 [A]. 北京市档案馆藏. 档案号：110-001-00809.

劳调配字第　　　号

北京市劳动局调配科
　　一九五六年　月　　日劳调配字第　　号调配单下达的任务业已完成，兹将结果列表上报　　　　　　　　　　　　　　　年　　月　　日
（调配所盖章）

完成情况				未完成或部分完成的原因
工种	人数	工种	人数	

第三联，本联为招工结束后，填报结果上报本局用。

完成上述手续后，用工单位才能合法招工。

3. 招工案例分析

我们以北京市建筑材料工业局下属各砖瓦厂招工情况为例，来具体分析招工是如何执行的。按北京市劳动局指定的招工区域，建筑材料工业局的这次招工，既要在河北省等地的农村人口中招用，还得在北京市内的无业人员中招用，以下分述之。

首先是需工单位根据生产计划，确定需工计划（人数、工种等），报上级主管部门、劳动部门批准。北京市建筑材料工业局全局20个砖瓦厂，至1958年2月初，终于确定（历经了五次修改）该年的生产计划为6.8亿块砖，需工11 201人。因为砖瓦工是季节性工人，且根据国务院关于各单位从农村招收临时工的暂行规定，需要与农业社签订"劳动合同"，这就等于是重新招聘这些工人。北京市劳动局根据需工计划，在1958年1月25日正式通知建筑材料工业局所需工人的调配办法：原有河北、山东等地的老工人中可以预约（指签订合同，重新招聘）7000人回厂，不足部分"市劳动局正式调拨单已规定由北京市失业人员中新招1000人，由通县专区将划北京市辖的五个县新招4000人"[①]。劳动

---

① 北京市建筑材料工业局. 无标题文档［A］//关于砖瓦厂预约工改变预约关系及招工工作中的情况和问题（第一号）. 1958年2月6日. 北京市档案馆藏. 档案号：132-001-00234.

部门这次并未向各砖瓦厂调剂工人,所有所需工人需要到指定地区重新招用并签订劳动合同。

鉴于春节后就要开工,任务较为紧急,建筑材料工业局各砖瓦厂联合组成了七个工作组赴劳动局指定的河北、山东等地招工。考虑到老工人的分布地区,做了如下分工:沧县专区工作组,预约任务 2295 人;保定专区工作组,预约任务 1435 人;天津专区工作组,预约任务 977 人;通县专区工作组,预约任务 1221 人;石家庄邢台专区工作组,预约任务 489 人;承德、邯郸、张家口、唐山专区工作组,预约任务 70 人;山东、河南工作组,预约任务 513 人。①

各工作组招工人员在赴各地前都集中学习了相关文件,掌握了工资标准,以及劳动合同的签订方法等。因拟招收的工人中,有北京市的 1000 名,通县专区的 4000 名为新工人,建筑材料工业局为了招到合格工人,对掌握录用工人的标准做了规定。

北京市劳动局给需工单位指定了招工地区。但是招工单位能不能招到人,还得看当地劳动力富余状况、就业意愿以及工作的吸引力等。而在农业合作化以后,从农村招用劳动力必须取得当地政府的配合。1957 年 12 月 13 日国务院全体会议通过的《国务院关于各单位从农村中招用临时工的暂行规定》规定:"各单位从农村中招用临时工,必须持有当地劳动部门的介绍信,在县、乡人民委员会的指导下,与农业生产合作社协商招用;非经乡人民委员会的同意,不得招用单干农民。各单位一律不得私自从农村中招工和私自录用盲目流入城市的农民。"②

至此,国务院文件就确立了当地政府对当地劳动力的支配权,如果当地政府配合、支持,招工工作就比较顺利。如果地方抵触,工作就很难做,而且招工计划不如变化,往往要临时调整。如有的地方能足额招到人,有的地方招工缺口较大。招工情况的复杂性、多变性较为明显。

赴外省农村招工情况如此,那么我们再看在北京市区招工情况又如何。北京市劳动局规定这次招工要在北京市失业人员中新招 1000 人,指定在前门、东四两个区招工。招工组与前门、东四两个区接洽,审查、录用工人。招工组在前门区、东四区共审查失业人员 701 人,经过审查劳动就业卡片和个别谈话后,

---

① 北京市建筑材料工业局. 各砖瓦厂已经分别组成七个工作组赴各地进行工作 [A] //关于砖瓦厂预约工改变预约关系及招工工作中的情况和问题(第二号). 1958 年 2 月 6 日. 北京市档案馆藏. 档案号:132-001-00234.
② 国务院关于各单位从农村中招用临时工的暂行规定 [N]. 中华人民共和国国务院公报,1957(54):1161-1162.

认为有 544 人不适合到砖瓦厂工作,所剩 157 人,尚需经过公安部门及医院进一步了解。① 也就是说这两个区剩余劳动力里面,能录用的人很少。招工具体过程如下。

1958 年 2 月 14 日分别与东四、前门两个区的劳动力介绍所接上关系,19 日东四区集合起 160 人,共分为四个组分片进行目测,总计目测合格的 67 人。② 但后来经审查材料和到公安部门了解情况后,就有 29 人不能招收。其中,有 14 人是经派出所介绍该人情况后并表示不让外出,有的是经派出所介绍这个人干不了,如有疾病、身体弱等,第一次的结果是只剩下 38 个人。③ 在分组目测时,有一部分自己提出不能胜任砖瓦厂工作,更有的在组里提出只能做管理工作或者是半体力劳动。22 日又在东四区进行材料审查,除去 19 日目测合格的 67 人的材料外,东四区又新提供了 70 份材料,经初步审查,可录用的 24 人,不能录用的 46 人。④

以上就是北京市建筑材料工业局各砖瓦厂招工情况的实例。从这个实例可以看出,即使获得了劳动部门批准的招工数字,但是能否招到工人,还取决于很多因素。除了用人单位看重的业务因素,还有两点:一是当地政府部门的态度,如当地政府或农业社允许招用的人数,这从上述材料中所述的招工组和当地政府的接触、交涉中就可以看出;二是基层部门对政治问题、现实表现的审查,如通县专区工作组反映,预约工人中有几种情况社里不让他们出来。

如果一次未能招到足额的工人,招工单位可以再向劳动部门申请在别处招工。如北京市砖瓦厂这次招工任务没有完成,为了不影响砖瓦厂开工生产,于

---

① 北京市建筑材料工业局. 北京市区招工组工作情况 [A] //关于砖瓦厂预约工改变预约关系及招工工作中的情况和问题(第 20 号). 1958 年 3 月 4 日. 北京市档案馆藏. 档案号:132-001-00234.

② 北京市建筑材料工业局. 北京市区招工组工作情况 [A] //关于砖瓦厂预约工改变预约关系及招工工作中的情况和问题(第 20 号). 1958 年 3 月 4 日. 北京市档案馆藏. 档案号:132-001-00234.

③ 北京市建筑材料工业局. 北京市区招工组工作情况 [A] //关于砖瓦厂预约工改变预约关系及招工工作中的情况和问题(第 20 号). 1958 年 3 月 4 日. 北京市档案馆藏. 档案号:132-001-00234.

④ 北京市建筑材料工业局. 北京市区招工组工作情况 [A] //关于砖瓦厂预约工改变预约关系及招工工作中的情况和问题(第 20 号). 1958 年 3 月 4 日. 北京市档案馆藏. 档案号:132-001-00234.

是向北京市劳动局申请"能否同意另行开辟劳动力来源"。①

第三节 "一五"时期北京市统一调配就业制度的效果与问题

"一五"时期,北京市统一调配就业制度极大地解决了北京城市居民的就业问题,北京城市居民的就业率上升,解决了很多人的生活出路问题。统一调配制度也保障了北京市大规模建设所需的劳动力,较好地调剂了技术力量的余缺。统一调配就业制度限制了农村劳动力向城市的"盲目"流动,抑制了在职职工"挖工、跳厂"等职业流动。但统一调配就业制度实施过程中也存在着一系列的问题,包括计划性不强、劳动力供应不及时,用人单位囤积劳动力、在劳动力使用上存在"短期行为"等。统一调配制度还推高了北京市本地劳动力的就业期望值,对劳动者的劳动积极性也有负面影响。

一、实施效果

(一)提高了就业率

"一五"时期,北京市统一调配就业制度极大地解决了北京城市居民的就业问题,北京市劳动力人口的就业率达到了很高的水平。北京市劳动局屡次清理劳动力,但都无法找到较大的新劳动力来源。不能就业的属于实在无法就业的人,主要是因劳动能力、家庭拖累、历史政治等原因而无法就业的人员。"一五"时期北京市的劳动就业登记、处理人数及介绍就业人数见表2-8。从1953年至1958年上半年,劳动部门介绍就业的人数为67 503人,占登记人数的46%。

表2-8 "一五"时期北京市劳动就业登记及处理情况②

年份	登记人数	处理人数	介绍就业	自行就业
1953年	34 709	39 846	20 679	13 857

---

① 北京市建筑材料工业局. 北京市区招工组工作情况 [A] //关于砖瓦厂预约工改变预约关系及招工工作中的情况和问题(第20号). 1958年3月4日. 北京市档案馆藏. 档案号:132-001-00234.
② 北京市劳动局. 北京市1950年至1958年劳动就业登记及处理情况 [A]. 北京市档案馆藏. 档案号:110-001-00993.

续表

年份	登记人数	处理人数	介绍就业	自行就业
1954年	6403	21 230	6472	6335
1955年	2219	6762	3154	2297
1956年	72 408	67 864	35 762	5432
1957年	29 816	8876	1436	2585
1958年（1—6月）	14 050	20 264	6029	2127
总计	145 555	144 600	67 503	30 506

1956年，北京市出现了劳动力短缺现象。1956年北京市需要供给中央单位、列入全国招用平衡计划的劳动力35 200余人；市属企业、事业单位约需增加15 000人，加上其他部门（军事部门、机关、团体等）的需要，将不下55 000人。除已解决的14 700人外，尚需40 000人才能满足需要。而北京市掌握的失业、无业人员（包括有就业条件尚未登记的约5000人）仅35 000人，其中还有很大一部分失业、无业人员的就业条件不适合用人单位的需要。"从性别上看，已登记人员中女性为21 383人，占72%。"也就是说，剩余劳动力中大部分为女性，可用的男性劳动力很少，如图2-2所示。①

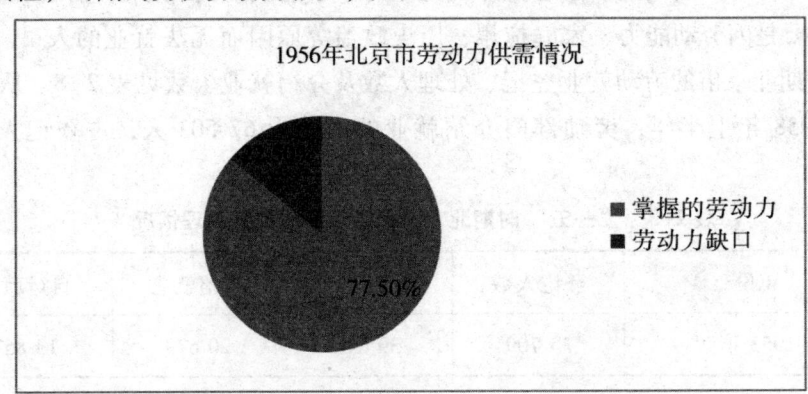

图2-2 1956年北京市劳动力供需情况图

---

① 北京市冯基平副市长关于安排北京市失业、无业人员情况的报告［A］. 北京市档案馆藏. 档案号：ZK002-006-00003.

<<< 第二章 "一五"时期北京市的统一调配就业制度(1953—1957)

北京市不但在总量上出现劳动力不足,而且在劳动力供需结构上也出现不平衡。据北京市劳动部门估计,1956年青徒工存有数较需要数约少4000人。从性别条件看,各单位需要男徒工9398人,现共有1848人,仅有约20%,而女徒工全部供应满足后,还可剩余3500人。教员和干部需要男性2300人,只能供应1500人,约65%,女性还剩余800人。从文化程度上看,现有人员文化条件低,而需要的文化条件高。如可做青徒工的,初中程度的有2200人,需要的则为2730人,只占81%左右;有高中文化程度适于做教员、干部的有2200人,而需要的为3056人,只占72%左右。如从年龄上看,在教员、干部一类中,现有人员共4800人,36岁以上的即占40%,而各单位多愿要35岁以下的。图2-3、图2-4更能清楚地反映这种劳动力供需结构的不平衡。①

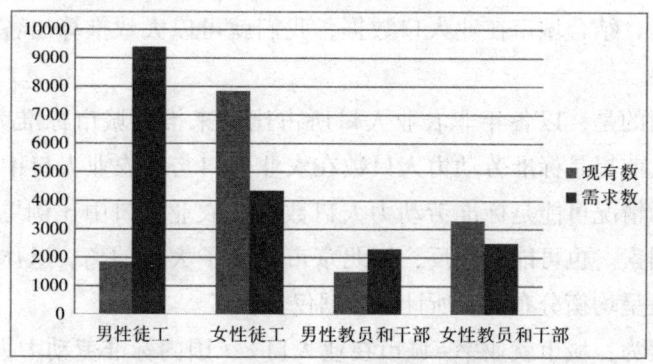

图2-3　1956年北京市劳动力性别结构供需形势图

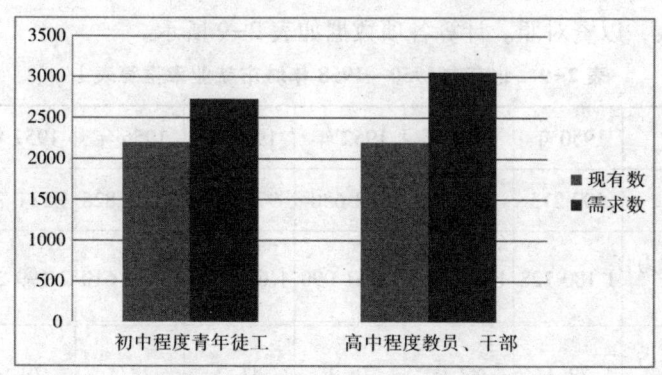

图2-4　1956年北京市劳动力学历结构供需形势图

---

① 北京市处理失业无业人员临时工作委员会.关于失业无业人员的初步分配原则[A].1956年4月28日.北京市档案馆藏.档案号:110-001-00803.

除1956年外,"一五"时期北京市的整体就业情况又如何呢?本书利用相关统计数据估算了"一五"时期北京市的就业率,以便更直观地显示北京市的就业率及变动趋势。

就业率是劳动就业中的核心指标,反映的是社会劳动年龄人口(即标准劳动力人口)中能够就业的人口比例。目前我国劳动人口年龄界限为男16~59岁,女16~54岁。这个年龄段的人口构成社会总的劳动年龄人口,即国内标准劳动力人口。笔者所接触到的北京市统计资料中,并无直接的就业率数据,所以只能从北京市一些年份的相关人口资料以及劳动者数据(按当年区划统计数据)中加以推算。又因为没有直接的北京城市标准劳动力人口数据,所以笔者在总的(城乡)劳动年龄人口中,以非农业人口所占比例来大致推算出城市标准劳动力人口数据,结合城市在业人口数据,我们就可以大致推算出各年的就业率及其变动趋势。

需要说明的是,以各年非农业人口所占比例来推算城市标准劳动力人口,这里一个假设前提是标准劳动力人口数在农业人口与非农业人口中是呈均衡分布的。但实际情况可能是标准劳动力人口数在非农业人口中比例更大,如人口迁入城市的因素。也可能是相反,如北京市安置了大量的离、退休人员等。因而只能假定是呈均衡分布的,所计算数据仅供参考。

计算过程为:城市就业率=城市在业人口÷(国内标准劳动力人口×常住人口中非农业人口所占比例)。需要说明的是,就业率是以北京市常住人口为计算依据的。因为统计数据缺乏1954年、1955年这两个年份的,所以这里将1958年的数据列入,以资对照。计算各项数据如表2-9所示。

表2-9 北京市1950—1958年城市就业率推算表①

年份	1950年	1951年	1952年	1953年	1956年	1957年	1958年
城市在业人口	500 213	660 310	783 630	974 866	1 161 828	1 211 737	1 653 620
国内标准劳动力人口	1 180 728	1 287 007	1 431 090	1 696 359	2 197 610	2 199 203	3 406 570
非农业人口所占比例(%)	79.1	82.0	78.1	81.2	78.1	79.9	55.4

---

① 城市在业人口数据、国内标准劳动力人口数据以及常住人口中非农业人口所占比例的计算数据,参见:北京市统计局. 北京四十年:社会经济统计资料 [M]. 北京:中国统计出版社,1990:53,65-67,428.

续表

年份	1950年	1951年	1952年	1953年	1956年	1957年	1958年
国内标准劳动力人口（城市）	933 956	1 055 346	1 117 681	1 377 444	1 716 333	1 757 163	1 887 240
非农业人口就业率（%）	53.56	62.57	70.11	70.77	67.69	68.96	87.62

注：缺1954年、1955年的数据。

我们可以对个别年份的数据加以验证。1950年后就业率的上升，反映了北京市失业治理的成就；1958年北京市常住人口中非农业人口所占比例大幅下滑，这正好反映了北京市行政区划大幅扩大。因为1958年划入的原属河北的通县、顺义、大兴、怀柔、密云等9个县，农业人口占多数，这导致北京市整体非农业人口比例大幅下降。1958年就业率的大幅上升与"大跃进"是一致的。上述推算数据肯定存在一定的误差，但基本上能反映"一五"时期北京市城市就业率的变动趋势。据此我们可以绘制出上述年份北京市城市就业率的变动趋势图。

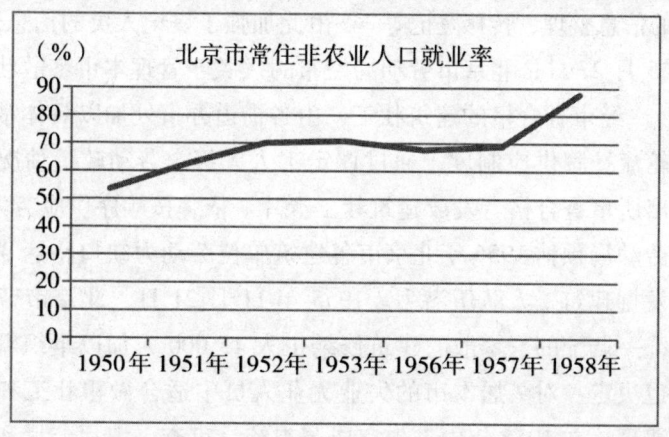

图2-5　1950年至1958年北京市常住非农业人口就业率变动图①
注：缺1954年、1955年的数据。

从以上变动趋势图来看，从1950年至1958年，在有统计的年份里，北京市常住非农业人口的就业率整体呈上涨趋势，就业率最高点为1958年。从1950年到1957年，城镇人口就业率上涨了15个百分点，1953年、1956年、1957年三

---

① 根据表2-9数据绘制。

年的平均就业率为69.14%。1957年,由于国务院严格控制职工增长,当年北京市就业率稍微下滑。如果考虑到当时女性就业率不高(新中国成立初我国的女职工只有60万人,占职工总数的7.5%;1963年年末,女职工已达660万人,占职工总数的20%①),且被计算在城市标准劳动力人口基数内的话,这个就业率数字还是不低的。

(二)保障了劳动力供应

通过统一调配就业制度,劳动部门为国民经济的重点行业调配了大批的劳动力,基本上满足了用工需求。北京市将社会劳动力都组织起来,做到"心中有数",随时调配供应给各用工单位。

1. 做好调查组织,确保劳动力供应。1955年3月,为了便于掌握劳动力的各项信息,北京市劳动局决定建立社会富余劳动力卡片管理制度,开始在西四区进行试点。② 1955年5月,北京市劳动局又制定了《北京市建筑工人建卡人员的卡片和失业无业人员的登记表管理办法》。建筑工人建卡人员的卡片按照已调出人员、待调人员、缓调人员分别保管,卡片按照调出、辞退、声明三类整理。社会失业无业人员的登记表按照待调人员、缓调人员及注销人员分别保管,另规定了登记表的信息整理、转移登记等。③ 由此加强了登记人员的信息管理工作。

1955年5月27日,北京市劳动局发布的《关于管理本市零散壮工的几项规定》中规定,"经审查合格的建筑壮工,由各街道办事处加以具体掌握,并建立卡片管理和轮流挂牌供应制度。通过评定工人等级、劳动政治情况鉴定、街道办事处、派出所审查合格者发放建筑壮工卡片。依牌按顺序供应劳力"④。

北京市劳动局预估1956年北京市各建筑单位劳动力缺口将达3万人,所以亟须进一步发掘建筑工人队伍潜力。1955年11月21日,北京市劳动局决定对以前未纳入统一调配的、零散的建筑修缮工人15 000人加以组织管理。北京市人民委员会也决定:对久居本市的失业无业人员中适合做粗壮工和零散建筑修缮工人整顿清理,在1955年内首先完成调查统计审查、填写卡片和建立挂牌等工作(和人口办公室的调查动员工作结合进行)。10月在东单区和石景山区进

---

① 中国社会科学院,中央档案馆. 中华人民共和国经济档案资料选编(1958—1965):劳动就业和收入分配卷[M]. 北京:中国财政经济出版社,2011:149.
② 北京市劳动志编纂委员会. 北京劳动大事记[M]. 北京:中国工人出版社,1993:59.
③ 北京市劳动局. 北京市建筑工人建卡人员的卡片和失业无业人员的登记表管理办法[A]. 1955年5月25日. 北京市档案馆藏. 档案号:110-001-00809.
④ 北京市劳动局关于管理本市零散壮工的几项规定[A]. 1955年5月27日. 北京市档案馆藏. 档案号:110-001-00655.

行了试点工作。此后,北京市决定在全市全面开展组织调查本市的社会零散劳动力并进行审查、建卡、挂牌工作。调查对象包括:建筑粗壮工,年龄在18~45岁的男性,体格健壮、政治历史清楚,久居本市的失业无业人员和无固定职业的人员;建筑修缮工人,年龄放宽至50岁;保姆,年龄在20~45岁,体格健壮,政治历史清楚,愿做保姆工作的久居本市的失业无业妇女。调查组织工作分别由各区人民委员会领导,以区人口办公室的组织为基础,具体工作由粮食工作组与派出所、街道办结合进行。① 如东单区全区2715人,分别按街道办事处编成了18个修建队,151个小组,经过街道办事处和工会提名,派出所审查后,选拔出了队长、干事和组长。区里也成立了调配组(介绍所的前身),专门负责编队和调配工作。这样全区建卡的社会劳动力都组织起来了。②

2. 调配情况

通过掌握劳动力,北京市劳动局给厂矿企业供应了大部分新增劳动力。表2-10和表2-11提供了"一五"时期北京市统一调配给厂矿企业等单位的长期工数量,以及调配给建筑、市政等部门的临时工情况。我们可以大概了解统一调配的总体数量及工种。

表2-10 "一五"时期北京市调配供应厂矿企业等单位长期工人情况③

年份	合计	按调配的工种分				按调配的经济部门分			
		普通工	技工	徒工	职员	国营企业	合作社营	私营	其他单位
总计	115 907	38 799	13 120	53 271	10 717	93 777	1491	347	20 292
1953年	24 094	9855	5834	5410	2995	19 004	316	160	4612
1954年	9991	3211	1616	4953	211	6669	690	65	2567
1955年	10 150	3624	1282	4949	295	7435	483	122	2110
1956年	69 710	20 413	4251	37 855	7191	59 022	—	—	10 688
1957年	1962	1696	137	104	25	1647	—	—	315

注:未包括单位自行吸收人员。

---

① 北京市劳动局. 对本市失业无业人员和零散建筑工人进行组织管理工作的方案 [A]. 1955年11月21日. 北京市档案馆藏. 档案号:110-001-00659.
② 北京市劳动局. 无标题报告 [A]. 1955年11月21日. 北京市档案馆藏. 档案号:110-001-00810.
③ 北京市劳动局. 北京市1950年至1958年调配供应厂矿企业等单位长期工人情况 [A]. 北京市档案馆藏. 档案号:110-001-00993.

"一五"时期,北京市劳动部门通过统一调配供应厂矿企业等单位的长期工人数为115 907人,其中用工需求紧张的1956年,即调配供应了69 710人,缓解了当年用工需求的紧张状况。通过统一调配就业的临时工人数则更多,而且调配方式更加灵活,满足了一些行业的紧急需求。北京市劳动部门通过从单位间调剂、从城郊区招收农村劳动力以及从外地招收劳动力等方式,供应了建筑、市政建设、建材等单位的临时用工需求。从1953年至1958年,总计调配供应上述行业临时工415 861人次,大大超过长期工的调配数量。

表2-11 北京市1953年至1958年调配供应建筑、市政建设、建材等单位临时工情况①

	合计			从单位间调剂人数		
	合计	技工	壮工	合计	技工	壮工
总计	415 861	92 976	322 885	56 532	7132	49 400
1953年	84 437	16 675	67 762	7873	6045	1828
1954年	80 704	18 776	61 928	23 143	14 702	8441
1955年	57 727	15 363	42 364	27 709	12 687	15 022
1956年	107 248	16 282	90 966	12 770	6679	6091
1957年	38 427	11 277	27 150	22 693	7994	14 699
1958年	47 298	14 603	32 695	5634	2315	3319
	从城郊区供应人数			从外地招收人数		
	合计	技工	壮工	合计	技工	壮工
总计	98 629	13 000	85 629	197 410	29 554	167 856
1953年	14 474	1300	13 174	62110	9330	52 780
1954年	16 541	2521	14 020	41 020	1553	39 467
1955年	28 346	2569	25 777	1672	107	1565
1956年	34 614	3144	31 470	59 864	6459	53 405

---

① 北京市劳动局.北京市1953年至1958年调配供应建筑、市政建设、建材等单位临时工情况[A].北京市档案馆藏.档案号:110-001-00993.

续表

	合计			从单位间调剂人数		
	合计	技工	壮工	合计	技工	壮工
1957年	14 531	2752	11 779	1203	531	672
1958年	10 123	714	9409	31 541	11 574	19 967

注：未包括各区及单位自行招用的修缮工人数。

通过统一调配就业制度，北京市劳动部门给国民经济各部门供应了大批的劳动力，尽管这个时候还不能满足用人单位所有的劳动力需求，还有相当多的单位是自行招用职工，但是劳动部门的调配能力是逐年增长的，特别是调配了需求紧张的技术工人。

（三）抑制了"私招""跳厂"等行为

"一五"时期统一调配就业制度面对的突出问题，一是一些企业仍习惯于自行招用工人，二是用人单位之间或职工之间存在着"挖工、跳厂"等自发的职业流动。这两种劳动力的流动都是违背了劳动力统一调配原则的。统一调配就业制度的建立，对这种劳动力的流动限制越来越严格，较有效地抑制了用人单位劳动力需求的膨胀，节省了国家工资基金。

1. 抑制"私招"外来劳动力

北京市建筑业工人统一调配制度的建立过程中，就有了劳动力地域流动壁垒的限制。北京市劳动局于1953年1月21日向市政府上报的《北京市建筑业工人统一调配办法草案（初稿）》，则对赴外地招用劳动力的权限规定了审批程序。"建筑工地因当地人数不足须至外地招雇技术员工时，各大行政区相互间招雇时，须经当地劳动行政部门同意报由大行政区劳动部发给正式介绍信。省辖区内各市、县、镇相互间招雇时，须经当地劳动或民政等部门同意，报由省人民政府劳动局发给正式介绍信件。"[①] 劳动力流动的地域限制逐渐形成。

2. 抑制"挖工、跳厂"等在职流动现象

统一调配制度下，严格禁止"挖工、跳厂"行为，不允许工人自行流动。有些单位挖用其他单位的人，导致职工"跳厂"，这在统一调配就业制度下，是要坚决制止的行为。1958年2月，北京市监察局、北京市劳动局就查处了某单

---

① 北京市建筑业工人统一调配办法草案（初稿）[A]. 1953年1月21日. 北京市档案馆藏. 档案号：110-001-00424.

位挖用外单位职工的行为。在该单位私自招用的临时工5人中，炊事员一人是从天津公私合营第一某某厂拉来的。该厂曾来信要这名炊事员回去，但该单位竟于（1957年）11月擅自将5人全部转正。上级部门知道这种情况互相推诿也未及时严肃处理①。

北京市对挖用在职人员处理得比较严厉的事件，是北京市工业安装公司派人去沈阳挖用在职工人的事件。该事件被上升到"破坏重点工业基地的用人秩序"的高度，引起了北京市甚至中央的严厉批评。其事件经过是这样的：

1958年10月，北京市工业安装公司第二办公室副主任王某某，去沈阳等地招募工人。王某某见到通过劳动部门达不到目的，便采取抬高工资、秘密串通的手段，在他妹妹家设立据点，利用他的亲戚，去挖在职工人。他秘密串联了矿山机器厂等工厂工人27名，说"工资要几级给几级""工人跳一回厂，还不多赚点"。被拉来的14名工人都提高了二三级，还给发了安家费60~100元。王某某还给领导来信说"问题就是需要挖一些墙脚""好在这个地方是老工业区，实力雄厚，挖一点墙脚也无关紧要，伤不了元气"。公司党委书记知道后并未加以制止。沈阳矿山机器厂派人来京要人时，工业安装公司领导表面上答应动员这些工人回沈阳，可是对王某某的违法乱纪行为不但没有严肃处理，反而错误地让王某某去做动员工人回沈阳的工作。王某某在做动员工作时用欺骗手段，一面向工人说你们不要走，一面又向经理汇报说工人不愿走。并且用开假出门条的办法，哄骗沈阳矿山机器厂来人，实际并未让原矿山机器厂工人回去。

事情被揭露后，北京市委坚定地表明了自己的态度，甚至还上升到了阶级立场的高度。北京市委认为：工业安装公司只顾自己，不顾大局，用抬高工资的手段，腐蚀工人阶级，用资产阶级损人利己的办法，私自挖用在职工人，情节极为严重，为党纪国法所不能容许，严重破坏了国家对劳动力统一管理的规定，在工人阶级队伍中造成了混乱，影响了工人的生产情绪，损害了社会主义建设事业，必须严肃处理。市委决定：对王某某给予撤职处分，降低其工资级别三级。对公司党委书记、经理各给予警告处分。挖用的工人，送回原地原厂，向被挖用工厂正式道歉。中央也认为"在这方面的违法乱纪和无政府现象，必须立即制止。对于不听制止或者严重违法乱纪的，应当严肃处理"②。

总之，统一调配就业制度通过对私招、跳厂等行为的检查，明显抑制了劳

---

① 北京市监察局、北京市劳动局报送北京市监察局、劳动局关于本市各单位私招工人的情况的检查报告［A］.1958年2月24日．北京市档案馆藏．档案号：027-001-00153.

② 中央转发北京市委关于工业安装公司派人去沈阳非法挖用在职工人的通报［A］.1959年1月29日．全宗号：001-005-00303.

动力的自发流动行为，保证了统一调配就业制度得以顺利实施，也抑制了劳动力需求的膨胀。

二、存在的问题

统一调配就业制度在实施中也产生了一系列的问题：一是统一调配过程中计划性不强，不能及时供应；二是造成了用工单位的"本位主义"，囤积劳动力，在劳动力使用上一度存在"短期行为"；三是影响了本地劳动力的就业期望值，本地劳动力就业多选择工业企业，特别是国营大厂，要求学技术的多，愿当壮工的少，影响了劳动者的劳动积极性。

（一）不能及时供应

1. 计划变动大

在统一调配制度下，劳动计划数字的安排很多时候并不是按照用工需求来预测，而是按照中央的指示、通知来定的，计划变动大。如中央觉得过去一年招工过多了，在接下来的一年里就会发出严格控制招工数量的政策。这就导致招工计划起伏较大。如1954年由于一些企业新增职工过多，至1955年年初，仅重工业、燃料、铁路等10个部门所属企业，就多余职工21.8万人。于是国务院在1955年8月发出了《关于控制企业、事业单位人员增长和加强劳动力管理问题的指示》，要求从1955年下半年起，所有的企业、事业单位停止从社会上录用新职工。还要求中央及地方所属企事业单位"逐步建立编制和定员"制度。进入1956年，就业情况又发生了变化，劳动力供应呈现紧张情势，不仅1955年企业内部的多余人员消化了，而且到处呈现劳动力缺乏、劳动供应紧张的局面。劳动部门因而放开了劳动力供应指标，于是各地又出现了大规模的招用新工人现象。① 全国原计划的是在1956年新增职工84万人，后来据劳动部部长马文瑞说实际增加了200多万人。② 于是国务院又决定在1957年限制招收职工规模，并冻结了临时工转正。③ 这种"一刀切"的做法无疑使得1957年就业情势又紧张起来，劳动力多余又成了一个问题。

1957年北京市劳动局报告，"今年劳动力多余，已成为普遍现象""多余多，需要少，调剂没有出路"。"即使有些单位需要增加人员，但和多余人员在

---

① 袁伦渠. 中国劳动经济史［M］. 北京：北京经济学院出版社，1990：109.
② 马文瑞. 马文瑞部长在全国劳动工资计划会议上的发言（记录稿）［A］. 1959年3月12日. 北京市档案馆藏. 档案号：110-001-01077.
③ 国务院关于有效地控制企业、事业单位人员增加制止盲目招收工人和职员的现象的通知［A］. 1957年1月12日. 北京市档案馆藏. 档案号：110-001-00887.

质量上、工种上、条件上、时间上都不对口径。"① 此后"大跃进"初期的大量招工以及 1961 年持续到 1963 年的大精简对劳动就业工作的冲击更大。马文瑞指出，1956 年是过去增人最多的一年，但也不过增加 200 多万人，而 1958 年一增就是 2000 万人。② 我们可以依据数据来描绘出这种调配人数变动的趋势（如图 2-6、图 2-7 所示）。

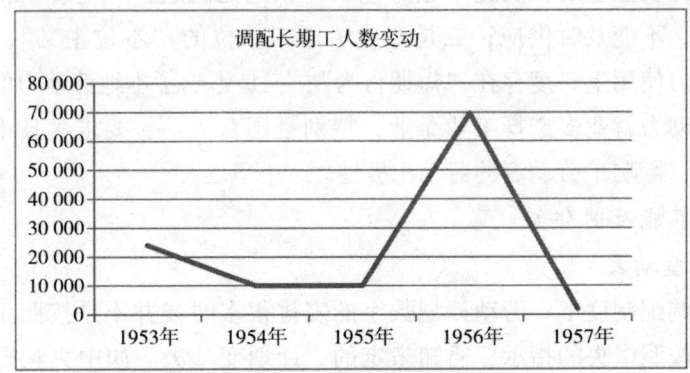

图 2-6 "一五"期间北京市调配长期工人数变动图③

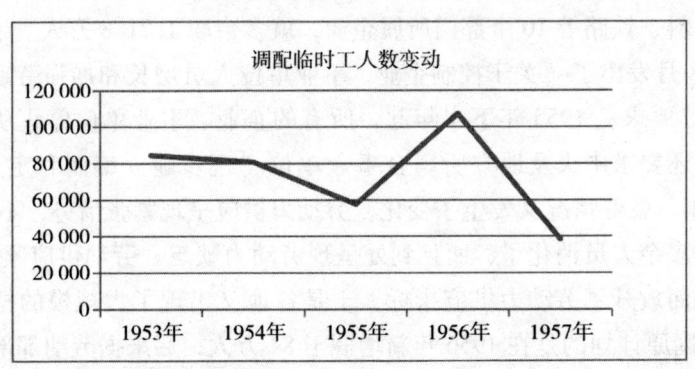

图 2-7 "一五"时期北京市调配供应建筑、市政建设、建材等单位临时工数量变动图④

---

① 北京市劳动局. 北京市 17 个企业劳动力情况的调查报告 [A]. 北京市档案馆藏. 档案号：ZK002-006-00004.

② 马文瑞. 马文瑞部长在全国劳动工资计划会议上的发言（记录稿）[A]. 1959 年 3 月 12 日. 北京市档案馆藏. 档案号：110-001-01077.

③ 北京市劳动局. 北京市 1950 年至 1958 年调配供应厂矿企业等单位长期工人情况 [A]. 北京市档案馆藏. 档案号：110-001-00993.

④ 北京市劳动局. 北京市 1953 年至 1958 年调配供应建筑、市政建设、建材等单位临时工情况 [A]. 北京市档案馆藏. 档案号：110-001-00993.

从以上两个图示来看,"一五"时期北京市统一调配就业工作呈现明显的"大小年"现象,这种现象不应该是经济自然需求的结果。所以有学者认为劳动力统一调配制度"在劳动力分配上缺乏科学性,常常是一说职工少了,就大量招工,一说多了就大量精简"①。这就使得统一调配就业制度发挥的作用受限制。可见,国民经济计划上的变动,必然导致劳动计划指标的变动,统一调配就业制度必然就遭受总体计划变动的影响。

2. 不能及时供应劳动力。

统一调配就业制度要做到统一调配劳动力,必须首先做到对劳动力资源"心中有数",对劳动力数量及种类情况都要有相当的掌握。北京市劳动局就曾指出,"过去由于掌握不住劳动力情况,调配供应心中无数,今年基本建设开过后需要大批劳动力就采取突击办法进行调查动员和介绍。但对介绍去的工人政治历史、体力等条件不摸底,有许多工人因体力差不适合需要被辞退;有的干不了中途不辞而别,有的区供应介绍拖长时间影响施工计划"②。这就说明劳动部门对劳动力掌握情况存在很大问题。

有些劳动部门对劳动力来源根本没有任何了解,就向用工单位指定招工区域,出现用工单位招不到人的情况。如建筑工程部机械施工总局北京直属工程处招工人员就反映:1956年5月,劳动部批准我工程处到辽宁省招收技工2500名。辽宁省劳动厅调配科张玉喜同志在接洽时说,"没有办法,你们的胃口太大了,这个数字恐怕五分之一也解决不了。"那么劳动部根据什么批准我们的呢?不是他们报的数字吗?据他说,"我们厅长在中央劳动力调配会议上鼓着劲报的,实际没有"。经北京方面招工人员要求,辽宁方面也只答应尽力而为。经过近两个月的招工时间,只招到235名工人。仅火车费一项就花了800多元。其他宿杂费等开支还不少。出现这些问题的原因有二:第一,辽宁省所属劳动部门,缺乏深入调查,有不少工人还没有掌握起来。第二,劳动部门对基层工作情况缺乏检查。我们在旅大招工时,一个招工单位对我说,他们在这里招500名技工,到现在将近2个月了,只招到12名。《劳动》杂志的"编者按"指出:"据我们了解,此类问题有不少地区都程度不同地存在着。"③ 这就说明劳动部门要求统一调配劳动力,但是对劳动力来源却是"心中无数",并无真正掌握,导致

---

① 万继勋. 建国以来劳动制度和就业结构的演变 [J]. 瞭望周刊, 1986 (37):18.
② 北京市劳动局. 关于本市失业无业和零散建筑工人的调查、组织管理工作的报告(草稿)[A]. 1955年11月24日. 北京市档案馆藏. 档案号:110-001-00659.
③ 建筑工程部机械施工总局北京直属工程处魏景琳. 劳动力调配工作中存在的官僚主义 [A]. 1957年2月5日. 北京市档案馆藏. 档案号:ZK002-006-00004.

招工单位无法及时招到工人。

（二）存在本位主义问题

1. 劳动需求计划不实

由于统一调配制度下劳动力供应经常是短缺的，或者供应不及时，这就促使用人单位产生劳动力的过多需求。这种情况下，企业劳动力需求的指导思想是"从坏处着想"，虚报劳动计划，囤积劳动力。因为"初始需求的形成建立在预期的基础上，企业作为买者意识到预期的不确定性，它不得不考虑产量或投入产出组合不符合计划要求，以及物资供应中断的情况，这就是为什么它形成某种保险战略的原因"。"它们还通过积聚充分的投入存货寻求物资供应上的某种保障，物资供应的不确定性越大，它们企图积聚的投入存货就越多。"[①] 这就是当时劳动部门屡屡批评的用工单位存在"本位主义"问题。

如果将以上短缺经济学中的理论来对照劳动力的供应，在很大程度上也是适用的。北京市劳动局也发现了这种现象。"七三八厂负责招工的干部说：'我厂究竟需要多少人，自己也不知道，只要找到代训厂，厂里报多少，部里就批准多少。我们看到社会劳动力缺乏，就又追加计划1500人。'"[②] 这可以说是需求预期不确定性下的劳动力囤积。可见，囤积劳动力的行为产生了对劳动力的虚假需求，这就进一步使得统一调配就业建立在失真的数据基础上，实际上是扰乱了正常的就业秩序。

虚报劳动计划除了有囤积劳动力的考虑，也有为自己增大选择余地的考虑。因为如果用人单位按实际需工数目向劳动部门申报需工计划的话，劳动部门最多也就是按申报数字调配劳动力，要多少，调多少，这样用人单位无法"从中择优"。据北京劳动局报告，"有的招工单位为了达到大批挑选的目的，虚报需工数字，如汽车公司要60名司机，填表时写成400名"[③]。可见其目的就是要能从中挑选。其次是抬高招工条件。如××印刷厂要30个徒工，其中男性20人，在分配时与之协商给男女各半，结果该厂仍拒绝不要。×××厂要徒工1500人，都要初中生，分配了550多个高小生，绝大部分退回。×××钢铁厂要干部500

---

① 科尔内. 短缺经济学：上卷 [M]. 高鸿业, 校. 北京：经济科学出版社, 1986：93.

② 北京市劳动局. 关于国营、地方国营厂矿企业今年招工情况及存在问题的报告 [A]. 1956年10月10日. 北京市档案藏. 档案号：110-001-00796.

③ 北京市劳动局. 北京市劳动局三年来劳动力调配及转业训练方面的材料 [A]. 1953年6月. 北京市档案馆藏. 档案号：110-001-00388.

人，分配了大学与高中程度的600余人（少数是初中毕业生），只录取了170余人。①

这种虚报行为也使得劳动力需求失真，扰乱了以需求为依据的统一调配就业制度的稳定运行。

2. 挑剔职工现象

本位主义的另一个表现是挑剔职工现象。统一调配制度刚建立时，职工与劳动部门一度形同派出关系，导致用人单位与职工之间的雇用关系淡化。部分单位对调配来的职工过分挑剔，还有一些单位则将不太优秀的工人以"支援兄弟单位"的名义调出，"卸包袱"，而接手单位则百般挑剔，动辄退回。

北京市第一地方工业局下属企业就存在这样的问题。"凡是过去犯过慢性病的，不问现在健康情况如何，就拒绝调进；有些人虽然条件很好，政治质量也不错，但工资较高也不愿意要，唯恐今后不好处理。"北京市第一地方工业局认为这是"政治上近视的表现，斤斤计较钱，在经济上打圈子"。"在男女工人比例上，要求用男的不愿用女的，嫌妇女麻烦，要怀孕生孩子。也有一部分女工其他条件都合适就是有孩子，但托儿所容不下，单位也不积极想办法，结果就是不能调动。对怀孕一两个月的女工也怕背了包袱。在调动之后，工人遇有思想波动，工作生活习惯改变，暂时不能适应新的环境，出现了一时的疾病，就要求退回。对工人不做思想工作，不热情，不是把工人同志看成自己的阶级弟兄，而是视同路人，这种现象影响很坏。往出调人的单位有的采取卸包袱的方式，年老体弱多病工资高，表现坏，有问题的往外甩。"对这些行为，当时劳动部门认为要从思想上予以批判，认为这些问题"是歧视妇女的表现，不是从解放全人类出发，和共产主义精神是背道而驰的"。第一地方工业局的少数单位在调出人员时趁机卸包袱，把体格不好、怀孕的、劳动纪律不好的调出去，美其名曰"支援兄弟工厂"。②当然，上述这种情况并不多见，但也反映了在统一调配就业制度初期用人单位与职工的雇用关系淡化，往往视职工为劳动部门派遣人员，出现过分挑剔的行为。

劳动部门对单位"本位主义"的现象，首先是一再强调要求从"思想"上解决问题，批判"本位主义"。劳动部门也试图从加强计划工作力度着手，而可

---

① 北京市冯基平副市长关于安排北京市失业、无业人员情况的报告 [A]. 北京市档案馆藏. 档案号：ZK002-006-00003.
② 北京市第一地方工业局劳动科. 劳动力调配工作中的几个问题 [A]. 1958年6月10日. 北京市档案馆藏. 档案号：142-001-00781.

行的办法就是实行"劳动定额、编制定员",力图达到"一个萝卜一个坑"的效果。"编制定员"工作就成为此后劳动部门加强统一调配工作的重点改进内容之一。

(三) 个人择业及劳动状态问题

在统一调配就业制度下,劳动力流动壁垒的形成导致劳动力短缺,这必然会推高本地劳动力的就业期望值。因为在外来劳动力数量受到限制的情况下,本地劳动力缺少竞争,找工作不用愁。再加上统一调配就业制度引导劳动力优先向工业部门、重点企业配置。所以,当时北京市的劳动力优先选择工业部门就业,进国营大厂成为很多人的首选,而且要求学技术的多,愿意当壮工的少。这就导致北京市的壮工比较缺乏,特别是从事重体力行业的壮工更少,北京市不得不从邻近省份大量招用壮工。

1. 挑剔工作现象

首先,个人就业选择余地变大,出现了挑剔工作、强调个人意愿的现象,这是就业期望值趋高的表现。

据北京市劳动局报告,1956年年初劳动力需求和供给的矛盾很多。目前社会上适合当前需要的,特别是年轻、有文化、有技术、身体好、政治历史较单纯的人,绝大部分已就了业。失业、无业的人强调个人志愿、个人兴趣,不愿克服困难,挑剔工作的现象也很普遍。① 如1956年下半年介绍就业的3060人中,其中由于挑剔工作而失去就业机会的,就有1106人次。有的甚至提出:"离开北京不去,每天不回家不去,工作累不去,太脏不去,钱少不去。"② "有的人提出,能不能到厂分配做脑力劳动和体力劳动相结合的工作?"③ "更有的提出只能做管理工作或者是半体力劳动。"④

部分人优先选择当时视为轻松的高级服务行业,如邮电局工人、列车员等。一些居民对当壮工也存在看法,如认为当壮工不体面、被人瞧不起,当壮工没

---

① 北京市劳动局党组. 关于1956年上半年劳动工作的情况向市委的汇报 [A]. 1956年7月7日. 北京市档案馆藏,档案号: 110-001-00670.

② 北京市劳动局. 北京市清理登记的失业、无业人员工作总结 [A]. 北京市档案馆藏. 档案号: ZK002-006-00004.

③ 北京市建筑材料工业局. 关于在北京市区及五个县新招工人工作情况 [A]. 1958年2月21日. 北京市档案馆藏. 档案号: 132-001-234.

④ 北京市建筑材料工业局. 北京市区招工组工作情况 [A]. 1958年2月25日. 北京市档案馆藏. 档案号: 132-001-234.

出息、没前途，怕活累、怕自己体力不行，认为当壮工是个临时性工作，等等。① 因此，劳动部门在动员、组织劳动力时不得不展开宣传工作，力图纠正群众中的上述错误认识。

"当干部的愿意到大机关、大厂企业，当学徒的愿意到机器制造部门、纺织部门（女）。有些人经多次介绍，因工作性质、地点、待遇不符合自己理想，而不愿就业。"② 工人普遍愿意在中央国营大厂就业。"七七四厂去年调给北京玻璃厂的30名徒工，嫌厂子小，吵闹着不下汽车。"③ 青年徒工则要求进国营大厂，不愿进地方企业，要学新技术，不愿在工厂打杂、做零活。"有不少徒工认为地方国营厂矿发展前途不大，学习的不是最新式的机床，而不安心工作。如第二地方工业局所属玻璃厂录用的徒工161人中，自动退厂的有1/10，第三地方工业局所属消防器材厂录用的高小生103人，已走掉6人，还有很多人情绪不稳定。"④

部分青年男工优先选择重工业，如机械、汽车、飞机等制造行业，要求学技术，不愿意打杂、做零活。分配中比较普遍地存在着挑剔工作的现象，要求去重工业工厂、大工厂，甚至有些人指名要去飞机、拖拉机、汽车制造厂。因此，分配工作后，许多人不报到，致使当时对轻工业的供应困难。有的进厂后急于要求掌握技术，对分配做零活有意见。⑤

与之相对照的是，外来劳动力的就业去处以建筑、煤矿、冬季摇煤球等行业为主。以前述的北京市建筑材料工业局砖瓦厂1958年招工情况为例，该局各砖瓦厂以烧窑制砖为主，属于重体力活。该局基本上也没有在北京市区招到人，招到的大部分工人还是来自河北省。另据北京市劳动部门统计，仅1958年以来，北京市各部门招收的河北省劳动力就有8万余人，其行业分布情况如表2-12所示。

---

① 北京市劳动局. 对适合做壮工工作的失业无业人员宣传动员提纲 [A]. 1955年11月23日. 北京市档案馆藏. 档案号：110-001-00659.
② 北京市劳动局. 关于本市无业、失业的人就业问题的报告 [A]. 1956年7月5日. 北京市档案馆藏. 档案号：110-001-00803.
③ 北京市劳动局. 北京市17个企业劳动力情况的调查报告 [A]. 北京市档案馆藏. 档案号：ZK002-006-00004.
④ 北京市劳动局关于国营、地方国营厂矿企业今年招工情况及存在问题的报告 [A]. 北京市档案馆藏. 档案号：110-001-00810.
⑤ 北京市劳动局. 关于抽换青年勤杂工人的工作总结 [A]. 1956年12月. 北京市档案馆藏. 档案号：110-001-00799.

表 2-12　北京市各部门从 1958 年以来招收河北省劳动力的情况①

部门	合计	1958年	1950年	1960年	备注
合计	89 716	71 461	9972	8283	1. 1959年招收9972人，其中石钢公司私招4156人，建材局500人，批准商业局招摇煤球工800人，批准各单位留用锅炉工200人，处理分配各单位私招4156人 2. 1960年招收8283人，其中七一八、七三八、七七四、北京轴承厂私招1800人，市政工程局、房管局私招1599人，批准各单位零星招用有户口迁移证的800人，留用盲流1045人 3. 1958年招收的7.1万人中，包括划给北京的通州、顺义等七个县约1万人
工业	41 391	31 265	6877	3249	
市政基建	37 792	35 134	663	1995	
文教卫生	4803	4065	738		
交通邮电	636	505	131		
地质勘察	159	159	—		
商贸服务	1093	293	800		
公用事业	253	31	222		
农林水利	67	9	58	—	
其他机关团体	483	—	483		
技工学校	3039	—	—	3039	

　　河北省在北京工人的分布领域多数集中于冶金、建材与市政基建，当壮工的占多数。据北京市劳动局党组报告，北京市三年来共招收河北省劳动力8万余人，现在实有河北省工人5万余人，壮工约8000人，主要在钢、煤生产单位，担负着采掘、运输等重体力劳力，而且已成了熟练工人。其中京西矿务局2000余人，石钢公司5000余人。在市政建筑部门的2.7万人中，技工约9000人，主要是瓦木工、钢筋等技术工种；壮工约1.6万人；商业及其他部门的人员，主要是生产业务的特殊工种，如每年来北京做摇煤球的临时工。②

　　针对一些人不愿意当壮工的情绪，政府从思想宣传上批判了社会上对当壮工的不正确看法：针对"当壮工不体面、被人瞧不起"，要批判这是"一种旧社会的轻视劳动的错误看法"。要大力宣传"壮工也是工人阶级的一分子，对祖国的建设贡献了一份力量，这是有出息的事，不劳动才是没出息没前途"等。③

---

① 北京市劳动局. 北京市劳动局党组关于处理1958年以来招收河北省劳动力问题的报告［A］. 1961年1月30日. 北京市档案馆藏. 档案号：110-001-01236.

② 北京市劳动局党组关于处理1958年以来招收河北省劳动力问题的报告［A］. 1961年1月30日. 北京市档案馆藏. 档案号：110-001-01236.

③ 北京市劳动局. 对适合做壮工工作的失业无业人员宣传动员提纲［A］. 1955年11月23日. 北京市档案馆藏. 档案号：110-001-00659.

2. 劳动状态问题

在统一调配制度下，由于事实上形成了"固定工"制度，劳动力退出受到严格限制，这种"铁饭碗"的格局对劳动积极性是有负面影响的。

研究传统社会主义经济的学者指出，计划经济下对职工劳动状态的影响之一就是：就业的"正常参与率"已经高到容忍限度，不能再高了；社会潜在劳动力储备已经很低，几乎没有了。"习惯就业的人在市场上已经没有失业竞争者，也不存在来自庞大的潜在劳动储备的竞争"，从而导致"在职失业"现象蔓延。① 当然这里所说的"潜在劳动力储备已经很低"并非真实的整体劳动力供需状况，而是在劳动力流动壁垒下的人为短缺。

"一五"时期，劳动部门对解雇职工是严格限制的。1956年9月20日，北京市劳动局、北京市工会联合会发出《关于各企业单位开除职工问题的联合通知》，要求（私营企业以外的）各单位开除职工时，应依照规定审慎处理并通知劳动局备案。通知还要求各企业单位要认真贯彻"处分职工的目的是教育全体职工并教育受处分者本人"的精神，严格防止惩办主义的偏向，各单位在处分工人前，应先征求同级工会组织意见，并允许受处分者申诉理由。"自10月起，各企业单位开除职工时，应函知劳动局或劳动科备查。"② 当时工会等部门对开除的工人也予以帮助，尽量让其复职。如×××钢铁厂去年曾以工作不积极、好提意见等为理由将业余文化学校教员王秋华开除，经钢铁工业局及市工会多次督促，才改变了原来处分，将王秋华收回。③ 此后，限制单位自行解雇员工的力度越来越大，逐渐形成了能进不能出的"铁饭碗"的就业格局。这种缺乏退出机制约束的就业制度，无疑会影响工人的工作积极性。

就全国来讲，1957年的数据具有典型意义。这一年国家统计局的报告显示："1957年生产工人的劳动生产率较1956年降低0.7%"；"在五年中，只有1957年的劳动生产率较前一年下降"。国家统计局特别指出，1957年在劳动力的调配和使用上存在的问题有：1957年工人出勤率是几年来较低的一年，比1956年低1.5%，扣除流行性感冒的影响，比1955年低2%以上。④ 数据下降尽管还有其

---

① 科尔内. 短缺经济学：上卷[M]. 高鸿业，校. 北京：经济科学出版社，1986：260.
② 北京市劳动局，北京市工会联合会. 关于各企业单位开除职工问题的联合通知[A]. 1956年9月20日. 档案号：110-001-00699.
③ 北京市劳动局，北京市工会联合会. 关于各企业单位开除职工问题的联合通知[A]. 1956年9月20日. 档案号：110-001-00699.
④ 中国社会科学院，中央档案馆. 中华人民共和国经济档案资料选编（1953—1957）：工业卷[M]. 北京：中国物价出版社，1998：1048.

他因素，但是劳动生产率没有增长也说明劳动状态出现了一些问题。

"一五"时期，北京市统一调配就业制度还处于制度建设时期，社会上还存在着相当多的自行就业的形式，还未做到完全统一。为了执行、贯彻统一调配就业制度，劳动部门经常性地开展反"私招"的检查，以缩小自行就业的范围。对企业招工、用工的管理也渐渐趋于严密，招、用工的审批制度已经成型，并开始按照劳动力计划平衡表的方式，对用工单位的劳动力使用实施计划管理。统一调配就业制度在增进就业、配合大规模建设等方面都发挥了明显的作用，但是其局限性也已经开始显现。统一调配就业制度建立的主要初衷，就是避免劳动力浪费，其制度发展的轨迹，应该是朝着自我强化的方向发展。统一调配制度在接下来的发展中应该渐趋严密，但是1958年开始的"大跃进"使统一调配制度的发展轨迹一度出现反复。

第三章

"大跃进"时期北京市的统一调配就业制度（1958—1960）

1958年开始，为顺应"大跃进"的需要，统一调配就业制度放宽，中央将招工权下放到地方，因而出现了大规模的扩招劳动力现象，其中就有大量的农村劳动力被招用到城市。尽管劳动部门努力加强对劳动力招收、使用的管理工作，但是收效甚微。"大跃进"对劳动力的巨大需求，使得统一调配就业制度处于非常规运行状态，表现为劳动力频繁抽调、变相招工蔓延、毕业生的非正常分配等。统一调配就业制度为"大跃进"提供了大量劳动力，也提升了就业率。但产生的问题是招用了过多的劳动力，劳动力投入也过于偏重于工业部门，特别是重工业部门，用工单位争抢、囤积劳动力现象严重。

第一节 统一调配就业制度的放宽与加强管理的努力

1958年3月，劳动部办的《劳动》杂志在当年第6期刊发了《赶上"大跃进"！促进"大跃进"！——记湖南省劳动工资工作会议》一文，营造了浓烈的"跃进"气氛，如"形势逼人""坚决走群众路线，开展鸣放和辩论""思想'大跃进'，干劲起来了""十年规划，五年完成""县县办工厂、乡乡办工厂、社社办工厂""落后的定额是'大跃进'的对立物""消灭落后定额，整顿奖励津贴，取消保留工资""发动群众用革命精神修改定额，坚决剃光头（不留余头）"。文章还提出：在这种"怒海狂涛""一日千里"的革命新形势下，劳动工作者该做些什么呢？为生产建设服务的劳动工作应该如何迎头赶上去，促进这个伟大的跃进呢？① 舆论氛围的变化预示着统一调配就业制度将会出现较大的调整。

---

① 本刊记者.赶上"大跃进"！促进"大跃进"！：记湖南省劳动工资工作会议[J].劳动，1958（6）：2-3.

一、制度放宽

（一）招工权下放

1958年1月1日，《人民日报》发表社论《乘风破浪》，为"大跃进"启动做舆论准备。社论提出："我们要在十五年左右的时间内，在钢铁和其他重要工业产品产量方面赶上和超过英国""再用二十年到三十年的时间在经济上赶上并且超过美国，以便逐步地由社会主义社会过渡到共产主义社会。"《人民日报》还称："事在人为。在1957年以前，人们何尝预料到，在世界和中国，会如此迅速地发生如此巨大的变化？""我们首先就必须彻底纠正那种落后于客观实际的思想状态，就必须鼓足干劲，力争上游，充分发挥革命的积极性创造性，扫除消极、怀疑、保守的暮气。"①

在这种舆论氛围下，工业战线弥漫着跃进情绪。1958年3月1日，中央五人经济小组在《关于目前经济形势和任务的指示》中披露，"今年地方工业产值一般的增长幅度都在40%~50%，有的甚至更高""1958年基本建设规模已经到了150亿元，还可能更大一些""地方同志对搞小钢铁厂的积极性也很高，我们必须大力支持"②。

1958年3月7日，国家经委党组在《关于一九五八年度计划第二本账的报告》中，大幅度提高了"跃进"指标。"一个比1956年规模更为壮阔的新的工业生产高潮，也已经迅速形成。现在的工业总产值指标是904亿元，比去年实际完成的产值680亿元增加224亿元，增长速度是33%。"第二本账中主要工业产品的产量指标如表3-1所示。

表3-1　1958年度计划第二本账主要工业产品的产量指标③

	第二本账	第二本账比第一本账增加	第二本账比1957年产量增加数
生铁（万吨）	800	67	210
钢（万吨）	700	75	176
原煤（万吨）	16737	1665	3875

---

① 参见：中共中央文献研究室.建国以来重要文献选编：第11册［M］.北京：中央文献出版社，1995：6-7.
② 中国社会科学院，中央档案馆.中华人民共和国经济档案资料选编（1958—1965）：综合卷［M］.北京：中国财政经济出版社.2011：129-130.
③ 中国社会科学院，中央档案馆.中华人民共和国经济档案资料选编（1958—1965）：综合卷［M］.北京：中国财政经济出版社，2011：131.

续表

	第二本账	第二本账比第一本账增加	第二本账比1957年产量增加数
发电量（亿度）	246	21	56
原油（万吨）	166	11	22
氮肥（万吨）	99	9	32
水泥（万吨）	1010	244	341
棉纱（万件）	560	40	99

地方工业的"跃进"形势更为高涨。1958年3月，毛泽东在成都会议上提出"争取在五年或者七年的时间内，使地方工业的总产值赶上或者超过农业总产值"①。这个号召刺激了各省市发展地方工业的积极性，"各地方的干劲比中央各部门还要足一些，特别是甘肃、陕西、云南、贵州、湖南、安徽、河南7个省，都计划把今年的工业总产值比去年提高50%以上"②。

1958年6月中共北京市委向中央汇报了工业建设的"跃进"规划，总体目标为：五年内新建扩建重要项目100多个，现在已有20多个开工，秋后还有一批开工，争取多数在三年内建成，并且一边建设，一边投入生产。1958年工业发展的速度可以达到66%~90%。1957年北京全市工业总产值为21亿余元，1958年预计为35亿~40亿元。1962年工业总产值可以超过200亿元。③北京市提出要"苦战三年、大干五年，把首都建设成一个现代化的工业基地"④。大规模的建设必然需要大批的劳动力，以严格限制用工、避免浪费为原则的统一调配就业制度，在"大跃进"的形势下必然面临调整。

1958年6月劳动部党组在就工业企业补充劳动力问题向中央的请示报告中提出：根据一些省市、部门和国家计委、经委的计算，"二五"期间工业职工人数需要增加一番甚至更多一点，提出将招工计划权限下放到省级。中共中央同意了这一请示报告。"中央决定今后劳动力的招收、调剂等项工作，由各省、自

---

① 中共中央文献研究室. 建国以来重要文献选：第11册 [M]. 北京：中央文献出版社，1995：193-196.
② 中国社会科学院，中央档案馆. 中华人民共和国经济档案资料选（1958—1965）：综合卷 [M]. 北京：中国财政经济出版社，2011：131.
③ 中共北京市委党史研究室，北京市档案馆. 北京市重要文献选编（1958）[M]. 北京：中国档案出版社，2003：479.
④ 中共北京市委党史研究室，北京市档案馆. 北京市重要文献选编（1958）[M]. 北京：中国档案出版社，2003：480.

治区、市党委负责管理。当前的招工计划，经省、自治区、市党委确定后即可执行，不必经过中央批准。"① 尽管中央在批复中也指出要"有适当的控制，而不应该放任自流"，但是在招工管理权限下放后，地方也将招工权力层层下放，这就导致统一调配就业制度出现了较大的调整。

（二）招工计划扩大

1. 北京市的工业"跃进"规划

"大跃进"时期北京市重点准备发展的工业部门为：第一，冶金工业。除了石景山钢铁厂第一期工程将于1960年完成，同时启动第二期工程。另外再办一个中型钢厂、一个特殊钢厂，北京钢铁学院也将筹办一个钢铁联合企业。规划是到1962年，北京的钢产量可以超过500万吨。第二，机电电机制造工业。将在五年内建成几个制造体系。（1）全套发电设备制造工业。包括大中小型的汽轮机、发电机厂、锅炉厂、变压器厂、开关厂等。（2）工作母机，新建扩建一系列机床厂，1962年可以达到年产5万台至7万台的水平。此外，每年生产冶金设备3万吨，化工设备3吨。（3）建立汽车、拖拉机工业。1962年达到年产汽车10万辆、拖拉机10万台。（4）航空工业。扩建现有的飞机修理厂，并且新建一批航空仪表厂、飞机附件厂、飞机电器厂等，建立起喷气技术、火箭技术的最新工业体系。（5）建立无线电和仪器仪表等精密工业。第三，化学工业。主要是发展综合利用煤炭的工业。另外，橡胶、玻璃、制药等工厂，也正在扩建。第四，纺织工业。今后主要发展化学纤维纺织工业。②

此外，北京市需要重点建设的工程还有：完成十三陵水库、怀柔水库工程，新修密云水库。其中密云水库投资1.4亿元，共需民工、军工15万至20万人。③ 1958年北京市必需开建的工程还有"国庆十周年工程"，初步估算需投资2.55亿元。其中招待外宾需要再修建一座面积3.6万平方米的饭店；国庆工程用地共约拆房2.2万间，需新建周转房30万平方米；建筑一个面积为1.5万平方米的电影宫和一座5万平方米的百货大楼。再加上天安门广场地面铺装、东单至府右街的路面翻修等④，这些工程都需要大量的劳动力投入。

---

① 中国社会科学院，中央档案馆. 中华人民共和国经济档案资料选编（1958—1965）：劳动就业和收入分配卷 [M]. 北京：中国财政经济出版社，2011：160.
② 中共北京市委党史研究室，北京市档案馆. 北京市重要文献选编（1958）[M]. 北京：中国档案出版社，2003：516.
③ 中共北京市委党史研究室，北京市档案馆. 北京市重要文献选编（1958）[M]. 北京：中国档案出版社，2003：447.
④ 中共北京市委党史研究室，北京市档案馆. 北京市重要文献选编（1958）[M]. 北京：中国档案出版社，2003：825.

2. 招工计划攀升

庞大的工业"跃进"计划与基建规模必然导致对劳动力的大规模需求，北京市的劳动力招收也出现大幅增长的趋势。由于各单位需要的劳动力都很多，都强调本单位工作的重要性，需工紧迫，北京市委亲自审批企业单位需工计划，而且在不同阶段提出全市增加工人的控制指标。1958年7月，北京市提出企业单位从社会招工不得超过7万人，随着"跃进"形势的发展，9月又放宽到"控制10万人的指标"。① 在"跃进"形势下，计划肯定赶不上变化，1958年最后实际新招收的职工人数，据北京市劳动局后来盘点，全市工矿、建筑、交通运输、邮电和文教卫生、国家机关等部门的附属企业，共新招收职工294 000人，其中学徒工147 000人（另外，尚有由机关、商业等部门调剂给工业的33 000人未计算在内）。② 这就远远超过了最初的计划。

由于预估到1959年将迎来更大的"跃进"，北京市1959年度的劳动力招用计划势必也要来一个"跃进"。1958年中央政治局在北戴河扩大会议上讨论了国家计委、经委提出的1959年计划草案。分配给北京市的1959年基本建设投资额为10亿2000万元（不包括城市改建的投资、预算外自筹资金和1958年的结余）。所分配的投资除军工以外包括在本地区所有的中央直属企业和事业投资。中央分配给北京的1959年重大建设项目共有52个，其中冶金工业有5个，机械工业16个，电力工业2个，煤炭工业1个，石油工业1个，化学工业5个，建筑材料工业1个，轻工业3个，地质1个，水利1个，铁道6个，邮电10个。这52个确保建设项目分配的投资为7亿2544万元，占分配的投资总额的70%左右。1959年主要的工农业产品产量国家给的指标是：钢100万吨，铁90万吨，煤700万吨等。③ 在"跃进"形势下，这些下达给北京市的生产指标，中央要求是"必须努力完成，并力争超过"④。

任务如此巨大，那么1959年北京市劳动力"家底"情况又如何呢？据计划部门估计：全市1958年预计人口为618.77万人（不包括流动人口），1959年计划为639.5万人。1958年全市有劳动力298.3万人，1959年为306.4万人，新

---

① 北京市劳动局调配科. 1958年调配科工作总结［A］. 1959年1月5日. 北京市档案馆藏. 档案号：110-001-00967.
② 北京市劳动局. 本局对劳动力使用情况及对特殊钢厂等五个单位的典型调查材料［A］. 1959年2月2日. 北京市档案馆藏. 档案号：110-001-01067.
③ 北京市计划委员会党组. 关于1959年国民经济计划安排问题的报告［A］. 1958年8月20日. 北京市档案馆藏. 档案号：110-001-01079.
④ 北京市计划委员会党组. 关于1959年国民经济计划安排问题的报告［A］. 1958年8月20日. 北京市档案馆藏. 档案号：110-001-01079.

成长的劳动力为8万人（减去了超过劳动年龄的部分）。在全部劳动力使用上，1958年为308.3万人，1959年为320.4万人。① 因此北京市计划委员会强调：全市劳动力必须进行统筹安排，要把一切能参加劳动的人都组织起来参加生产，人人参加劳动，消灭剥削者的残余。②

在统一调配就业制度调整的情况下，最初的招工计划往往会被修改并加码。此后北京市劳动局提出的劳动力供应计划，1959年的总量数字指标是：1959年计划比1958年预计完成全部职工年末到达人数共增加25万人，其中固定职工年末到达人数增加18万人，平均人数增加25.35万人。工资总额增加9748.1万元，增加人员需用工资4597.5万元。增加的25万人主要分配在工业部门15万人，建筑安装、地质勘探、勘察设计4万人，交通运输、邮电1.5万人，城市公用事业0.9万人，科学、文化教育、卫生3.5万人，其他农林水利气象等0.1万人，如图3-1所示。③ 从就业计划的部门分配来看，工业部门占据了就业计划的大部分指标。

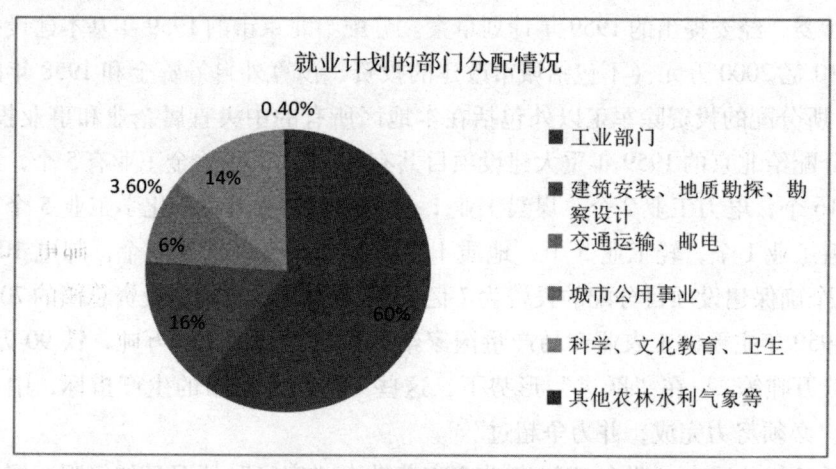

图3-1 北京市1959年就业计划的部门分配情况

资料来源：北京市劳动局．北京市1959年度劳动工资计划草案 [A]．1958年10月28日．北京市档案馆．档案号：110-001-01072．

---

① 北京市劳动局．北京市1959年度劳动工资计划草案 [A]．1958年10月28日．北京市档案馆．档案号：110-001-01072．

② 北京市计划委员会党组．关于1959年国民经济计划安排问题的报告 [A]．1958年8月20日．北京市档案馆藏．档案号：110-001-01079．

③ 北京市劳动局．北京市1959年度劳动工资计划草案 [A]．1958年10月28日．北京市档案馆．档案号：110-001-01072．

二、加强管理的努力

对于统一调配就业制度的放宽，劳动部门颇有顾虑。一是这种调整不符合此前劳动计划的原则，惯性思维使得劳动部门仍习惯性地要求节约使用劳动力；二是也给劳动部门带来了工作上的巨大压力。因此，劳动部门提出了一些严格控制招工、节约使用劳动力的要求，尽管在"大跃进"的背景下，劳动部门加强管理的成效不大，但是确实反映了劳动部门加强统一调配就业制度管理的努力。

（一）严格控制招工

"大跃进"时期劳动力的使用，既遵循"先调配，再招收"的原则，同时还要遵循"精打细算，挖掘劳动潜力"的原则。这实际上就是重申"一五"时期劳动力使用中强调的"合理使用，防止浪费"的原则。

针对"大跃进"前期劳动力抽调的频繁与复杂，劳动部门专门出台了劳动力调配的若干规定。《北京市人民委员会转发劳动部关于试行"劳动力招收和调配的若干规定"（草案）的通知》中规定：各单位必须按规定编制劳动计划，其中包括年、季度劳动力招收调配情况。各单位需要增加的职工，应首先在本系统本地区调剂解决。各单位增加的职工经劳动部门调剂不能满足需要从社会上招收时，得由用工单位或系统主管部门按前述分工范围分别申请，经审查后由劳动局汇总报请市人民委员会批准。各单位需要增加非生产性的临时工，均按批准的计划由所在区县劳动科负责组织调配或招收。各单位招用的临时工必须签订劳动合同，需要继续留用的，应在批准的计划以内继续签订合同。中央所属在京国营企业、事业的学徒和普通工未经劳动部门批准，不得外调。[①] 对私自招收的工人，可以通过银行进行工资控制。"对于超过计划增加的职工和拒绝调出的多余职工，人民银行在征得同级计划部门和劳动部门的同意后，可以停止拨付工资。"[②] 从这些规定来看，对职工招收的控制将更为严格，特别是通过银行对工资的控制，将有效解决私招问题。

（二）精打细算，挖掘劳动潜力

即使在"大跃进"的形势下，计划部门、劳动部门仍习惯性地延续着"合理使用，避免浪费"的劳动力使用原则。这种"从紧"的计划惯性或许对"大

---

① 北京市人民委员会. 北京市人民委员会转发劳动部关于试行"劳动力招收和调配的若干规定"（草案）的通知［A］. 1959 年 12 月. 北京市档案馆藏. 档案号：110-001-01069.

② 劳动部. 劳动部关于劳动力招收和调配的若干规定（草案）［A］. 1959 年 12 月 4 日. 北京市档案馆藏. 档案号：110-001-01069.

跃进"产生过降温作用。

1. 挖掘劳动潜力

在"大跃进"发动之时,劳动部门就呼吁不能浪费劳动力。中央劳动部认为,对于各地区、各部门、各单位劳动力不足的情况,应该加以分析,不能统统叫缺。首先应该力求从挖掘企业内部劳动潜力来解决;其次从其他企业其他部门的现有人员中调剂解决;再次充分利用城市闲暇劳动力;最后再不足时,才可以有计划、有组织地从农村中招收。因此,解决劳动力不足的问题,"目前首先应该强调的是千方百计地从企业内部和城市中挖掘劳动潜力"①。当时劳动供应提出的口号是"消除劳动力的一切浪费现象";"千方百计地提高劳动生产率,是实现生产建设'大跃进'的一项根本的办法。我们的口号是：生产越多越好,用人越少越好"②。这实际上就是试图延续过去的严格限制新招职工的政策。

在现有人力不足的情况下,北京市劳动局也提出通过各种方式挖掘劳动潜力。要求"1959年生产事业将有更大的跃进,劳动计划本着增产增事不增人或者少增人,首先挖掘现有劳动力、积极改善劳动组织,提高机械化程度、继续开展技术革命及多面手运动,推行半工半读,同时又考虑本市劳动力供应上争取自给的原则"③。

北京市计划委员会针对1959年需要增加供应20万人的计划,提出多种精打细算的解决措施。"这20万人怎么解决,我们意见应当首先是自力更生。结合解放妇女劳动力,并从商业、服务业、轻工业中调替一部分人,以女代男,以老代壮,估计可抽调城市劳动力85 000人;郊区大规模推行机械化,并实现人民公社化以后,估计可从农业人口中抽出75 000人支援城市;机关干部参加劳动和学校教育结合生产劳动,推行半工半读制度,可以解决一部分工厂的劳动力不足。为解决劳动力供应不足,必须大规模地开展技术革命,在各种环节上大搞机械化运动,改进劳动组织,提高劳动生产率。"④

---

① 本刊记者. 解决劳动力不足的主要途径 [J]. 劳动, 1958 (17)：2-3.
② 本刊记者. 加强"大跃进"形势下的劳动计划工作：国家计委、经委和劳动部共同召开劳动计划工作会议 [J]. 劳动, 1958 (17)：2-3.
③ 北京市劳动局. 北京市1959年度劳动工资计划草案 [A]. 1958年10月28日. 北京市档案馆. 档案号：110-001-01072.
④ 北京市计划委员会党组. 关于1959年国民经济计划安排问题的报告 [A]. 1958年8月20日. 北京市档案馆藏. 档案号：110-001-01079.

2. 抑制招工冲动

针对"大跃进"下劳动力需求紧张的形势，劳动部批评了要求增加劳动力的行为。《劳动》杂志社论就指出：目前还有一些人迷信"人多好办事""不增人就不能跃进"，他们对于企业内部和城市中的巨大劳动潜力估计不足，或者明知潜力不小但不愿去发掘，只一味向上级伸手，向农村伸手，而且"漫天要价"，个别的甚至不择手段，进行私招乱挖。"人多好办事"这股歪风又在逐渐露头了。① 北京市劳动局在1958年上半年的劳动力调配工作总结中也表明，"上半年主要是围绕着严格控制企业、事业单位增产增事不增人的方针来进行工作"②。这表示从严从紧控制的劳动力供应方针仍深植于劳动管理部门的工作理念中。

实际上从1959年年初开始，从中央到地方的计划部门就开始从劳动力供应问题上给"大跃进"上"紧箍咒"。1959年1月中共中央发布的停止招工通知，旨在严格控制招工以解决经济比例严重失调问题。此后中央也不断重申或收紧劳动力招收的政策，1960年年底劳动部召开的全国厅局长会议提出，由中央批准劳动力计划，招工审批权控制在中央和省委，加强工资基金和粮食户口管理，严肃处理私招乱雇。③

劳动部部长马文瑞指出，1956年是过去增人最多的一年，也不过增加200多万人，而1958年一增就是2000万人。又说，"增加的人员是否过多了？大家对这个问题的认识还不是完全一致的。应该肯定，去年增人是过多了的""是大多数地区增人过多了"。"工业方面去年（1958）工业总产值增长72.4%。而人员按年末数算增加了两倍多（由原来的747万人增加到2319万人）""全国来看没能做到依靠劳动生产率来保证产值的增长"。④

马文瑞认为1959年对于劳动力问题的总的方针，应该是在提高劳动生产率的前提下，合理地分配和使用劳动力，保证国家生产建设首先是钢、煤、粮、棉生产对劳动力的需要。今年（1959）在全国范围内职工人数不能增加，并且应该缩减500万左右的人。⑤ 马文瑞的发言表示劳动力管理部门试图恢复过去从

---

① 本刊记者. 解决劳动力不足的主要途径［J］. 劳动，1958（17）：2-3.
② 北京市劳动局调配科. 1958年调配科工作总结［A］. 1959年1月5日. 北京市档案馆藏. 档案号：110-001-00967.
③ 路遇. 新中国人口五十年：下［M］. 北京：中国人口出版社，2004：868.
④ 马文瑞. 马文瑞部长在全国劳动工资计划会议上的发言（记录稿）［A］. 1959年3月12日. 北京市档案馆藏. 档案号：110-001-01077.
⑤ 马文瑞. 马文瑞部长在全国劳动工资计划会议上的发言（记录稿）［A］. 1959年3月12日. 北京市档案馆藏. 档案号：110-001-01077.

紧、从严的劳动力计划，随之而来就是1959年开始的精简职工运动。

1959年6月10日，中央劳动部在《中华人民共和国劳动部请汇报职工缩减情况的通知》中传达："中央六月一日紧急指示中提出全国职工在去年的基础上减少800万到1000万人，能够减到1000万人以上更好。"① 因此，在"跃进"高潮即将到来的1959年，北京市劳动局认为劳动力供应的原则是"劳动计划本着增产增事不增人或者少增人，同时又考虑本市劳动力供应上争取自给的原则"②。

北京市1959年1月到3月末有100个单位向劳动局申请增加职工共计65 858人，其中长期工49 411人，临时工16 477人。经劳动局审查，到3月底共给47个单位调配了15 823人，其中企业内部调剂12 923人，从社会招收2900人。北京市基本上执行了中央和市委的指示，"本着保证重点、照顾一般的原则，细致审核，挖掘内部潜力调剂解决，尽量做到不从社会上招工"③。当然，在"大跃进"初期"大干快上"的形势下，劳动部门的这种努力无法有效贯彻执行，但还是在一定程度上起了"降温"的作用，抑制了劳动力的扩招。

（三）推进编制定员工作

除了在宏观的就业计划上试图为"大跃进""降温"，劳动部门在"大跃进"时期还一直力推"编制定员、劳动定额"，试图从微观层面限制用人单位的扩招冲动。针对1958年以来的招工失控，在1959年年初，中央及劳动部就提出了编制定员，尽管这项工作在"大跃进"背景下推行起来阻力重重。

按照中央及劳动部的精神，1959年北京市也发起了工业系统"改善劳动组织、编制定员"的活动，实际上就是精简编制、控制人员。北京市劳动局原下达的减人指标为12 794人，各单位计划精简11 233人。④ 但在"大跃进"刚刚发动起来的情况下，编制定员无疑是对"大跃进""泼冷水"。部分职工还存在"定额是用来卡人的"认识⑤，因而很多单位对编制定员都不积极，或明或暗地

---

① 劳动部. 中华人民共和国劳动部请汇报职工缩减情况的通知 [A]. 1959年6月10日. 北京市档案馆藏. 档案号：110-001-01068.
② 北京市劳动局. 北京市1959年度劳动工资计划草案 [A]. 1958年10月28日. 北京市档案馆藏. 档案号：110-001-01072.
③ 北京市劳动局党组. 关于1959年第一季度劳动力调配情况的报告 [A]. 1959年4月21日. 北京市档案馆藏. 档案号：110-001-00980.
④ 北京市劳动局党组. 关于工业部门改善劳动组织工作的情况和存在问题的报告 [A]. 1959年9月27日. 北京市档案馆藏. 档案号：110-001-00980.
⑤ 北京市机械工业局. 坚持执行工时定额 不断提高生产水平 [A] //国家计划革命委员会劳动局. 劳动力节约挖潜工作经验汇编（内部文件），1972：121.

第三章 "大跃进"时期北京市的统一调配就业制度（1958—1960）

抵制。

"（1959年）全市报送编制定员方案的应为115个单位，原市委要求各单位在8月底以前报齐。截至9月23日报来的仅有46个单位。较应报单位尚差69个。"① 从中可以看出在"大跃进"时期劳动力短缺的背景下，编制定员工作难于开展，即便已经开展的单位，也是想尽办法对劳动力腾挪置换，没有真正或很少减员，有的干脆是以转入"培训"的名义从数字上"减员"。这69个单位没有报来，"报送定员方案不积极，对完成中央下达减人指标将造成重大影响"。原因是"这些单位领导对这一工作重视不够，抓得不紧，有的自始至今没有很好地发动群众。如汽车制造厂第一机械部下达的减人任务为1464人，但该厂领导认为劳动力需要留点后备，不要扣得太紧"；七七四厂部下达减人任务为2075人，该厂领导认为产值要翻，任务加大，经最大努力仅可以精简380人。石景山钢铁冶金部下达减人指标为7000人，该公司认为完不成，还提出需要增加2500人。劳动局不得不表态：各单位的减人任务，一般的不应该变动，应尽量完成，个别单位的指标确实偏高的，可以将减人指标加以修改。但用人单位对编制定员的态度必然会影响劳动力的供应。"石景山钢铁需工2500人，由于该公司编制定员工作还没有很好地搞，潜力还有，而且原计划是减人的单位，因此不再供应。"但是石景山钢铁公司的"讨价还价"行为确实导致劳动部门压缩了对其下达的减人指标。劳动局后来对石景山钢铁的指标修改为"原计划从石钢工业方面减5000人以外再从基建方面减1500人，现改为全公司减5000人"②。

在编制定员过程中，一些单位把这次改善劳动组织简单地理解为处理不适合在工厂工作的人员，使群众情绪不安，影响了生产。如"宣武机械厂和群众见了面，偏重讲了许多如何处理人多等问题，致使许多职工心情不安，怕自己被减掉"。徒工李国柏说："宣武机械厂这碗饭算完了。"③ 这就影响了职工生产积极性。

总之，在当时"大跃进"的背景下，劳动部门推行的编制定员工作很难得到响应。但是这种工作方法确实反映了劳动部门加强统一调配就业制度的要求。

---

① 北京市劳动局党组. 关于工业部门改善劳动组织工作的情况和存在问题的报告 [A]. 1959年9月27日. 北京市档案馆藏. 档案号：110-001-00980.
② 北京市劳动局党组. 关于工业部门改善劳动组织工作的情况和存在问题的报告 [A]. 1959年9月27日. 北京市档案馆藏. 档案号：110-001-00980.
③ 北京市劳动局党组关于改善劳动组织的报告 [A]. 1959年8月10日. 北京市档案馆藏. 档案号：110-001-00985.

第二节 统一调配就业制度的非常规运行

"大跃进"时期,在"一五"时期建立起来的、以"严格管理"为特点的统一调配就业制度受到冲击。此时期统一调配就业制度运行的显著特点为:劳动部门从各单位中抽调劳动力成为一种常态,劳动力调剂呈现节奏快、工作紧张的局面。同时,各单位招工也呈现一定的乱象,变相招工的形势蔓延开来。毕业生的工作分配中,提前分配、截留毕业生的现象比较突出。总之,在"大跃进"导致的劳动力供应紧张的情势下,统一调配就业制度呈现"非常规"运行的特点。

一、劳动力频繁抽调

（一）抽调原则与方案

"大跃进"初期,各方面劳动力需求都极其紧张,劳动力统一调配的原则是"保证重点,照顾一般,向重点企业倾斜、向急需工程倾斜"。如1959年第一季度开始,"石景山钢铁公司、市冶金工业局和京西矿务局因增加扩建项目和产量增多;永定河工程局为保证'十一'前发电,必须在雨季前完成筑坝工程;广播事业局广播修造厂和国庆工程办公室为国庆工程安装通信、通风等设备。以上单位当前急需增加工人8054人"。为了保证上述单位的任务顺利完成,北京市劳动局安排的紧急抽调方案如表3-2所示。①

---

① 北京市劳动局党组. 关于石景山钢铁公司等六个单位当前急需工人的安排意见［A］. 1959年3月20日. 北京市档案馆藏. 档案号:110-001-00980.

第三章 "大跃进"时期北京市的统一调配就业制度(1958—1960)

表 3-2 石景山钢铁公司等六个单位急需技工、徒工、壮工调配方案

需工单位	需工单位急需人数	抽调单位												
		徒工						壮工				通风工		
		机电工业局	纺织工业局	北京汽车制造厂	北京电子管厂	华北无线电器材厂	抽调人数	建筑工程局	市政工程局	建筑材料工业局	抽调人数	东城区	宣武区	抽调人数
一	1140	340	200	300	200	100	1140	—	—	—	—	—	—	—
二	1900	—	—	—	—	—	—	1900	—	—	1900	—	—	—
三	590	—	—	—	—	—	—	290	—	300	590	—	—	—
四	2500	—	—	—	—	—	—	1500	1000	—	2500	—	—	—
五	100	100	—	—	—	—	100	—	—	—	—	—	—	—
六	40	—	—	—	—	—	—	—	—	—	—	25	15	40
合计	6270	440	200	300	200	100	1240	3690	1000	300	4990	25	15	40

注1:需工单位:一、石景山钢铁公司;二、京西矿务局;三、冶金工业局;四、永定河工程局;五、广播事业局广播修造厂;六、国庆工程。

注2:1.石景山钢铁公司、京西矿务局、冶金工业局所需的人员系以目前急需的人员,第二季度以后所需人员未列入方案。2.从建筑材料工业局抽调的300名壮工,主要考虑从该局所属北京木材厂、光华木材厂收容的外地农民中抽调。3.永定河工程局所需的3715人,为该局提出的计划人数,如将提高效率,大搞技术革命的因素考虑进去,仍可适当地压缩需要人数,至于压缩多少须由该局党委会进一步研究。根据本市劳动力紧张情况,暂给该局安排2500人。

117

"大跃进"时期的劳动力抽调,多为应付紧急所需的临时抽调,而且劳动力不敷使用,所以劳动力抽调及日程细分到旬,如上旬完成多少数量指标。劳动局调配科为此制定了较为详细的调配平衡表,明确需工单位、人数、工种,以及抽调单位、人数、工种等信息,以指令形式下发各单位主管部门或行政区。各主管部门再从所属部门中分配任务,层层摊派指标任务。我们以"大跃进"高潮时期的 1959 年的一份调配方案(表 3-3)为例,来看当时北京市劳动力抽调的具体运作。①

表 3-3　第二季度调配方案(初步意见)(节选部分)

抽调单位 \ 需工单位工种及人数			合计				冶金工业局			
			计	工种			计	工种		
				技工	徒工	壮工		技工	徒工	壮工
抽调总计	计		5596	75	2784	2737	2215	75	360	1780
	五月份		2437	30	1150	1257	830	30	100	700
	六月份	上旬	1968	24	1154	790	734	24	210	500
		中旬	1111	21	480	610	571	21	50	500
		下旬	80	—	—	80	80	—	—	80
建筑工程局	计		2122	—	—	2122	1780	—	—	1780
	五月份		1042	—	—	1042	700	—	—	700
	六月份	上旬	500	—	—	500	500	—	—	500
		中旬	500	—	—	500	500	—	—	500
		下旬	80	—	—	80	80	—	—	80
机电工业局	计		300	—	300	—	100	—	100	—
	五月份		100	—	100	—	—	—	—	—
	六月份	上旬	100	—	100	—	100	—	100	—
		中旬	100	—	100	—	—	—	—	—

---

① 北京市劳动局党组.第二季度调配方案(初步意见)[A].1959 年 5 月 6 日.北京市档案馆藏.档案号:110-001-00980.

续表

需工单位工种及人数\抽调单位			合计				冶金工业局			
			计	工种			计	工种		
				技工	徒工	壮工		技工	徒工	壮工
纺织工业局	计		490	—	490	—	—	—	—	—
	五月份		210	—	210	—	—	—	—	—
	六月份	上旬	200	—	200	—	—	—	—	—
		中旬	80	—	80	—	—	—	—	—
化学工业局	计		200	—	200	—	—	—	—	—
	六月份	上旬	100	—	100	—	—	—	—	—
		中旬	100	—	100	—	—	—	—	—
丰台桥梁厂	计		202	2	—	200	2	2	—	—
	六月份	上旬	142	2	—	140	2	2	—	—
		中旬	60	—	—	60	—	—	—	—

需工单位工种及人数\抽调单位			交通运输局			文化电影局		
			计	工种		计	工种	
				徒工	普通工		徒工	普通工
抽调总计	计		765	320	445	464	424	40
	五月份		245	70	175	290	250	40
	六月份	上旬	390	170	220	174	174	—
		中旬	130	80	50	—	—	—
		下旬	—	—	—	—	—	—
建筑工程局	计		—	—	—	—	—	—
	五月份		—	—	—	—	—	—
	六月份	上旬	—	—	—	—	—	—
		中旬	—	—	—	—	—	—
		下旬	—	—	—	—	—	—

(续表)

需工单位工种及人数 抽调单位			交通运输局 计	工种 徒工	工种 普通工	文化电影局 计	工种 徒工	工种 普通工
机电工业局	计		—	—	—	—	—	—
机电工业局	五月份		—	—	—	—	—	—
机电工业局	六月份	上旬	—	—	—	—	—	—
机电工业局	六月份	中旬	—	—	—	—	—	—
纺织工业局	计		180	180	—	—	—	—
纺织工业局	五月份		—	—	—	—	—	—
纺织工业局	六月份	上旬	100	100	—	—	—	—
纺织工业局	六月份	中旬	80	80	—	—	—	—
化学工业局	计		—	—	—	—	—	—
化学工业局	六月份	上旬	—	—	—	—	—	—
化学工业局	六月份	中旬	—	—	—	—	—	—
丰台桥梁厂	计		70	—	70	—	—	—
丰台桥梁厂	六月份	上旬	70	—	70	—	—	—
丰台桥梁厂	六月份	中旬						

这些需工、调配指标以整数为主，使得我们对实际需工数量是否精确产生怀疑。劳动力抽调中，也并不是需工单位要多少人就给多少人，劳动部门一般视情况予以压缩指标，且压缩幅度较大。如上述调配的5596人，"是根据上海会议任务调整的情况再三压缩，由原需要12463人压减到5596人。我们认为这部分人是确实需要"①。当然这种数字上的打折，无疑会导致需工单位在上报需工计划时扩大实际所需数字，以应对劳动部门的折扣，这体现了双方存在一种"讨价还价"的关系。

北京市每季度劳动力抽调都由北京市劳动局劳动力调配科拟出初步意见，在局务会议讨论实施。如1960年第一季度劳动力调配方案拟为：第一季度安排给人的34个单位，申请用工32 768人，其中中央18个单位，13 534人，地方

---

① 北京市劳动局党组．关于第二季度劳动力调配的请示报告［A］. 1959年5月11日．北京市档案馆藏．档案号：110-001-00980.

16个单位，19 244人，经审查安排22 116人，占全年指标的1/3。劳动力来源包括：1. 私招调出5000人；2. 兵400人；3. 社会招收5000人；4. 郊区1500人；5. 民政局、公安局收容来的3000人；6. 街道工厂20 000人。这些劳动力分配去向为：冶金局1575人，机电局900人，轻工局500人，纺织局1400人，建材局2000人，农机局440人，粮食局40人，化工局1370人，公用局1500人，文化局150人，教育局100人，副食品商业局250人，交通运输局1600人，市政工程局1200人，公共卫生局369人。① 劳动部门将这些劳动力分配给各主管局后，各主管局再层层下拨、分配用人指标。

那么当时抽调的人员占到多大比例呢？这个数字可能变动较大，因为劳动部门计划抽调数、单位自报抽调数以及实际抽调数都不一样，而且在不同时间、不同情况下都有变动。实际抽调数量越大，表明"大跃进"时期政府安排的工人流动性就越大。以1960年上半年为例，据北京市劳动局报告，截至6月25日市属7个工业局、7个城郊区和中央26个大厂自报，共节约劳动力56 913人，占1959年年末人数的11.9%，从中抽出30 444人，占1959年年末人数的6.4%，支援了新建扩建单位。②

（二）抽调效果与去向

大部分企业能做到及时抽调出劳动力，但是随着各条战线都在"跃进"，抽调工作越来越困难。北京市劳动局就反映，1960年6月各单位抽人任务完成得不好。市委决定从老企业抽出12 000人支援新建扩建企业，结果只抽出2374人，特别是原计划从市、区属企业抽出3000人支援中央新建重点厂，到月底实际进厂的只有29人。劳动局认为根本原因在于"有些单位对增产减人的方针认真贯彻执行不够，没有彻底解放思想和放松了对技术革命的领导"。例如，北京钢厂"五、六两个月仅抽出72人，其中六月份只抽出18人"。此外，不按质量抽调也是个问题，"市委一再指示，各单位输送的人员必须保证质量，不能借机甩包袱"。但东城区自行车修配厂仅输送5人，经审查，其中新中国成立前从事特务的1人，结核病患者1人，贪污分子1人，高血压1人，50岁以上的1人。③ 可见在劳动力紧缺情况下，抽调人数并非绝对按照上级下达指标完成，存

---

① 北京市劳动局.1960年劳动局第二次局务会议记录［A］.1960年1月20日.北京市档案馆藏．档案号：110-001-01107.
② 本市工业系统从老企业抽人支援新建扩建单位的情况［A］.劳动情况．特刊（六）.1960年7月8日．北京市档案馆藏．档案号：110-001-01108.
③ 本市工业系统从老企业抽人支援新建扩建单位的情况［A］.劳动情况．特刊（六）.1960年7月8日．北京市档案馆藏．档案号：110-001-01108.

在着很多不确定的因素。除了工人是否服从调配，原单位是否"放人"也成为关键因素。

从被抽调的劳动力的去向来看，属于"跃进"重点战线的行业，如所谓"钢元帅"及其配套行业，劳动力流入较大，流出较少。而非重点行业如城市服务业、街道工厂等要为保"钢元帅"而让路，劳动力流出较多。据北京市劳动局党组报告，1959年1月到3月末有100个单位申请增加职工共计65 858人，其中长期工49 411人，临时工16 477人。到3月底共给47个单位调配了15 823人，其中企业内部调剂12 923人，从社会招收2900人。调出单位主要是建工局、市政工程局、机电局和6个城区，调入单位主要是石景山钢铁、京西矿务局、国庆工程、永定河工程局和援蒙等7个重点单位。① 这也与"大跃进"时劳动力向跃进重点行业集中的趋势是一致的。

"大跃进"时期，劳动部门倾向于从商业系统抽调职工支援工业战线。1958年，北京市商业局系统通过精简机构，腾出了约15 000名职工去支援工业生产与重点工程。已抽调的8000人中，到十三陵修水库的有5000多人，到京西矿区修筑公路的500多人，到京郊国营农场和农业社的1000多人。② 同样，天津市为了解决工业生产上所需要的劳动力，中共天津市委决定从商业部门抽调大批符合条件的职工到工业部门去，第一批已抽调了2500多人。③

与不受重视的轻工业、商业系统在协作中被调出大批劳动力相比，"大跃进"中的重点行业、厂矿企业成为劳动力协作中的收益方，如钢铁业。北京钢厂为了完成今年产钢15万吨的跃进指标，要增加一批劳动力，北京市委一发出号召，24小时内就有13个厂矿调出430人赶去支援。宣武钢铁厂自开始筹建以来，每天都有四五百名来自机关、团体、学校、企业、街道的义务壮工参加建厂工作。④

这种行业之间抽调劳动力的方法，显然带有"共产主义"的色彩，得到了劳动部门的鼓励、支持。《劳动》杂志以随笔的形式发表评论，认为"北京、天津市商业部门抽调大批人员支援工农业，这是值得大大提倡的好事情""在劳动力平衡调剂工作上，它给我们树立了各行各业互相协作、互相支援的好风气"。

---

① 北京市劳动局党组. 关于1959年第一季度劳动力调配情况的报告［A］. 1959年4月21日. 北京市档案馆藏. 档案号：110-001-00980.
② 工农商业全面协作·首都八千商业职工踏上工农业战线［J］. 劳动, 1958 (10): 22.
③ 小李. 工农商业全面协作·天津商业职工支援工业［J］. 劳动, 1958 (10): 22.
④ 本刊记者. 调兵遣将 互相支援：北京钢铁企业开展劳动力大协作［J］. 劳动, 1958 (19): 9.

评论还认为,"这就要求每一被调人员都能像北京、天津市商业部门的职工那样,以国家的利益为重,把支援工、农业作为一项光荣任务,抛掉一切个人打算,坚决地愉快地服从调配,并以饱满的革命热情,投入新的生产中去"①。

再如,中共宣武区委决定在全区范围内广泛组织工厂之间的大协作,以解决工业生产"大跃进"中技术力量不足的问题。"从今年四月中旬开始,区委召集十九个机器制造业和铸造业的厂长先后开了三次协作座谈会,树立起'一家有困难,大家来支援'的共产主义精神,组织各厂互相支援技术力量和机器设备。会上当场协商解决了几十名技术工人,从而基本满足了许多工厂对技术工人的迫切需要。"② 这样将劳动协作与"共产主义"联系起来,显然就具有了政治上的正确性。与之相对的不服从调配的行为则被批判为"本位主义"。

二、招工失序

在企业内部挖掘劳动潜力不能满足生产需要的情况下,只能从社会上招工。"大跃进"前期,由于招工权限的下放,以及招工限制暂时放宽,各单位劳动力招收呈现失控状态,私招外地农村劳动力现象较为突出。北京市对私招外地劳动力尽管仍保持了批评的态度,但在"大跃进"需工紧张形势下,对私招外来劳动力抱有"先用着"的态度,不再严格、大力遣送回乡。

(一)招工政策放宽

"大跃进"使得北京市的劳动力招收也出现大幅增长的趋势。由于各单位需要的劳动力都很多,都强调本单位工作的重要性,需工紧迫,北京市委亲自审批企业单位需工计划,而且在不同阶段提出全市增加工人的控制指标。1958年7月提出企业单位从社会招工不得超过7万人,随着"跃进"形势的发展,9月又不得不放宽到"控制10万人的指标"。③ 在跃进形势下,计划肯定赶不上变化,1958年最后实际新招收的职工人数,据北京市劳动局盘点,"全市工矿、建筑、交通运输、邮电和文教卫生、国家机关等部门的附属企业,共新招收职工294 000人,其中学徒工147 000人(另外,尚有由机关、商业等部门调剂给工业的33 000人未计算在内)。新招收的职工中,从本市城市招收的有136 000人(包括一小部分中央分配的高等学校、中等专业学校毕业生),从北京市郊区农

---

① 本刊记者.加强协作 一起跃进[J].劳动,1958(10):22.
② 本刊记者小李.破本位主义、立共产主义:北京市宣武区技术力量大协作[J].劳动,1958(11):9-10.
③ 北京市劳动局调配科.1958年调配科工作总结[A].1959年1月5日.北京市档案馆藏.档案号:110-001-00967.

村招收了51 000人；从外省市招收了98 000人（其中专为天安门国庆工程调来的技工5000人，从河北省来的70 000多人）；复员军人9000人"①。从中可以看出，1958年的劳动力招收的城乡限制、地域限制明显放宽，这表现在招收农村劳动力的宽松上，北京市不但从本市郊区农村招收了51 000人，还从外省市招来了90 000余人，其中从河北省来的就有70 000多人，其中大部分是农村劳动力。

1959年开始随着对劳动力招收失控的担忧，劳动部门也在努力恢复严格的招工限制。首先是中央劳动部制定了《劳动部关于劳动力招收和调配的若干规定（草案）》，对招用职工做了限制、规范，力图将就业拉回到"正常"的计划范围。首先就是增强计划性，并经主管部门批准。要求"企业事业单位必须按照国家批准的劳动计划用人"。招收职工一般是临时工，少招固定工、长期工。"企业事业单位从社会上招收的职工一般应该是临时工。如果必须使用长期工（固定工）的时候，经过省、自治区、直辖市劳动部门批准，可以将符合条件的一部分临时工转为长期工。"利用工资基金从"人头费"上限制职工数量，是劳动部门最得力的措施。"对于超过计划增加的职工和拒绝调出的多余职工，人民银行在征得同级计划部门和劳动部门的同意后，可以停止拨付工资。"②

即便劳动部门试图用"计划"来限制招工，但是在"大跃进"形势下显然收效甚微，"计划外"的招工冲动使得私招再次蔓延。

1958年11月下旬，朝阳区劳动力介绍所调查本区34个单位录用的临时工2075人中，只有77人是经劳动部门介绍的，其余都是没经过正式手续而从各方面通过各种方式招收的。这些人中，具有本市户口的1524人，外省市的511人。第二建筑工程公司办理公开登记招工，登记条件是"只要有行李就行"，共招收了200人，60%以上没任何证明。北京电子管厂基建大队，现有工人579人，其中今年自行招收的就有479人，还将其他单位的在职工人也吸收了，其中还有劳动改造中的右派分子等。还有一些单位以提高工资待遇等条件挖用其他单位在职工人。如1958年11月轻工业部干部学校暗地吸收通州电机修造厂电工侯士杰、于子清二人，将侯士杰原工资从64元提高到81元（现已处理）。③

---

① 北京市劳动局. 本局对劳动力使用情况及对特殊钢厂等五个单位的典型调查材料[A]. 1959年2月2日. 北京市档案馆藏. 档案号：110-001-01067.
② 劳动部. 劳动部关于劳动力招收和调配的若干规定（草案）[A]. 1959年12月4日. 北京市档案馆藏. 档案号：110-001-01069.
③ 中共北京市委党史研究室，北京市档案馆. 北京市重要文献选(1958)[M]. 北京：中国档案出版社，2003：971.

有些单位甚至形同在农村"抢人",如北京市第一建筑工程公司和华北直属公司在山东省莘县的朝城、姝塚、刘羡三个乡私招农业社员,经乡人民委员会发觉制止后,两单位的招工人员不顾劝告趁夜间又偷拉走100余人。甘肃省徽县木材制胶厂招工人员徐某某在陕西省褒城县安坎乡对青年们说:"你们谁愿意去都跟我走,不要在农村里过那吃不饱、无钱花的苦日子。"国营五三农场招工干部在湖北应城县的几个乡向群众宣传说:"农场工资高、劳动三八制,吃的是三餐大米,不要转户口和粮油关系,好找爱人。"并且不择手段地把汽车开到皂市车站,拦住过往行人,请到馆子里吃饭进行拉拢。①

在"大跃进"背景下,北京市对私招现象的处理明显放宽,对挖来的职工要求"原则上应送回原单位";对私招的,如系"郊区和外地农民,如持有外出工作的证明文件,原地区不往回要,可以继续留用,但需签订劳动合同"②。用工紧缺背景下,北京市对外地来京寻找工作的人员予以适当留用。如在征得河北省劳动局领导上的同意后,安置了河北省来京务工的10 000多名人员。③从社会上招收劳动力的指标也适当放宽。至1958年年底企事业单位共计从社会招收了108 310人,供应了钢铁、电机、和机械工业的紧急需要。此外,还通过技工学校登报招生,吸收了外地来京投考的青年30 498人。④

但是从1959年下半年开始,北京市对处理私招的态度又渐趋严厉起来。1959年6月10日,中央劳动部在《中华人民共和国劳动部请汇报职工缩减情况的通知》中传达:"中央六月一日紧急指示中提出全国职工在去年的基础上减少800万到1000万人,能够减到1000万人以上更好。"⑤在这种背景下,对私招的检查与处理力度明显加大。1960年2月26日,中共北京市委对市劳动局党组《关于市政工程局等单位私招外地农民情况和处理意见的报告》的批示中强调:"在中央和市委一再指示坚决制止私自招收人员,特别是不准私自招收外地农民以后……这是严重的违法乱纪行为。"处理意见则为"已经招收的人员,送回原

---

① 中国社会科学院,中央档案馆.中华人民共和国经济档案资料选编(1958—1965):劳动就业和收入分配卷[M].北京:中国财政经济出版社,2011:178.

② 中共北京市委党史研究室,北京市档案馆.北京市重要文献选编(1958)[M].北京:中国档案出版社,2003:971.

③ 北京市劳动局调配科.1958年调配科工作总结[A].1959年1月5日.北京市档案馆藏.档案号:110-001-00967.

④ 北京市劳动局.关于1958年劳动力调配工作的报告[A].1959年1月5日.北京市档案馆藏.档案号:110-001-00967.

⑤ 劳动部.中华人民共和国劳动部请汇报职工缩减情况的通知[A].1959年6月10日.北京市档案馆藏.档案号:110-001-01068.

籍。市政工程局党组和轴承厂党委应进行检查，并将检查结果报市委"①。可见态度明显严厉了。

(二) 变相招工

1. "私招乱拉"技校生

随着中央对招工政策的收紧，北京市也在尝试绕过政策壁垒，满足劳动力需求。以招用学徒工、技校生的名义来增加劳动力就是方法之一。北京市劳动局在"敢想、敢干的思想指导下，不违背中央控制不准从社会招工的原则下"，在第一通用机械厂等几个重点单位试办招收自费学徒，前后批准两次较大企业单位吸收2万多名自费学徒。后来随着需工形势的发展，上级同意由自费改为公费，并随后将这2万多名学徒有计划地分配给重点企业审查录用，绝大部分被录用。招收学徒有效缓解了劳动力特别是青壮年劳动力供应紧张的矛盾②，缓解了劳动力供应紧张的状况。

除了招收学徒工，一些单位不服从劳动部门指示，利用统一招生机会"私招乱拉"技校学生的现象也比较普遍。

1960年北京市劳动局经请示劳动部同意，组织了在京各技工学校统一招生，原计划招考日期为7月10日至31日止。但报考到7月20日后，发现外地青年来京报考的人数猛增，为避免外地青年过多来京，北京市劳动局采取了提前在7月27日截至报名的紧急措施。③ 但这引发了一场冲突。据市劳动局报告，本是7月28日分配给第二通用技校考生400人，到29日晚，到厂人员已达968人，其中属于劳动局分配的仅503人，已超过原分配人数，乱拉和混入270人，自行报名登记工人家属197人。劳动局进行查处，结果发生了冲突。尽管事后市委表示同意劳动局党组的报告和处理意见，对违法乱纪行为要严肃处理④，但是这些私招单位无视劳动部门的检查与阻止，甚至扣留劳动局工作人员，说明当时"私招乱拉"学生的现象相当严重。

1958年，北京市通过技工学校登报招生，吸收了外地来京投考的青年

---

① 中共北京市委党史研究室，北京市档案馆. 北京市重要文献选 (1960) [M]. 北京：中国档案出版社，2003：113.

② 北京市劳动局调配科. 1958年调配科工作总结 [A]. 1959年1月5日. 北京市档案馆藏. 档案号：110-001-00967.

③ 北京市劳动局党组. 关于第二通用机械厂、一二五厂乘技校统一招生机会私招乱拉学生情况的报告 [A]. 1960年7月31日. 北京市档案馆藏. 档案号：110-001-01088.

④ 市委对北京市劳动局党组关于第二通用机械厂、一二五厂乘技校统一招生机会私招乱拉学生情况的报告的批示 [A]. 1960年7月31日. 北京市档案馆藏. 档案号：110-001-01088.

30 498人。① "大跃进"开始后，各地区、各单位开办技校呈现井喷的形势，以技校招生的名义来补充劳动力，成为绕过反"私招"政策的途径之一。

2. 技校变相招工

据劳动部 1961 年 1 月报告，当时全国的技工学校已有 2000 多所（其中 1960 年新办的有 1300 所），学生 54 万余人。1957 年以前建立的老校只有 140 多所，绝大多数是"大跃进"以来新建的。"在现有的二千多所学校中，教学和生产工作较好的约占百分之十，已有一定基础和基本够格的占百分之五六十，还有百分之三十多的学校是不够格的，设备、师资条件和教学、生产工作都很差。这些不够格的学校都是 1960 年新办的。有一些是借技工学校之名，行招工之实。"例如，有些企业中车间甚至工段都设有"技工学校"，有些大学、中等专业学校、研究所也办有"技工学校"。②

据北京市劳动局培训科调查的（北京）二三二厂技工学校情况，该厂所办技校就存在"厂校不分"的现象，其办技校目的实际上就是抢招劳动力。"厂与技校的人员调动频繁，划分不清"；"厂里不需要的人员就送给技校，厂车间需要人时，随便从技校调人"；该厂所办技校根本没有办学条件，但"只是在招收人员上一味贪多（招生时没有计划，尽量多招，怕将来需要时招不进来）"。据北京市劳动局报告，二三二厂是个新厂，至今还没有投入生产。全厂现有职工及学员 4216 人。技术力量很差，加强对新技术培训工作是迫不及待的任务，所以该厂于 1960 年 7 月成立技工学校。③ 北京市劳动局认为该厂成立技工学校的首要目的并非培养技术人员，而是先占用劳动力；认为该厂办技校是严重的本位主义思想，为了本厂劳动力使用方便，以借办"技校"为名，行占用"劳动力"之实。因此，教学工作长期以来不能正常开展。④

三、"包分配"就业的实施

（一）提前抽调高校毕业生

"大跃进"时期，高校毕业生非常紧缺。北京市 1959 年仅分配来 1000 余名

---

① 北京市劳动局. 关于1958年劳动力调配工作的报告 [A]. 1959年1月5日. 北京市档案馆藏. 档案号：110-001-00967.
② 中华人民共和国劳动部. 对于一九六一年技工学校工作的意见 [A]. 1961年1月10日. 北京市档案馆藏. 档案号：110-001-01232.
③ 北京市劳动局培训科. 关于调查二三二厂技工学校办校情况的报告 [A]. 1961年4月6日. 北京市档案馆藏. 档案号：110-001-01234.
④ 北京市劳动局培训科. 关于调查二三二厂技工学校办校情况的报告 [A]. 1961年4月6日. 北京市档案馆藏. 档案号：110-001-01234.

大学生，各单位争抢这些毕业生，纷纷要求照顾。据北京市计委、人事局报告，1959年8月7日计委、人事局召开的工业建筑、市政建设和文教、卫生、政法等系统25个单位的人事科长会议上，讨论了该年大学毕业生分配方案。各单位对医药专业毕业生的分配提出了不少意见，工业、建筑、市政建设和教育等系统表示他们的一些新建工厂和单位迫切需要医务人员，要求卫生局在今年分配医药专业毕业生时，能认真研究各单位的实际需要，并给予可能的配备。师范毕业生分配问题，不少单位提出了要求给予适当照顾，主要是所办的职工业余中学需要数理化师资等要求。①

数量紧缺的高等学校毕业生的正常工作分配也受到冲击，相当比例的高校毕业生还未毕业就被提前抽调，有的则被高校"截留"，影响了正常的教学培养计划与工作分配计划。如北京市卫生局从北京医学院医疗系的1959年应届毕业生中抽出了126人，由于北京市各医疗单位急需补充医疗人员，市卫生局便将这一批学生提前毕业分配了工作。②

1958年暑期以后，共有20多所高校提前抽调了1551名未毕业的在校学生分配了工作，其中1160人是1959年应届毕业生。工科学生1012人，占抽调学生总人数的65.2%。在这些抽调的学生中，有经中央批准为中国科学院、二机部、海军等单位抽调的151人；由各校直属上级行政部门决定抽出支援新建单位的268人；留原校工作的1132人，占73%。留校工作的这一部分学生，担任教学和科学研究工作的有900余人，担任政治工作、行政工作的有200余人。③

各校抽出这一批未毕业的学生提前分配工作，多数确实属于工作急需。1958年北京全市高等学校学生激增2万余人，按比例，教师应相应增加2000余人，有些学校还增设了若干系或专业，但新补充的教师仅600余人，因此许多学校教师严重不足，急需补充。但也有不少学生并非工作急需，抽调得不适当。如师范大学抽调留校工作的149人中，有20余人脱产搞科学研究及一般行政等工作。④

这种毕业生的非正常分配在北京市以外的高校也有出现，这就引起了国家

---

① 北京市计划委员会，劳动局．北京市大学毕业生初步分配方案（1959年度）[A]．北京市档案馆藏．档案号：110-001-01081．
② 中共北京市委党史研究室，北京市档案馆．北京市重要文献选编（1959）[M]．北京：中国档案出版社，2003：223．
③ 中共北京市委党史研究室，北京市档案馆．北京市重要文献选编（1959）[M]．北京：中国档案出版社，2003：222．
④ 中共北京市委党史研究室，北京市档案馆．北京市重要文献选编（1959）[M]．北京：中国档案出版社，2003：223．

计委和教育部的关注。1959年1月27日,中央批转了《国家计委党组和教育部党组关于高等学校在校生不得提前抽调分配工作的报告》,要求各地对各高校提前分配毕业生的情况进行检查、整改。

北京市对此的处理意见是:1. 对已抽调的毕业生,在中央今年预计分配给有关各部的毕业生人数中扣除。2. 各校抽出的留校工作的学生,凡非工作急需的,应该让他们回班补习。跟班上课有困难的,应该设法给他们补课。3. 确属工作急需的,应该给他们较多的在职学习时间,让他们学完毕业以前应学的全部课程,保证他们在短期内能够毕业。①

(二) 对退伍、复员军人的分配

在劳动力紧张时期,退伍、复员军人是珍贵的劳动力,到达地方后,劳动部门往往将这些珍贵劳动力用在最急需的地方。如"大跃进"初期,"为了支援首都工业建设,最近军委决定从北京军区司令部调给北京市两万名退伍义务兵和复员军人参加工业建设(不包括直接分配中央各部人数)"。劳动部门对这批珍贵劳动力的分配原则是"首先供应'钢元帅'和先进工业,集中保证重点骨干企业的需要,适当地照顾其他工业及交通运输业。这次只能解决新建单位或扩建任务较大的单位"。北京市劳动局要求"接收这些人员的单位,对于分配接收的人员应该热情接待,作为政治工作,不要挑挑拣拣"。劳动部门对这批珍贵劳动力的使用方式也做了规定:"各单位一律分配学习技术""接收后要做好巩固工作,建立感情,搞好关系"。② 可见当时对退伍复员军人的工作分配还是很重视的。我们从劳动局对退伍复员军人的分配方案中可以大致了解这批军人的就业去向。

据劳动部门反映,1959年春季,北京市各部门共接收退伍兵23 000余人,其中工业部门16 000余人,基本建设1300余人,交通运输部门1600余人。这部分人参加生产建设以后,各单位一致认为质量很好是生产上的骨干,绝大部分人都能服从组织分配,安心本职工作。③

已经安排工作的退伍军人中,也有由于家庭原因、思乡及挑剔工作等因素而希望再择业的。如前述1959年北京市各部门共接收退伍兵23 000余人,绝大

---

① 中共北京市委党史研究室,北京市档案馆. 北京市重要文献选(1959)[M]. 北京:中国档案出版社,2003:222.
② 北京市民政局,北京市劳动局,北京市兵役局. 关于接受两万名退伍义务兵及复员军人的分配意见请示[A]. 1958年12月8日. 北京市档案馆藏. 档案号:110-001-01070.
③ 北京市劳动局. 关于处理退伍兵问题的情况报告[A]. 1959年7月31日. 北京市档案馆藏. 档案号:110-001-01070.

部分人都能服从组织分配,安心本职工作。但也有少部分人情绪不太稳定。原因主要是离家数年想回家,又因南方人在北方工作,生活不习惯,有的家庭人口多、劳动力少,老人和小孩无人照管或受爱人牵念不愿离家太远等。①

当时对复员退伍军人分配工作后出现问题的一般予以宽大处理。对于坚决要求回家或者家中确有困难,必须回家的人员,应准许他们回家,一定做到"不伤感情,留者安心,走者满意"②。

四、努力挖掘劳动潜力

"大跃进"时期,在生产"跃进"与劳动力招收从紧的双重压力下,挖掘劳动潜力成为一些企业的选择。"大跃进"时期挖掘劳动潜力的方法,主要是从技术革命、打破劳动定额、推广"多面手"、加强劳动协作等方面着手,试图提高劳动效率,减缓人手不足的困难。《劳动》杂志曾总结各地挖掘劳动力潜力的经验:一是大力开展技术革命,逐步实现体力劳动机械化;二是合理使用和统筹安排劳动力,目前首先应该强调的是千方百计地从企业内部和城市中挖掘劳动潜力。《劳动》杂志还报道了各地所创造的丰富经验:许多企业结合技术革命,开展"多面手"和一人看管多机台运动;许多地方组织了劳动力大协作,以多补少,抽肥补瘦,特别是从非物质生产部门抽调了许多劳动力去支援物质生产部门;许多城市采取各种措施解放妇女劳动力去从事生产建设,还组织经常的义务劳动,实行半工半读和勤工俭学,充分地利用了闲暇劳动力和半劳动力。③ 不管这些"丰富经验"实效如何,我们还是能够看出当时确实做出了这方面的努力。挖掘劳动潜力主要表现在以下几方面。

(一) 大搞技术革命

工农业生产的"大跃进"开始后,北京市委提出"放手发动群众,合理地调整劳动组织"的指示。北京市劳动局召开了全市工矿企业单位"比挖劳动潜力,增产增事不增人"的跃进大会。"紧密结合技术革命运动,督促企业单位进行劳动组织调整,挖掘现有劳动潜力,是缓和劳动力紧张,节省劳动力的一项

---

① 北京市劳动局. 关于处理退伍兵问题的情况报告 [A]. 1959 年 7 月 31 日. 北京市档案馆藏. 档案号:110-001-01070.
② 北京市劳动局. 关于处理退伍兵问题的情况报告 [A]. 1959 年 7 月 31 日. 北京市档案馆藏. 档案号:110-001-01070.
③ 本刊记者. 解决劳动力不足的主要途径 [J]. 劳动, 1958 (17):2-3.

根本措施。"①

当时由于很多单位技术水平低,手工、体力劳动占比很高,占用了很多劳动力。京西矿务局直接参加生产的工人有 15 540 人,其中属于笨重体力劳动的有 7800 人,占工人总数的 50.2%,北京开关厂和王子坟汽车场笨重劳动和手工操作工人都占工人总数的 60% 以上。②北京市劳动局调配科认为,在需工紧张的情况下,"有相当数量的工人从事笨重体力劳动和手工操作,没有解放出来,有一些单位,自跃进以来劳动组织也没有很好地进行调整"。1958 年 11 月,北京市决定开展以机械化、半机械化为中心的技术革命运动,选定了一些典型单位,如京西矿务局、北京开关厂、石景山钢铁公司和王子坟汽车场四个单位,并召开经验交流会。其中,京西矿务局经过一个多月的时间,全局所有各矿共有 5338 人摆脱了笨重劳动,节省出了劳动力 765 人支援新建、扩建矿的需要。③

据当时的宣传,北京开关厂职工制成角钢调直机,只这一项可以节省 16 个劳动力,提高劳动效率 200 倍,还可大大减轻工人劳动强度。王子坟汽车场实现装卸"四化"后,每日装卸量由原来的 240 部提高到 313 部,效率提高了 30%,还可节省 30 个劳动力。由于技术革新,一些工时定额也大大缩减。如三级保养原定额工时为 273 小时,经过 7~10 间的技术革新运动,工时定额降为 106 小时,至 12 月中旬实际检查,工时定额可以降低至 56 小时。原来北京开关厂计划增加 300 多工人,王子坟汽车场增加约 100 人,现在它们已经可以不再增加人,并把节省下来的劳动力(分别为 160 人、45 人)调配到急需的工作岗位上去。④

裕生祥电机厂原计划增加 120 人,通过调整劳动组织和修改工时定额后,不但不要增人,而且可以抽出一部工人支援新厂。北京市机械厂发动群众讨论计划,全厂工时压缩了 457 930 小时,相当于节约了 180 多个劳动力。该厂还学习和推广了"两参一改"的先进经验,实现了企业干部跟班生产参加劳动的制

---

① 北京市劳动局调配科. 1958 年调配科工作总结 [A]. 1959 年 1 月 5 日. 北京市档案馆藏. 档案号: 110-001-00967.
② 北京市劳动局党组. 京西矿务局、北京开关厂、运输公司王子坟汽车场开展技术革命运动节省劳动力情况的报告 [A]. 1959 年 1 月 6 日. 北京市档案馆藏. 档案号: 110-001-00985.
③ 北京市劳动局调配科. 1958 年调配科工作总结 [A]. 1959 年 1 月 5 日. 北京市档案馆藏. 档案号: 110-001-00967.
④ 北京市劳动局党组. 京西矿务局、北京开关厂、运输公司王子坟汽车场开展技术革命运动节省劳动力情况的报告 [A]. 1959 年 1 月 6 日. 北京市档案馆藏. 档案号: 110-001-00985.

度。目前该企业的非生产人员已由原来占职工总数的30%左右，减为10%上下。北京市氧气厂产值增加1倍，人员减少21%，非生产人员仅占全厂职工总数的4.2%。①

宣武区饮食业在市委提出大搞食堂炊事机械化以后，这些单位的职工积极响应党的号召，积极制作各种炊事机械，成立了一个主食综合加工厂，配有和面机1台、绞肉机1台、切菜机2台、压面机1台、洗米机1台、拌馅机1台、大力炉灶4座，每天可生产2800斤馒头、1500斤米饭、900斤面条、13 400斤菜馅，节省了10个工人，有7个人抽出脱产搞技术革命。②

在技术革命运动中肯定有一些单位倾向于虚报技术革命成绩，技术革命的实际效果可能没有材料中所宣传的那么高。或者说是当时认为有成效，过一段时间后发现这些技术有问题、不适用等，成效并非宣传的那么大。但有一些还是起到了一定的减轻劳动强度、节省人力的效果。如改良工具运动开展后，北京市基建壮工的扁担已基本放下，实现了地面运输车子化，垂直运输机械化。瓦工放下了大铲，油工放下了排车等，使得劳动生产率倍增。不少瓦工小组的砌砖效率，已经达到平均每个技工日砌4000~5000块。③

一些技术革命能否真正达到减少人员的效果，可能还存有疑问。如宣武区饮食业节省下来的10个人，有7个人抽出脱产搞技术革命，所谓"脱产搞技术革命"，后来实际上就成为继续留用劳动力的借口。另据《劳动情况》登载，食堂炊事工具机械化后存在问题。其一，在炊事工具机械化以后，有9个单位的炊事人员与用饭人数比例仍然在1∶40左右，人员并没有减下来；已经节约了一些人力的单位，炊事人员与用饭人员的比例也还没有达到1∶70的要求。其二，个别单位虽然制成了炊事机械，但还没有很好地利用。有的炊事员使用机器不习惯，认为机器还不如用手做来得快。④

（二）培养"多面手""万能人"

在北京市基本建设将进入高潮的时候，为了解决劳动力不足，北京市劳动局调配科召开"学习多面手，挖掘劳动潜力"的跃进大会。

石景山钢铁厂在技术革命中采取了"综合利用，多种经营""运转工人搞修

---

① 北京市劳动局. 关于1958年劳动力调配工作的报告 [A]. 1959年1月5日. 北京市档案馆藏. 档案号：110-001-00967.
② 宣武区饮食业大搞炊事工具机械化 [A]. 北京市档案馆藏. 档案号：110-001-01108.
③ 北京市劳动局. 关于1958年劳动力调配工作的报告 [A]. 1959年1月5日. 北京市档案馆藏. 档案号：110-001-00967.
④ 食堂炊事工具机械化进展情况 [A]. 北京市档案馆藏. 档案号：110-001-01108.

理，修理工人搞制造""人人要当多面手"的办法，把设备上、人力上的潜力统统挖掘出来。①"运转工人钳工化"，一般运转工人都会小修，有的运转工人连中修也自己干了。修理工人在临时修理大大减少以后，就积极要求"搞制造"。修理工人制造和改进设备，为生产上解决设备和工具问题。②

北京全市的 12 万多名建筑和市政工人，有 80% 以上工人参加了学习多种技术。现已有半数的工人成了精一兼数的多面全能工人。一般都学会了 2~7 种技术。北京市第三建筑工程公司的张百发青年突击队已学会了 13 种技术。③ 这对基建工人放下扁担，学习多种技术，克服过去此窝彼缺、技工代壮工以及工人流动频繁等现象，起到一定作用。④

北京农业机械厂在"跃进"形势下，大力压缩辅助车间和辅助工人的定员、技工和辅助工人的比例，由现在的 1∶1 压缩到 1∶0.8。同时抽调一部分非生产人员从事生产工作，将工人占全体职工总数的 54.5% 提高到 65%。⑤

培养技术"多面手""万能人"也是解决劳动力、技术力量紧张的办法之一。由于产品种类多，工种之间经常会发生不平衡的现象，出现此种忙乱而彼种窝工。培养熟悉两种或两种以上技术的"多面手"，则能缓解这种状况。北京农业机械厂培养技工学习两种或两种以上的技术，以辅助工干技工活或技工干辅助工活，有计划地培养技术工人熟悉两种或两种以上的技术。"培养一部分辅助工干技工活，必要时也可以动员技工做辅助工作。"⑥

北京棉纺织联合厂二纺清花车间的 70 多名工人，在"多面手"学习运动开始之前，绝大部分都是只熟悉一种技术，只能在一个工序上干活的"单面手"。在运动中，"所有工人都已至少学会了 2 种技术，其中学会了 4 种不同工种的技术的有 53 人，还有不少工人已经学会 7 种、8 种，最多有学会 11 种不同工种的技术"⑦。

---

① 中共北京市委党史研究室，北京市档案馆. 北京市重要文献选编（1958）[M]. 北京：中国档案出版社，2003：27.
② 中共北京市委党史研究室，北京市档案馆. 北京市重要文献选编（1958）[M]. 北京：中国档案出版社，2003：530.
③ 北京市劳动局关于 1958 年劳动力调配工作的报告［A］. 1959 年 1 月 5 日. 北京市档案馆藏. 档案号：110-001-00967.
④ 北京市劳动局调配科. 1958 年调配科工作总结［A］. 1959 年 1 月 5 日. 北京市档案馆藏. 档案号：110-001-00967.
⑤ 李平. 任务再大也不怕 他们有办法［J］. 劳动，1958（8）：19-20.
⑥ 李平. 任务再大也不怕 他们有办法［J］. 劳动，1958（8）：19-20.
⑦ 劳动部劳动力调配局工作组. 向多面手进军的一面红旗：记北京棉纺织联合厂二纺清花间的多面手学习运动［J］. 劳动，1958（20）：24-26.

北京市第五建筑工程公司通过鼓励技工学习多门技术,缓解了建筑技工缺乏的难题;通过改进生产工具,缓解了壮工不足的问题。公司领导决定组织工人学习多种技术和进行技术革新。首先组织瓦工学习抹灰,争取50%的瓦工学会抹灰,同时要求抹灰工也学会砌砖;其次是组织约200名木工学习抹灰或砌砖等其他技术;最后决定将洋灰工与灰土工合并,并配备一部分壮工做灰土工。经过一个月左右的时间,已有16个小组的204名瓦工学会抹灰。在劳动效率方面,大部分已达到了70%~90%,有的已经达到了定额。①

(三)动员家庭妇女、中学生劳动

为解决男劳动力的不足,特别是壮工的不足,动员城市家庭妇女参加劳动也成为增加劳动力的一种办法。动员妇女劳动力,其目的不但是要做到在城市中"家家无闲人,人人有事做",更主要的目的还在于"抽梁换柱",即用妇女代替轻工业或商业中的青壮年,替换下来的青壮年就可以投入需要青壮年的工业特别是重工业生产岗位。"许多从家务中解放出来的妇女到轻工业、商业、服务业工作后,代替和换出大批的男劳动力支援了工业建设。"② 当时使用妇女劳动力的主要形式就是家庭工制度。

1. 家庭工制度的推行

家庭工制度是一种比较灵活的用工制度,适合于一些特殊的行业,主要是带有手工业性质的日用消费品,如玩具、地毯等。当时实行的家庭工制度,是按辖区组织闲散家庭劳动力。街道办事处将所辖范围内的居民中有家庭拖累、生活困难、要求工作而又不宜长期就业的妇女劳动力组织起来,按居民委员会编成若干生产小组,由办事处与厂方签订合同,进行加工协助。有条件的小组集中生产,条件不足的由组员带活回家去做,由厂方指派技工进行技术指导与产品质量检查。当时给玩具厂加工的共200多人,分布在该厂附近的宣武区3个街道办事处。家庭工制度的优点是:工厂遇到任务大、时间急的时候,生产组可以根据需要情况,即刻调整力量,多动员些人投入生产;活不多时,组员就在家料理家务,不取工资,可给国家节省很多开支。玩具厂厂房极其狭窄,设备很简陋。如果按生产需要大量增加固定工人的话,车间根本无法容纳他们从事生产;增加了固定工人,还必须相应地增加剪刀、缝纫机、工作台等生产工具,劳保福利、婴儿哺乳室、食堂、医务室以及管理人员等都需要增加。采

---

① 江平. 技工一身数艺,壮工"放下扁担",劳动力何患不足[J]. 劳动,1958(12):27-28.

② 北京市劳动局. 关于1958年劳动力调配工作的报告[A]. 1959年1月5日. 北京市档案馆藏. 档案号:110-001-00967.

用家庭工的办法，就不存在这些问题。厂方只需跟街道办事处订立合同，提出交活日期和质量要求，工资统一交街道办事处来分配。①

家庭工制度得到了劳动部门的赞扬与鼓励。《劳动》杂志就认为："北京玩具厂的经验不但具有巨大的现实意义，还向我们启示了将来，值得引起大家的重视。"劳动部门还认为这是一种"抽梁换柱"、合理使用劳动力的好办法。"如果能够把家庭妇女从家务劳动中解放出来，组织她们去从事这些生产劳动，把现在从事这些劳动的青壮年替换下来，投入极需要他们的生产岗位上去，当前劳动力的紧张情况就会大大地缓和。"②

用人单位对家庭妇女劳动力的利用尝试，使得劳动部门必然会进一步鼓励、动员妇女走出家庭，参加劳动。《劳动》杂志于1958年第15期连续发表了几篇论述解放妇女劳动力，动员妇女参加劳动生产的文章。先是刊发了《列宁论解放妇女劳动力》《毛主席论解放妇女劳动力》等文章，为妇女参加劳动提出了理论上、政治上的根据。然后是劳动部部长马文瑞号召《进一步地解放妇女劳动力》。同时通过报道营造出妇女参加劳动具有普遍性、方向性的舆论氛围，如《无穷的劳动潜力！——全国十多个城市组织家庭妇女和闲散居民参加生产》。接着是妇女劳动力使用工作中的积极典型示范，以具体的实例传播了妇女是如何参加劳动生产的，如《解放思想，妇女大办地方工业》，这样就营造出了妇女走出家庭，参加劳动生产的舆论氛围。

但是动员家庭妇女参加劳动必须面对妇女家务如何处理的问题。一些有家务束缚的妇女无法安心参加工作。根据北京市宣武区一个试点商场的材料，在30名参加商场售货的家庭妇女中，有子女牵挂的人要占到70%左右。其中，有的人对于照顾子女的问题没有切实地做好安排，工作情绪便受到一定影响。她们说是"身在守柜台，心里惦着家"。为了能使家庭妇女彻底摆脱家务的"拖累"，当时还尝试"使家务劳动合作化、集体化，把分散的家务劳动改变为集中的社会事业"，是"真正能使妇女摆脱家务劳动的广阔道路"。集体性的服务事业主要是公共食堂、托儿站、缝纫、洗衣和制鞋组等，受到群众，尤其是妇女的欢迎。③

2. 动员效果

1958年北京市通过解放妇女劳动力和充分挖掘社会闲散劳动力解决了6万

---

① 顾博彧. 北京玩具厂实行家庭工制度 [J]. 劳动, 1958（14）：9.
② 信开. 应该充分利用社会劳动潜力 [J]. 劳动, 1958（14）：9.
③ 唐功烈，张家庆. 关于吸收城市家庭妇女参加商业劳动的几个问题 [J]. 劳动, 1958（19）：10-12.

人的就业。这部分人90%以上是妇女,大都不能适应工业生产的需要。北京市从商业、饮食业、服务业以及轻工业等能够用女工的部门用女工顶替男性青壮年,把男性青壮年置换出来供应工业部门的需要。①

1958年开始,北京市为了迎接新中国成立十周年,使首都建设一新,动员了大批的街道居民,投入这些工程中。这些人大部分是无业的街道居民,其中以女性为主。"北京市在今年10月初动员组织了14 000多名街道居民,组成劳动大军开赴京郊周口店、门头沟、昌平、海淀、丰台等地挖石子。北京市在9月20日就在市委和市人委的统一领导下成立了市劳动力指挥部。各区劳动力指挥部由市劳动力指挥部直接指挥。"②

在人人参与劳动的氛围下,再加上壮年男性劳动力基本被投入工业生产后,一些在街道、家庭的妇女及闲散劳动力也尽可能地被组织起来,参与一些生活服务性劳动,以弥补服务性劳动力的不足。他们主要从事食堂、浴室、理发、托儿、洗衣缝纫、开水供应等生活服务。据劳动部门统计,北京市各区(通州、丰台、朝阳、海淀、宣武、西城、东城、崇文)街道组织居民参与服务性劳动的人数及项目情况如表3-4所示。

---

① 北京市劳动局. 北京市1959年度劳动工资计划草案 [A]. 1958年10月28日. 北京市档案馆藏. 档案号:110-001-01072.
② 首都街道居民组成劳动大军 [J]. 劳动,1958(22):25.

第三章 "大跃进"时期北京市的统一调配就业制度（1958—1960）

表3-4 居民组织服务性事业情况统计表①

项目	总数	食堂	浴堂	理发点	服务站	开水站	托儿站（所）	幼儿班	其他儿童组织	洗衣组	缝纫组	卖茶	其他
一	10 214	388	53	330	853	126	637	1095	6171	470	14	1	76
二	23 412	1769	107	716	5444	354	2609	2236	3888	2685	291	3	3310
三	—	11 205	—	—	—	—	13 390	54 349	94 279	—	—	—	—

注："一"为项目个数；"二"为服务人员数；"三"为服务对象数。

① 北京市劳动局. 居民组织服务性事业情况统计表[A].1958年7月20日. 北京市档案馆藏. 档案号：110-001-00966.

（四）加强劳动力调查组织工作

"大跃进"需要大量的劳动力，劳动部门因而加大了对北京市劳动力资源的调查与掌握工作，尽量做到"摸清家底，心中有数"，以便随时调用。北京市劳动局规定：本市无业求职人员的情况，由各区县劳动部门负责掌握，每月将其变动情况做出统计报送劳动局。① 各区将本区内的求职人员进行了调查，列明这些人的离职原因、政治成分、历史问题，以便劳动部门调用。如表3-5为劳动部门调查的西城区二龙路地区求职人员登记表，较详细地列明了求职人员的各类信息。

---

① 北京市劳动局关于本市劳动力资源的掌握和管理的意见（草案）[A]. 1959年11月30日. 北京市档案馆藏. 档案号：110-001-01069.

第三章 "大跃进"时期北京市的统一调配就业制度（1958—1960）

表3-5 求职人员的来源调查分析表①

	总计	小计	因病退职	因家累退职	自愿退职	因病离职	因家累离职	自动离职	开除	劳改释放	右派清洗	伪军警	被取缔的无照摊贩	在业的三轮工人	合同期满临时工	农民	其他	小计（没做过工作的）	因生活困难求职	因病退学	其他原因退学	学校开除	劳动教养	家庭妇女	毕业生
总计	267	124	3	5	21	7	8	20	9	5	2	4	2	1	16	1	18	143	9	6	22	1	1	56	48
男	123	87	2	—	10	6	—	15	9	5	2	4	2	1	13	1	15	36	9	6	1	1	—	—	19
女	144	37	1	5	11	1	8	5	—	—	—	—	—	—	3	—	3	107	—	—	21	—	1	56	29
一 男	30	29	1	—	5	—	4	5	4	2	—	—	—	—	3	1	5	1	—	—	1	—	1	—	—
女	4	4	—	—	—	—	—	—	—	—	—	—	—	—	—	—	—	—	—	—	—	—	—	—	—
二 男	42	7	1	—	1	1	—	—	1	1	1	—	—	—	4	—	—	35	9	6	—	—	—	—	19
女	101	16	—	—	10	—	—	5	—	—	—	—	—	—	—	—	1	85	—	—	18	1	—	37	29
三 男	11	11	1	—	1	—	—	—	—	—	—	4	—	5	1	—	9	—	—	—	—	—	—	—	—
女	—	—	—	—	—	—	—	—	—	—	—	—	—	—	—	—	—	—	—	—	—	—	—	—	—
四 男	40	40	—	—	3	6	—	9	2	1	1	—	—	—	1	—	2	—	—	—	—	—	—	—	—
女	39	17	1	5	1	—	4	—	—	—	—	—	—	—	3	—	—	22	—	—	3	—	—	19	—

注："一"为技术工；"二"为学徒工；"三"为杂工；"四"为其他。

---

① 北京市劳动局.西城区二龙路求职人员的来源调查分析表[A].1958年9月10日.北京市档案馆藏.档案号：110-001-00966.

另一份统计表（表3-6）则详细列明了各类求职人员的技术工种，方便了各种技术力量的调配。

表 3-6　北京市 1958 年 9 月 5 日至 9 日求职登记人员分类统计表①

类别	登记总人数			徒工			壮工	技术工人				
								司机			机械技工	
	合计	男	女	小计	男	女	小计	男	女	男	女
合计	13154	4756	8398	8552	2002	6550	608	1080	168	3	126	30

类别	技术工人				炊事员	锅炉工	采煤工	其他		
	艺术工人		其他技工					小计	男	女
	男	女	男	女						
合计	44	88	169	89	163	177	23	2914	1276	1638

此外，劳动部门还对各类人员的掌握做出具体分工，以便能最大程度地做到"心中有数"。北京市劳动局规定：对于已经参加街道生产和工作的人员，其中凡适合到国营企业工作，而不影响街道生产的，能够抽调或顶换出来的人员，由区劳动部门负责掌握，每季统计报送。企业、事业单位的编余职工（不包括丧失能力的老病残人员）或在职职工使用不当，并在本系统内部无法调整的人员，随时将情况报送劳动局。建筑、市政单位遇有临时窝工，在本系统内无法调剂解决的，随时报给劳动局。

北京市郊区农业剩余劳动力和各人民公社向外揽活的副业生产队的劳动力情况，由郊区县劳动部门随时将情况报给劳动局。

北京市劳动局规定：城市中不能升学、年龄在 13 周岁以上的学生，或由于家庭生活困难等要求工作的，由市区县教育部门负责掌握，报劳动部门统一安排工作。复员和转业军人的情况，由民政部门负责掌握，定期统一报送劳动局。收容人员由收容单位随时统计报劳动局；凡本市教养人员，需要安排工作时，由公安部门统计报送劳动局。②

在"大跃进"形势下，劳动部门抽调服务业劳动力是必然的，因而在劳动力资源调查中必然会涉及对服务性行业从业人员的调查，为调出做准备。如劳

---

① 北京市劳动局．北京市一九五八年九月五日至九日求职登记人员分类统计表［A］．1958 年 9 月 10 日．北京市档案馆藏．档案号：110-001-00966．
② 北京市劳动局关于本市劳动力资源的掌握和管理的意见（草案）［A］．1959 年 11 月 30 日．北京市档案馆藏．档案号：110-001-01069．

动部门对西单商场职工调查分析表明，1958年9月时，西单商场职工总数587人，其中管理人员176人，售货员411人。① 据此，劳动部门认为服务业还有抽出劳动力支援工业的潜力。

第三节 "大跃进"时期北京市统一调配就业制度的效果与问题

"大跃进"时期，通过统一调配就业制度，劳动部门为工业生产调配了大量的劳动力，北京市的就业率再次提升，劳动力供不应求。统一调配就业制度的放宽，也使得之前受到严格限制的劳动力自发流动重新活跃起来，在职工人跳厂、离职等现象增多，大量的农村劳动力也涌入城市。"大跃进"形势下统一调配就业制度调整也带来了一系列的问题，首先是招收了过多的劳动力，劳动力在行业之间的投入比例也进一步失衡，用人单位的"本位主义"也越发明显，职工生产效率有所下降，等等。

一、实施效果

（一）就业率创新高

"大跃进"初期，城市劳动力处于紧张状态，供不应求。1958年全国新增职工中，由手工业、小商贩转化的人员有327万人；由国家分配的复员军人和毕业的学生有93万人；从社会上招收了1650万人（其中从农村招收了1104万人，从城市招收了557万人），不但城市原有劳动力基本被抢光，还从农村招用了1000多万劳动力。如图3-2所示。

---

① 北京市劳动局. 对西单商场职工调查分析［A］. 1958年9月15日. 北京市档案馆藏. 档案号：110-001-00966.

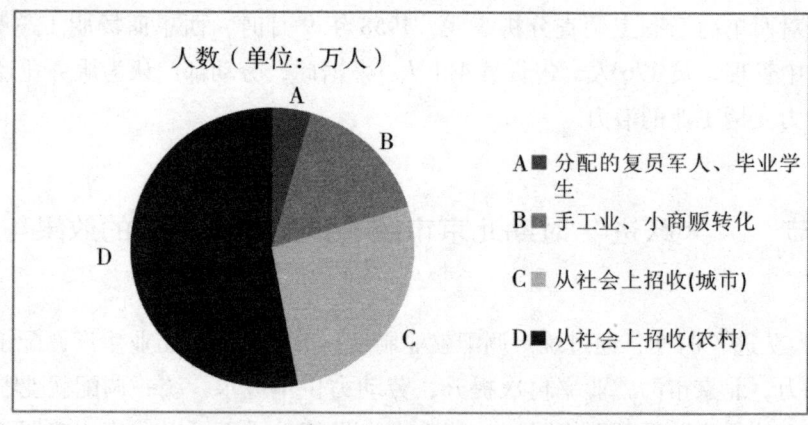

图3-2　1958年全国新增职工来源图示①

资料来源：马文瑞.马文瑞部长在全国劳动工资计划会议上的发言（记录稿）[A].1959年3月12日.北京市档案馆藏.档案号：110-001-01077.

"大跃进"导致的扩招劳动力，极大地提升了北京市的就业率。这里依据统计资料，按照第二章第三节的测算办法，估算了"大跃进"期间北京市城市人口的就业率，并列入1957年、1961年数据，以资对照。

表3-7：北京市1957—1961年城市就业率估算表②

年份	1957年	1958年	1959年	1960年	1961年
城市在业人口	1 211 737	1 653 620	1 795 501	1 904 035	1 670 368
国内标准劳动力人口	2 199 203	3 406 570	3 596 954	3 833 149	3 684 795
常住人口中非农业人口所占比例（%）	79.9	55.4	59.6	62.2	60.2
国内标准劳动力人口（城市）	1 757 163	1 887 240	2 143 785	2 384 219	2 218 247
非农业人口就业率（%）	68.96	87.62	83.75	79.86	75.30

---

① 马文瑞.马文瑞部长在全国劳动工资计划会议上的发言（记录稿）[A].1959年3月12日.北京市档案馆藏.档案号：110-001-01077.

② 城市在业人口数据、国内标准劳动力人口数据以及常住人口中非农业人口比例的计算数据分别来自：北京市统计局.北京四十年：社会经济统计资料[M].北京：中国统计出版社，1990.

<<< 第三章 "大跃进"时期北京市的统一调配就业制度(1958—1960)

"大跃进"前后北京市就业率在1958年达到最高点（87.62%）后，接下来的三年一路平稳下滑。如图3-3所示。

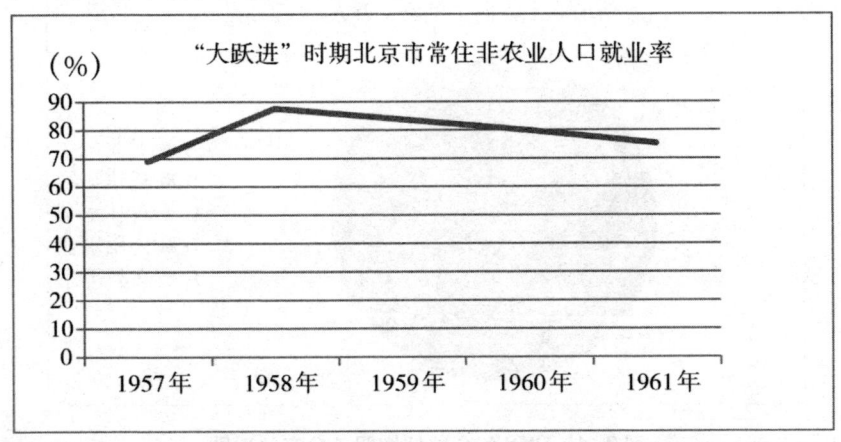

图3-3 "大跃进"时期北京市常住非农业人口就业率变动趋势图①

（二）为工业战线投入了大量的劳动力

"大跃进"时期的劳动力调配，将大量的劳动力资源投向了工业，主要是重工业。在招工政策放宽的影响下，1958年下半年开始，职工人数随即开始急剧膨胀。1958年全国共增加职工2082万人。② 工业方面去年工业总产值增长72.4%。而人员按年末数算增加了2倍多。③ 另据学者研究，全国职工人数1958年年末增加了2083万人，相当于前8年增加职工人数总和的1.2倍。1959年1月中共中央发布通知停止招收新职工和临时工转正，但收效甚微。3年的经济冒进，职工总人数达到5969万人。④ 就全国情况来讲，1958年新增职工在各部门的分布状况是：工业、基本建设和交通运输部门共为2022万人（其中工业部门1571万人，增加两倍多；基建部门365万人，增加1倍多）；农林水利部门82万人；公用事业部门3.8万人；文教卫生部门50万人。此外，商业、金融、国家机关反而还减少了75.8万人，如图3-4所示。⑤ 可见，新增加的工人大部分

---

① 根据表3-7数据绘制。
② 马文瑞. 马文瑞部长在全国劳动工资计划会议上的发言（记录稿）[A]. 1959年3月12日. 北京市档案馆藏. 档案号：110-001-01077.
③ 马文瑞. 马文瑞部长在全国劳动工资计划会议上的发言（记录稿）[A]. 1959年3月12日. 北京市档案馆藏. 档案号：110-001-01077.
④ 路遇. 新中国人口五十年：下[M]. 北京：中国人口出版社，2004：867.
⑤ 马文瑞. 马文瑞部长在全国劳动工资计划会议上的发言（记录稿）[A]. 1959年3月12日. 北京市档案馆藏. 档案号：110-001-01077.

都流入了工业部门。

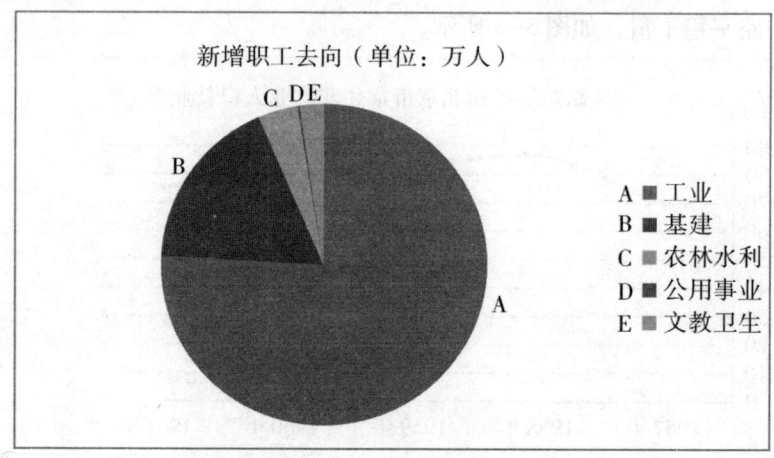

图3-4 1958年全国新增职工分布状况图

1958年年底，北京市劳动力配置比例及增长，按国民经济各部门分配的情况是：1958年全市工业、交通运输业和建筑业等共增加职工31.2万人，其中工业就增加了20.7万人，比原有人数增加56.2%，建筑增加7.3万人，比原有人数增长47.4%。①

另一份文件中的资料与以上数据基本吻合：北京市工业部门1957年年底为366 000人，1958年年底为578 000人，增加212 000人（其中学徒工124 000人），增加了58%，在212 000人中，从其他部门调剂来33 000人，故实际增加了179 000人。②

如表3-8所示，从1957年到1960年北京市职工总数从703 789人，增加到1 343 317人，增幅达91%。这还不包括集体所有制企业单位增加的人员，集体所有制企业单位在"大跃进"时期增加的人数也不少。③

---

① 中共北京市委党史研究室，北京市档案馆．北京市重要文献选编（1959）[M]．北京：中国档案出版社，2003：295．
② 北京市劳动局．本局对劳动力使用情况和对特殊钢厂等五个单位的典型调查材料 [A]．1959年2月2日．北京市档案馆藏．档案号：110-001-01067．
③ 北京市劳动局．关于本市精简工作情况和对安置大、专、中毕业学生就业等若干问题的意见的报告附表 [A]．1963年8月4日．北京市档案馆藏．档案号：110-001-01460．

表 3-8　北京市 1957 年与 1960 年国民经济各部门职工人数变化情况（不包括集体所有制）

	1957 年	1960 年	增长率（%）
总计	703 789	1 343 317	91
中央	187 842	449 886	140
地方	515 947	893 431	73
工业	243 549	539 805	122
基建	90 732	266 563	194
交通运输	43 577	74 922	72
公用事业	24 551	29 766	21
农林水气	8987	19 320	115
文教卫生	110 255	193 236	75
商饮服	137 074	163 331	19
金融	6616	5581	-16
机关	38 448	50 793	32

由表 3-8 可见，工业部门职工增加了 122%，绝对数增加了 296256 人，增加数超过原有职工数的 1 倍多，与工业部门密切相关的基建工人也增加了 194%。

（三）劳动力流动性加大

"大跃进"时期统一调配就业制度的一度放宽，形成了事实上的劳动力市场，大大增加了劳动力自发流动的机会。这表现在两方面：一是在职工人流动性增加，"挖工、跳厂"现象增多，二是农村劳动力大量流入城市。

1. 在职工人的流动。在职工人的流动性增加主要表现在一些工人从中央企业、市属企业跳往待遇更好的区办工厂、街道办工厂，从大城市跳到了小城市。如 1958 年 11 月 29 日劳动部报告："今夏以来，私招乱雇以及由此引起的劳动力大量流动的情况仍然继续发展。""最主要的手段，还是在工资福利待遇和个人的生活享受方面，拉拢被挖招的人员。有些学徒被挖走后，一下就提为三四级工，收入倍增数倍。此外，还有用发搬迁费、准带家属进厂工作等手段来进行拉拢的。"劳动部认为："这种制造劳动力自由市场的'邪门'，与有计划地调配劳动力的方针背道而驰，弊害甚大。"① 可见"大跃进"初期劳动力的紧张形势，无疑抬高了工人，特别是熟练工人的身价。一些地方工厂、单位想方设法挖用大厂、老厂的工人，条件无非就是提高工资待遇级别以及发放安家费，解决家属问题、住房问题等优厚待遇，这当然会促使部分工人跳厂。

如北京市模具厂工人王××等2人，跳厂到了西长安街公社仪器厂，"模具厂多次联系要将跳厂工人领回，但该厂借口工人不愿回厂，而拖延不处理"。崇文玻璃厂在职工人安××也是被拉用、跳厂到中苏友好社北京玻璃厂，经原厂发现后于4月领回，但不愿上班。"中苏友好社玻璃厂趁工人回厂后不愿上班之际，又以高工资拉回。"再如工人白××，系西长安街公社仪器厂从第一机床厂拉来，原厂同意不要了，但是仍保留了跳厂后的高工资，"原厂虽同意不要了，但高工资没降下来"②。上述几起工人跳厂事例说明，当时有部分工人追求更高的待遇。

1960年4月21日北京市委布置各区检查私招和拉用在职工人后，4个城区在区委书记亲自领导下，会同公安、监察部门一起检查，进度较快，共检查出私招5236人，挖用559人（其中街道私招740人，拉工531人）。③ 这也说明了"大跃进"时期非正式劳动力市场的存在。

从这些工人流动的趋向看，我们发现一些工人追求的就业层次与就业倾向出现了多样化。由之前的追求进大厂、老厂、中央大企业、重工业企业，转而向级别较低的地方工厂、街道工厂流动。上述很多跳厂工人的去向就以街道办工厂为主。这是因为"大跃进"时期各街道兴办工厂一拥而上，迫切需用大量的工人，特别是技术工人、熟练工人。厂方也允诺提供更好的待遇，因而这些青年工人、徒工跳往街道工厂的较多。这些工人能够流动，原因还在于"大跃进"时期统一调配就业制度的一度放宽，导致事实上形成了劳动力市场，当然他们也要承受劳动部门检查的风险。

2. 农村劳动力流入

劳动力流动性增大的第二个表现就是大量的农村劳动力进入城市工作。尽

---

① 中国社会科学院，中央档案馆. 中华人民共和国经济档案资料选（1958—1965）：劳动就业和收入分配卷［M］. 北京：中国财政经济出版社，2011：168.
② 1959年企业单位开除职工情况［A］. 劳动情况，1960（18）. 北京市档案馆藏. 档案号：110-001-01108.
③ 北京市劳动局党组. 关于市政工程局等单位私招外地农民情况和处理意见的报告［A］. 1960年2月17日. 北京市档案馆藏. 档案号：110-001-01088.

<<< 第三章 "大跃进"时期北京市的统一调配就业制度（1958—1960）

管劳动部门仍然时常检查私招，但是在劳动力短缺的背景下，力度有所减弱，对外来劳动力抱有"先用着"的态度，这就导致大量的农村劳动力进入城市工作。

市政工程局所属各公司和轴承厂等单位，在春节前后，利用工人春节回家的机会，布置工人大量串通农民来京工作。从1960年1月20日至2月3日，市政工程局所属各单位共登记的农民达5810人，轴承厂登记了1500多人。市政工程局劳动科长刘××，曾在各公司劳动科长会议上布置，各公司可以利用工人春节回家的机会，带一些人来京工作。该局已经登记了5810人，其中河北的4746人，本市郊区农民150人。轴承厂以技工学校招生名义，私自公开登记招收人员，自2月5日至8日4天时间，共登记了1500多人。其中70%以上系外省农民。①

据北京市劳动局党组报告：前述在丰沙线、建筑材料工业局组织劳动的外来流动劳动力，共约7500人，从9月5日至21日，共送走5565人，尚有1950人留在丰沙线和北京铁路局办事处参加劳动，其中有1000人已经报上了户口。北京市劳动局认为，人就不遣送了。② 这1000名外省劳动力得以留在北京工作。

还有河北省来京后最后一批遣返的2000名学生，成为这一批学生中少数有机遇者。"河北省来京的学生共计22 000人，已经送走20 000人，其中集体送走的15 000人，自己走的5000人。剩余的2000人中，有已经带来户口的500余人，调节器厂已经送到西安培训376人。我们（指劳动局）认为这些人可以不送。"③

当时只要留在了北京，即使是临时工，在衣食上至少都是有保障的。北京市从1960年1月25日到8月7日，"共收容山东、河南等省'盲流'农民1.3万人，分配到石钢煤矿、建工局等单位当临时工。从本市劳动力缺乏的情况看来，这些人大部分不能送走"。但这些人绝大多数没有带棉衣、被子。只有约10%的人能设法从家里寄来布票或衣被，有10%的人带了被子或者有一件棉袄（或棉裤）。按规定，这些人报上集体户口以后，可以发给15市尺（500厘米）布票、一斤棉花，约等于一件棉袄（或棉裤），这样，还有80%的人缺一件棉袄

---

① 北京市劳动局党组. 关于市政工程局等单位私招外地农民情况和处理意见的报告 [A]. 1960年2月17日. 北京市档案馆藏. 档案号：110-001-01088.
② 北京市劳动局党组. 关于河北省盲流和学生处理情况的报告 [A]. 1960年9月26日. 北京市档案馆藏. 档案号：110-001-01088.
③ 北京市劳动局党组. 关于河北省盲流和学生处理情况的报告 [A]. 1960年9月26日. 北京市档案馆藏. 档案号：110-001-01088.

（或棉裤）和被子。所以要求留下的人每人平均补助布票10市尺（约333厘米）（连同报户口应发的15尺（500厘米），共25市尺（约833厘米）），棉花2斤。由各单位统一掌握，不发给本人。请示结果获批同意。①

可见，北京市还是基本上保障了这批人过冬的需要。政府的这种责任心，对部分成功进入者无疑是很好的，北京市提供的这批最基本的过冬保障物资，对其他农村人口来说，都是很大的福利，这种待遇无疑刺激了其他劳动力来京的热情。

二、存在的问题

（一）劳动力投入比例失衡

1. 劳动力过于集中工业

统一调配就业制度为工业部门的跃进投入了大量的劳动力，这也就意味着存在着劳动力投入比例失衡的问题。从下表可见，工业部门新增劳动力增长率为122%，基建为194%，远远超过了公用事业、商业饮食业和服务业，而金融业职工甚至还减少了16%，如表3-9所示。

表3-9 北京市1957年、1960年国民经济各部门（中央与地方）职工人数及比例（不包括集体所有制）②

	1957年	占比（%）	1960年	占比（%）	增长率（%）	占比增长（百分点）
总计	703 789	100	1 343 317	100	91	—
工业	243 549	34.60	539 805	40.18	122	5.58
基建	90 732	12.89	266 563	19.84	194	6.95
交通运输	43 577	6.19	74 922	5.58	72	-0.61
公用事业	24 551	3.49	29 766	2.22	21	-1.27
农林水气	8987	1.28	19 320	1.44	115	0.16

---

① 北京市劳动局党组.关于解决山东、河南等省盲流农民冬衣问题的请示［A］.1960年9月13日.北京市档案馆藏.档案号：110-0010-01088.

② 根据北京市劳动局.关于本市精简工作情况和对安置大、专、中毕业学生就业等若干问题的意见的报告附表计算［A］.1963年8月4日.北京市档案馆藏.档案号：110-001-01460.

续表

	1957年	占比（%）	1960年	占比（%）	增长率（%）	占比增长（百分点）
文教卫生	110 255	15.67	193 236	14.38	75	-1.29
商饮服	137 074	19.48	163 331	12.16	19	-7.32
金融	6616	0.94	5581	0.42	-16	-0.52
机关	38 448	5.46	50 793	3.78	32	-1.68

从上表可见，从1957年至1960年，北京市工业、基建部门职工数量占国民经济各部门职工总数百分比达47.5%的情况下，至1960年占比又分别增长了5.58个百分点和6.95个百分点，合计共达60.03%。而公用事业、文教卫生、机关等的职工比例出现了显著下降，特别是商业饮食服务业的占比下滑了7个多百分点。

再据另一份表格（表3-10）的数据，也可看出工业、基建职工在北京市总职工队伍中所占比例也是高达54%。商业饮食服务业从业人员所占比例为略微超过10%。①

表3-10 北京市1960年国家职工（中央与地方）分部门统计表

部门		人数	占比（%）
全市总计		1 560 531	100
工业（包括筹建）		550 422	35.27
基建	总计	300 750	19.27
	中央	135 090	
	地方	165 660	
交通邮电		92 535	5.93
公用事业		15 174	0.97
商业饮食服务金融业		171 464	10.99

---

① 根据北京市精简办公室. 北京市全市国家职工分部门统计表（1962年7月）计算［A］. 北京市档案馆藏. 档案号：110-001-01362.

续表

部门		人数	占比（%）
文教卫生科研	总计	291 975	18.71
	中央	175 909	
	地方	116 066	
农林水利气象		20 551	1.32
机关党派团体		117 660	7.54

那么这些增加的人员是不是都有必要呢？一些工厂事例显示，可能相当多的企业出现了多招用劳动力的现象。如特殊钢厂第一炼钢车间先开二套转炉，配备工人1220人，现在由于技术设备条件差，每套转炉需要506人，加上必要的辅助人员，也只需要1044人，仍然多出176人。如果按冶金部定员标准，则现有人员开3套还有余。清河制呢厂第二车间共有920人，其中细纱工段280人（内学徒工52人），现有细纱机17台（经常开的15~16台），按老工人每人看400个纱锭，每班需挡车工18人，落纱工8人，3班共78人，另加预备工6人，共84人。现该工段实有134人，其中老工人94人（挡车工74人，落纱工20人），新徒工40人，多配备50人。再如，第一机床厂锻铆车间共有15盘炉，4台气锤，按每盘炉配备4人，每台气锤3人，共计为72人，现实有122人，多配备50人。① 北京市劳动局也认为，"像这种因为人多了就不算细账的现象，是带有普遍性的"。有的干部存在着增产必须增人，人少完不成任务的保守思想。②

不但新增劳动力主要投入工业，特别是重工业部门，而且机关事业单位、轻工业、商业服务业部门的劳动力也被调剂到重工业部门，导致后勤服务、人民生活都成问题。如一些学校由于青年厨师、勤杂工被大量抽调去参加工业跃进，结果导致吃饭都成问题。北京市教育局在1959年上报，要求解决厨工266人，勤杂工274人，并称，"由于上述缺额造成有些学校校长、教职员、学生不得不轮流下厨做饭，我们认为长此下去会影响教育质量的提高"。而造成缺额的主要原因之一是"原有学校中的青年厨工及勤杂工，几次支援工业后的缺额未

---

① 本局对劳动力使用情况及对特殊钢厂等五个单位的典型调查材料［A］.1959年2月2日.北京市档案馆藏.档案号：110-001-01067.
② 北京市劳动局.关于第一机床厂等五个单位1958年增加人员和劳动力使用情况的调查报告［A］.1959年4月11日.北京市档案馆藏.档案号：110-001-01067.

能补充"①。

市政环卫工人的缺乏也导致群众反映意见。"全市环卫系统职工人数，1957年年初3825人，目前却只有3539人，两年来减少了286人，不能很好地执行定期淘粪的规定，群众反应很大。加班加点，严重影响工人的正常休息和健康。"②

2. 非熟练工人增多与生产事故

"大跃进"时期，劳动力抽调成为一种常态，加之扩招了大量的新工人，因而导致大量新工人、非熟练工人进入劳动现场，再加上一些单位对新工人也忽视安全教育，容易发生生产事故。据北京市劳动局统计，"大跃进"后的1959年工伤事故要明显高于1958年。

---

① 北京市教育局关于高师、师范、中小学、幼儿园需要厨工及勤杂工问题的请示［A］. 1959年7月21日. 北京市档案馆藏. 档案号：002-011-00062.
② 北京市公共卫生局. 关于增加清洁工人的请示［A］. 1959年7月20日. 北京市档案馆藏. 档案号：002-011-00062.

表3-11 1959年厂矿、交通运输、建筑企业重大伤亡事故与1958年比较表①

	工厂			煤矿			交通运输			建筑业			总计		
	死亡	重伤	骨折	死亡	重伤	骨折	死亡	重伤	骨折	死亡	重伤	骨折	死亡	重伤	骨折
1958年	36	64	74	26	33	115	12	6	5	13	18	71	87	121	265
1959年	68	85	86	63	51	208	12	3	0	37	42	46	180	181	340
绝对增减数（%）	88.8	31	15.9	124	54.5	80.8		-50	—	182	112	-35.2	106.8	49	28

① 北京市劳动局.1959年厂矿、交通运输、建筑企业重大伤亡事故与1958年比较表[A].北京市档案馆藏.档案号:110-001-01014.

第三章 "大跃进"时期北京市的统一调配就业制度（1958—1960）

从数据来看，工厂、煤矿及建筑业的死亡、重伤事故比1958年都有大幅度的增长。而在死亡事故里面，严重的事故发生单位多集中在钢铁、煤炭等行业单位。这反映了"大跃进"以来保证"钢元帅"而集中使用劳动力的状况，详见表3-12。

表3-12 1959年工厂企业死亡事故按行业分类表（与1958年比较）①

	建筑材料	机器及金属制品	钢铁冶炼	化学工业	电力工业	国防工业	粮食工业	国营农场	棉毛纺织	造纸工业	玻璃	酿酒食品	其他	总计
1958年	7	9	6	2	5	2	1	1	3	0	0	0	0	36
1959年	8	12	24	4	2	2	2	0		5	1	3	5	68
绝对增减数（%）	14.2	33.3	300	100	-60		100							88.8

在1959年的死亡事故中，触电死亡成为比较严重的问题，这与当时很多新工人不注意防避带电设备有关系。当时很多新工人，特别是学徒工、农村来的工人对电气设备比较陌生，防避电击的意识与知识明显欠缺，这就导致了大量的触电伤亡事故。据北京劳动局总结，1959年死亡事故中仍以触电事故及砸死事故最为严重，触电死亡22人，砸死35人，煤矿除透水一次死亡24人外，仍以冒顶事故死亡16人为最多，建筑业以人员坠落死亡16人为最多。②

"大跃进"时期广泛动员街道居民、在校中学生参加工厂劳动也增加了生产死亡事故。这些非专业人员进入劳动现场，既缺乏安全生产知识，在事故发生时也不熟悉避险知识，往往导致重大伤亡事故。如1960年2月9日上午9时30分左右，永定门外北京市火柴厂生产引火棒车间突然发生爆炸起火，造成7人死亡、2人受伤的严重事故，其中伤亡8人均为组织劳动的街道妇女以及参加劳动的第92中学学生。原因与"并未对新工人进行安全技术教育"有关。③

---

① 北京市劳动局.1959年工厂企业死亡事故按行业分类表（与1958年比较）[A].北京市档案馆藏.档案号：110-001-01014.
② 北京市劳动局.1959年死亡事故几点说明［A］.北京市档案馆藏.档案号：110-001-01014.
③ 北京市火柴厂.关于引火棒车间发生重大爆炸起火事故的分析并请给予严厉处分的报告［A］.1960年4月24日.北京市档案馆藏.档案号：110-001-01125.

3. 商业、饮食、服务行业职工数量占比过低

投入工业生产的工人比例持续增加，而市政建设、城市服务建设的工人持续减少。1957年北京市有工业职工36万人，占职工总数的29.8%，1965年增加到64万人，比重上升到36.6%，1977年发展到125万人，比重更是上升到47.2%。但是基建队伍却持续缩小，劳动效率也下降。1977年有基建队伍23.1万人，占全市职工总数的8.7%，比1952年占全市职工比重的15%下降6.3个百分点。至1978年10月调查，全市有危险房屋200万平方米，现有力量每年只能翻建10万平方米。另有抗震需加固房屋476平方米，也无力加固。① 由于劳动力投入比例的不合理，北京市的市政建设在经历了20世纪50年代的大规模改建后，市政建设发展逐渐趋于缓慢，城市基本服务设施缺乏严重。长期来看，北京市商业、饮食业、服务业从业人员并无明显增加，有些年份还出现了显著减少（见表3-13）。

表3-13 北京市各部门职工人数（包括全民、集体、街道）分析表②

单位	1949年	1952年	1957年	1965年
总计	433 399	783 630	1 211 737	1 757 728
一、工业	156 317	247 174	360 979	642 530
占比（%）	36.1	31.5	29.8	36.6
二、基建	6960	117 167	163 874	172 756
占比（%）	1.6	15.0	13.5	9.8
三、交通、运输、邮电	51 464	72 709	88 870	86120
占比（%）	11.9	9.3	7.3	5.0
四、农、林、水、汽	1234	2857	9331	68 288
占比（%）	0.3	0.4	0.8	3.9

---

① 北京市劳动局. 北京市劳动局关于城市社会结构调查的报告［A］. 1978年10月12日. 北京市档案馆藏. 档案号：110-002-00617. 见北京市档案馆. 北京档案史料（2008.4）［M］. 北京：新华出版社，2008：198-201.

② 北京市劳动局. 北京市劳动局关于城市社会结构调查的报告附表一［A］. 1978年10月12日. 北京市档案馆藏. 档案号：110-002-00617.

续表

单位	1949年	1952年	1957年	1965年
五、商、饮、服	120 960	154 257	184 612	205 798
占比（%）	27.9	19.7	15.2	11.0
六、城市公用	3153	12 465	24 551	55 639
占比（%）	0.7	1.6	2.0	3.2
七、科、教、文、卫	31 235	66 833	191 177	382 987
占比（%）	7.2	8.3	13.2	13.9
八、金融	3608	6282	9043	8071
占比（%）	0.8	0.8	0.8	0.5
九、机关、团体	37 295	75 129	122 732	123 226
占比（%）	8.6	9.6	10.0	7.0

商业销售人员持续减少。据北京市副食品商业局向市财贸办公室报告："近几年内经过几次调整精简商业人员，副食品商业职工人数逐年减少，1958年到1961年抽调出一批青壮年和老职工支援工业，一部分职工回乡参加农业生产，在1962年和1963年，又精简调整出去14 600多人（包括调整到工业系统、退出的小商小贩和退职退休人员），虽在这两年内增加了5200多名新职工，但是减的人多，增的人少""（全系统）各单位共有职工31 700人，其中纯商业人员28 700人，担负着400多万城市居民的副食品供应任务，供应人口和副食品商业人员的比例大体为130∶1"①。这就导致居民购买极不方便，排长队购买商品成为常态。

财贸系统也是网点少、队伍小，远远不能适应人民生活需要。1949年财贸职工占职工总数的27.9%，1957年下降为15.2%，1965年又下降到11%。②

---

① 北京市副食品商业局. 关于当前副食品商业人员情况和1964年增加人员的意见 [A]. 1963年10月23日. 北京市档案馆. 档案号: 119-001-00896.
② 北京市劳动局. 北京市劳动局关于城市社会结构调查的报告 [A]. 1978年10月12日. 北京市档案馆藏. 档案号: 110-002-00617.
北京市档案馆. 北京档案史料（2008.4）[M]. 北京：新华出版社，2008: 198-201.

在服务性行业人员减少的同时，政府也有计划地将服务业网点撤并减少，以压缩服务业职工人数。据北京市人民委员会的报告，1958年北京市7个区计划撤并商业网点2194户，至该年5月底已经撤并1589户，完成了72.4%。①

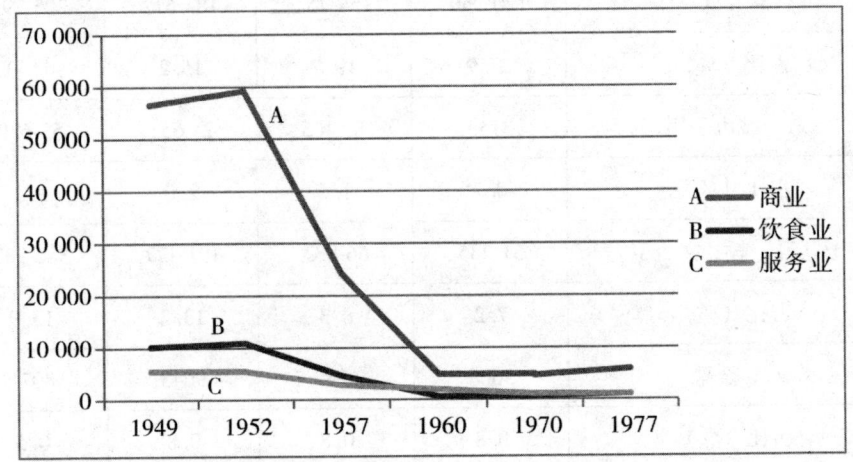

图3-5　历年北京市城区和近郊区商业、饮食业、服务业营业网点变动图②

注：1987年以前城区和近郊区包括东城、西城、崇文、宣武、朝阳、海淀、丰台、石景山、门头沟、燕山（石化）区。

1949年北京全市有商、饮、服网点7.3万个，到1977年已减少到10 524个，减少了86%。1959年平均每万城市人口拥有59个网点，平均每个网点服务对象169人。1977年平均每万城市人口拥有网点下降为13个，每个网点服务对象增加到723人。网点设置由原来的"小、密、多"，变成了"大、稀、少"，特别是饮食、服务、修理行业尤为突出。新中国成立初期，全市有大小饭馆（包括饭摊）10 200家，职工1.6万人。现在（指1977年）只有679个，职工2.1万人，平均每万人仅有一个半饭馆，每天接待顾客140万人次。职工劳动强度急剧增加，他们说："一天不出门，通州打来回。"修理业以修自行车为例，1957年有780个修车点，1977年减少到197个；修车工由1957年的平均每人要修300辆，增加到1977年的1350辆。现在还有很多地方没有修车点。修理电视、收音机及其他电器设备也很紧张。粮店问题也不少，现在全市有粮店784

---

① 中共北京市委党史研究室，北京市档案馆. 北京市重要文献选编（1958）[M]. 北京：中国档案出版社，2003：397.
② 北京市统计局. 北京四十年：社会经济统计资料 [M]. 北京：中国统计出版社，1990：352.

个，比1949年的1561个减少了一半，而且地方小，房子又老，粮食销量却有很大增加。职工吃饭没有食堂，就连上厕所、更换衣服也没地方。①

需要特别指出的是，这种零售网点减少、销售人员减少很大程度上并非劳动力不足而不得已为之，而是当时劳动就业理念在劳动力配置中的体现。如北京市劳动局就曾认为商业、饮食业及服务业"经营重复、分工过细也呈现着人力的浪费"。"如西四综合商店与西四文化用品百货商店紧紧毗邻，两店都经销百货、针织和服装。西四综合商店按业务分五大组，每组有正副组长1人，大组下面设段，每段有段长1人，除大组长兼段长外，共有组段长20人，这样的劳动组织和业务分工势必浪费这人力。"北京市劳动局还认为饮食业的工作制度应加以改进，如提倡客人自助服务，以节约劳动力。"如饭馆只要宾主协作，服务员就可以减少。西长安街食堂有服务员20人（其中9人可任厨工），他们的工作就是给顾客介绍菜饭品种、端菜端饭、算账收钱等。若用大字报形式介绍菜饭品种，同时改为顾客买牌自取制，留下几个服务员即可完成任务。其余特别是9名厨工均可调出支援工业建设。"② 可见，尽量压缩服务行业从业人员是当时劳动部门配置劳动力的理念。

（二）用工单位的"本位主义"问题

频繁的劳动力抽调必然影响企业生产，在"大跃进"的形势下，各单位都需要"跃进"，劳动力成为稀缺资源。各单位都倾向于多增加职工，少调出或不调出职工，这种现象当时被劳动部门批评为"本位主义"，是不符合共产主义精神的。本位主义主要表现在以下四方面。

1. 虚报用工量，浮用职工

"大跃进"时期一些单位存在浮用职工，不精打细算的现象。各单位囤积职工的动机在"大跃进"的形势下更为突出。根据劳动局等单位对第一机床厂、清河制呢厂、宣武机械厂、崇文区珐琅厂和第二建筑工程公司五个单位1958年劳动力招收使用情况的调查，上述五个单位1958年共招收新职工24 466人，比1957年年末人数15 576人增长了157%，但有些厂也确实招多了一些或招早了一些。企业因为对1959年的生产规模和基建项目设想较大，于是提前准备力量。看到劳动力紧缺，更怕迟了招不到人，存有"宁早毋迟"的思想。有的没

---

① 北京市劳动局. 北京市劳动局关于城市社会结构调查的报告［A］. 1978年10月12日. 北京市档案馆藏. 档案号：110-002-00617.
北京市档案馆. 北京档案史料（2008.4）［M］. 北京：新华出版社，2008：198-201.
② 北京市劳动局. 对西城区商业系统劳动力的初步调查情况［A］. 1958年11月25日. 北京市档案馆藏. 档案号：110-001-00977.

编劳动计划，有的虽编了但缺乏可靠根据，计划人数大于实际需要。如第一机床厂去年计划招收6000人，实际招收2700人，因项目削减，只扩建了重型车间，需1500人，这造成7月招收的徒工进厂后，直到10月20日还有1000多人未分配进车间，调到西山绿化的有100人。该厂干部反映，去年看到各厂都在招人，怕晚了招不到人，现在看来人多了一些。清河制呢厂原计划招收2255人，扩建项目被削减一半并推迟了工期，人员却招收了1372人，这些人进厂后有229人没有进行培训和参加车间生产，而分配到了卫星厂和干零活。宣武机械厂计划年末达到1472人，实际增到1609人，据车间主任反映，这些人可以不增加。第二建筑工程公司1958年第四季度有些工程被削减后，当时多余工人5000多人。崇文区珐琅厂去年新职工增加过多，产值虽然比1957年增长153%，而劳动生产率却比1957年下降9%。①

特殊钢厂从1958年10月投入生产就开一套炉，至12月实际最高开两套炉，但在配备人员上是按经常开两套和计划开三套炉增加的。一、二、三分厂处于半停工状态，仍给增加169人。② 北京市第二建筑公司1958年年末的职工数由1957年的8246人增加到28 349人，其中干部1700余人，占职工数6%。1958年新增加18 403人，其中组织职工家属有1634人。由于计划不周造成窝工，铸工车间瓦工一个工种窝了1100个工作日。类似窝工浪费总计有4864个工作日，占全部用工1.4%。③

生产车间不但人力配置过高，浮用劳动力，而且相当普遍地出现了非直接生产人员占比上升，特别是管理人员占比上升的现象。我们从表3-14选取的一些企业的相关数据，就可以大概了解情况。④

---

① 北京市劳动局. 关于第一机床厂等五个单位1958年增加人员和劳动力使用情况的调查报告 [A]. 1959年4月11日. 北京市档案馆藏. 档案号：110-001-01067.
② 关于了解特殊钢厂等三个企业1958年增加人员和劳动力安排使用情况报告 [A]. 1959年2月. 北京市档案馆藏. 档案号：110-001-01067.
③ 北京市第二建筑公司劳动力使用情况报告 [A]. 1959年2月. 北京市档案馆藏. 档案号：110-001-01067.
④ 北京市劳动局. 二十个国营工厂非生产人员在各时期比例表 [A]. 1961年1月4日. 档案号：110-001-001258.

表 3-14　20 个国营工厂非生产人员在各时期比例表

1958 年	职工总数合计	生产人员	占比（%）	非生产人员	占比（%）	其中管理人员	占比（%）
	122 037	103 680	84.96	18 357	15.04	10 364	8.49
石景山钢铁公司	23 558	20 216	85.81	3342	14.19	1610	6.83
京西矿务局	16420	13153	80.10	3267	19.90	1133	6.9
北京电管局	3857	2262	58.65	1595	41.35	928	24.06
北京修造厂	2096	1601	76.38	495	23.62	286	13.65
农业机械厂	4523	4098	90.60	425	9.4	287	6.35
重型电工机械厂	1045	805	77.04	240	22.96	224	21.44
1960 年（精简前）	职工总数合计	生产人员	占比（%）	非生产人员	占比（%）	其中管理人员	占比（%）
	196 065	159 079	81.14	36 986	18.86	21 658	11.05
石景山钢铁公司	53 790	44 119	82.02	9671	17.98	5314	9.88
京西矿务局	39 764	32 220	81.03	7544	18.97	2780	6.99
北京电管局	15 604	11 618	74.46	3986	25.54	2593	16.62
北京修造厂	3481	2728	78.36	753	21.64	529	15.20
农业机械厂	6520	5319	81.57	1201	18.43	652	10
重型电工机械厂	1652	1111	67.32	541	32.68	459	27.78

1958 年，这 20 个国营单位非生产人员占比为 15.4%，其中管理人员占比为 8.49%。至 1960 年，这两项数据分别上升为 18.86% 与 11.04%，而且这还是这些单位自报的数据。可见国营企业内部机构臃肿的现象逐渐发展。一方面是囤积劳动力，另一方面是虚报用工数量，希望从外单位调配来更多的职工，这种行为甚至引起了调出单位的揭发、控告。

据机电工业局调查报告，市委生产委员会张秋实同志布置，责成市劳动局给北京市冶金局抽调机修技术工人 130 名，主要配备所属特殊钢厂、大红门钢厂、沙河铁厂等厂的机修力量。市劳动局会同机电工业局对特钢、大红门钢厂需要情况进行了调查。据特殊钢厂劳动科叶科长谈，车钳工问题不大，主要需要几个铸工、铆工、铣工的高级技工。大红门钢厂，据该厂生产科刘科长谈，该厂机修主要是轧钢机维修，工作任务单纯，技术性不太复杂，来几个高级技工作指导就可以了。锻工当前不需要再配备，除了少数工种适当给予补充一般问题不大。根据这种情况已确定由全市抽调 25 人积极支援，此外，建议领导今后对类似这种情况可事先责成有关部门进行了解后再做统一安排。还有沙河劳动局已做调查，厂里只需要补充 25 个技工即可以了，但冶金局却向市委提出要抽调 130 人，实际需要与抽调数字相差 5 倍之多，还是在目前技术工人极端缺乏情况下。类似这样情况，以后请求市委生产委员会对有关部门进行严格审查。①

机电工业局认为，在目前全国"以钢为纲"及全国一盘棋的方针下，凡是保证"钢元帅"的任务一般当竭尽全力来尽量完成。冶金局不是本着尽量节约使用技术力量，需要多少补充多少的实事求是精神，而是趁此机会要大加补充，严格地讲在思想实质上是想"趁机捞一把"。还认为，大家都在支援冶金工业的时候，对某些同志可能缺乏精打细算，而夸张虚报的错误做法加以适当注意还是十分必要的。②

2. 不配合职工调出

如机电工业局在接到抽调劳动力指令后也强调自己的困难，表示难以抽调。"我局去年输送出 922 名技工，今年一季又输送出 39 名技工，我局目前紧急需要技工 336 名，所以我局技术工人当前也是相当紧张的，也是非常缺乏的。"③相似的情况也发生在电机工业局。1960 年上半年北京市劳动局拟从市电机工业局抽调 200 人支援新建企业（二三二厂、二一八厂各 100 人）。但该局向贾庭三副市长报告："经我们研究后，存在一些实际困难。"理由是根据全国在最短期间建立完整的无线电工业体系的要求和市委大力发展无线电工业的精神，我们正在拟定三年的近期发展规划，以大力改变首都无线电工业的薄弱情况，逐步消灭重要产品品种的空白点，力争尽快生产更多的尖端产品，迅速担负起中央

---

① 北京市机电工业局关于北京特殊钢厂等厂急需机修技工情况的报告［A］．1959 年 4 月 14 日．北京市档案馆藏．档案号：002-011-00062．

② 北京市机电工业局关于北京特殊钢厂等厂急需技工与实际需要情况不符的报告［A］．1959 年 4 月 22 日．北京市档案馆藏．档案号：002-011-00062．

③ 北京市机电工业局关于北京特殊钢厂等厂急需技工与实际需要情况不符的报告［A］．1959 年 4 月 22 日．北京市档案馆藏．档案号：002-011-00062．

工业下放产品的全部生产任务。目前全市正在大搞无线电工业,实际上无线电工业不是减人,而需要大批增人,故请求免于抽调。①

也有一些单位明显抵制职工调出,即便调出也是在数字、质量上"打折扣"。劳动局指出有些单位"本来可以抽出,由于对这一工作重视不够,而未按质按量、按时抽出来,如建筑材料工业局这次分配是 300 人,该局仅接受 200 人,其余 100 人根本不接受。2 月分配抽调 300 个义务兵至今未抽调一名。汽车制造厂抽调任务 300 人,该厂只安排 100 人,而且女性约占一半"②。

从上述报告的陈述可以看出,不愿抽调出劳动力的单位都强调本行业的重要性,并表示自己劳动力缺口还很大,还需要增人,不能抽调。

3. 明调实不调

还有一些单位对计划调出人员采取变通办法,明调实不调。有的单位是趁着"大跃进"时机,开展多种经营,扩大生产战线,以便留用自己的职工,有"给别人用还不如自己用"的思想。这种做法还可以计算为"抽出"的职工,这就大大刺激了一些单位开展多种经营的动力。如京西矿务局城子煤矿"生产战线较长,分散了现有力量,而且处处感到劳动力不足,如现有多种经营的生产单位陶瓷、洋灰和炼铁厂各一个,占用着人员 184 人,而且还在扩建和发展中"③。北京市第二建筑公司卫星厂工人占全公司工人总数 26 000 人的 30%,生产产品 100 余种,其中绝大部分对建筑施工的作用很显著,但也发现有些是商品性生产的工厂,如电器制造厂、石油厂、炼铝厂共占用工人 2000 人左右。这类工厂产品是拿到市场上出售的商品。劳动局认为这浪费了劳动力。"我们认为公司多种经营不能漫无边际,盲目发展,而应当和企业本身的专业统一起来。不然势必带来劳动力的紧张和浪费。"④

据北京市劳动局对光华木材厂、第一通用机械厂、北京橡胶厂和崇文五金厂四个单位的调查,这四个单位 1960 年调出人员的计划如表 3-15 所示。

---

① 北京市电机工业局党组. 关于免于抽调 200 人支援国中新建企业向天翔、庭三同志的请示 [A]. 1960 年 6 月 28 日. 北京市档案馆藏. 档案号:110-001-01089.
② 北京市劳动局党组. 关于为石景山钢铁公司等单位抽调工人情况的报告 [A]. 1959 年 5 月 26 日. 北京市档案馆藏. 档案号:110-001-00980.
③ 关于城子煤矿今年生产和劳动力的安排情况 [A]. 北京市档案馆藏. 档案号:110-001-01108.
④ 北京市劳动局. 北京市第二建筑公司劳动力使用情况报告 [A]. 1959 年 2 月. 北京市档案馆藏. 档案号:110-001-01067.

表 3-15　光华木材厂等四个单位 1960 年调出人员的计划表①

	现有人员	1960年计划调出	占现有人员比例（%）	第一季度计划调出	占现有人员比例（%）
光华木材厂	2720	400	14.82	193	7.1
第一通用机械厂	1382	208	15	140	10
橡胶厂	1818	350~450	14~24	149	7.64
崇文五金厂	624	100	16	50	7.1
合计	6544	1058~1158	16.2~16.6	532	8.1

劳动局认为，这四个单位 1960 年的抽调人员的计划指标，已达到市委原提出的 10%~20% 的要求，但是没有达到市委最近提出的 30% 的要求。第一季度抽调人员的指标均超过市委提出的 5%。然而，截至 3 月 15 日已经正式调离原工作岗位的实际情况如表 3-16 所示。

表 3-16　光华木材厂等四个单位 1960 年调出人员调离原工作岗位情况表②

	已调出人数	调出厂外	投入新车间新产品	提拔干部	脱产搞技术革命	离职开除	副业生产	转病号	其他
光华	140	9	102	3	—	4	13	5	4
第一通用机械厂	38	17	14	7					
橡胶厂	65	2	50	4	2	2			5
崇文五金厂	50	—	6		44	0			
合计	293	28	172	14	46	6	13	5	9

从表格中的调离情况来看，绝大部分并未调离原厂，真正调出厂外的仅 28 人，不到 10%。其他的所谓"调出"都是一些"掩护理由"。其中以"投入新车间新产品"的名义最多，实际就是未离厂。所以调查组也认为："这与市委提

---

① 北京市劳动局. 对光华木材厂、第一通用机械厂、北京橡胶厂和崇文五金厂等四个单位劳动力使用情况的调查 [A]. 北京市档案馆藏. 档案号：110-001-01067.
② 北京市劳动局. 对光华木材厂、第一通用机械厂、北京橡胶厂和崇文五金厂等四个单位劳动力使用情况的调查 [A]. 北京市档案馆藏. 档案号：110-001-01067.

出的从老企业老车间调出人员支援新建、扩建单位的精神是不相符合的。"①

4. 调"坏"不调好

还有一些调出单位存有"调'坏'不调好"的"本位主义"和"卸包袱"的思想。例如，从市百货公司调剂给市帆布厂的66人中，怀孕的妇女有19人，刚生完孩子的妇女有16人，患有慢性病的有5人。调入单位也同样存在着不从整体出发，强调多余人员质量差、嫌工作麻烦，不如从社会招收省心省事等"不正确"思想，因而过分挑剔，强调妇女不要、怀孕的不要、有孩子的不要等。发现上述不正确的思想认识后，我们及时地予以批判，从而使调剂工作顺利开展。②再如，1959年4月北京市委批准为石景山钢铁公司等单位抽调工人7212人。但到5月21日"仅完成任务49%。在抽调工人的身体和技术方面，有的单位也未保证质量，竟将病号或年老体弱的工人送去挖煤炼钢"③。还有的建筑公司竟把超过煤矿工人退休年龄（55岁）的57岁工人作为壮工支援煤矿。④

有的单位存在趁调配之机"卸包袱"的思想。如市政工程局五公司二工地抽调30名工人，其中16人是有病或体弱者，不能从事体力劳动。⑤劳动局面对这种情况有时也颇显无奈。除了重复呼吁"为了完成钢、煤急需的劳动力，各单位应认真检查一下执行市委决定的情况，采取有效措施，按期按质按量完成抽调任务"⑥，有时也不得不在现实面前妥协。

（三）劳动效率明显下降

"大跃进"时期一些单位大搞人海战术，劳动组织性不好，再加上计件工资制度的取消影响了工人的劳动积极性，劳动效率明显下降。劳动部部长马文瑞曾指出，1958年职工增加了两千万人，工业方面去年工业总产值增长72.4%。而人员按年末数算增加了两倍多（由原来的747万人增加到2319万人），从全

---

① 北京市劳动局. 对光华木材厂、第一通用机械厂、北京橡胶厂和崇文五金厂等四个单位劳动力使用情况的调查［A］. 北京市档案馆藏. 档案号：110-001-01067.
② 北京市劳动局调配科. 1958年调配科工作总结［A］. 1959年1月5日. 北京市档案馆藏. 档案号：110-001-00967.
③ 北京市劳动局党组. 关于为石景山钢铁公司等单位抽调工人情况的报告［A］. 1959年5月26日. 北京市档案馆藏. 档案号：110-001-00980.
④ 中共北京市委党史研究室，北京市档案馆. 北京市重要文献选编（1959）［M］. 北京：中国档案出版社，2003：298.
⑤ 北京市劳动局党组. 关于1959年第一季度劳动力调配情况的报告［A］. 1959年4月21日. 北京市档案馆藏. 档案号：110-001-00980.
⑥ 北京市劳动局党组. 关于为石景山钢铁公司等单位抽调工人情况的报告［A］. 1959年5月26日. 北京市档案馆藏. 档案号：110-001-00980.

国来看没能做到依靠劳动生产率来保证产值的增长。①

1. 劳动组织性不好

"大跃进"时期很多单位在组织生产中流行人海战术，片面注重宣传动员，追求场面壮观，但缺乏科学性，实际工作效率并不高。如北京某工地群众总结的宣传动员公式为："全体（　）总动员，大战（　）这一关，苦战（　）昼夜，保证卫星送上天。"如绑扎8米平台的钢筋，口号便是"全体（干部）总动员，大战（钢筋）这一关，苦战（三）昼夜，保证卫星送上天"。结果，干部不分男女老弱，100多人，"杨家将一齐上阵"，你挤我碰，把钢筋踩得乱七八糟，光修理就花了30多个工。北京高井电站工地从春节到4月底仅仅休息过一个周日，平时大多数工人只睡五六个小时的觉，好像加班加点越多，干劲才越足，实际导致的工人劳动状态是"干不像干，歇不像歇，人困马乏不出活"。这样形成了一种恶性循环："任务完不成就加班加点，结果人困马乏效率不高，任务就更完不成，于是越加班苦熬。"以致许多队组达不到定额，工程进度拖期，质量事故严重，返工浪费不断出现。② 可见片面强调"跃进"，不注意劳逸结合，也影响到劳动生产率。

×××钢铁公司一些单位劳动纪律松弛。有的工人在工作时间睡大觉、打扑克、话家常，甚至有些家属把孩子也带到班上来，一边哄孩子，一边做针线，因此人们称这些地方为"托儿所""幸福院"。③ 在其他企业中，一些徒工的个人主义思想浓厚，进厂后挑选工种，不愿学铸造和技术简单的工种，嫌脏、嫌累、嫌级别低、将来挣钱少的思想比较普遍。因之有些人不安心，闹情绪，不钻研技术，甚至不尊敬师傅，不遵守纪律，随意迟到早退，旷工现象也很严重④。

2. 取消计件工资制及影响

统一调配就业制度建立的目的之一，是节约工资基金，是不鼓励用物质刺激的方式来调配劳动力的，这在"大跃进"时期表现得特别明显。"大跃进"初期，随着宣传动员的开展，加之大部分企业实行的是计件工资制，工人的劳

---

① 马文瑞.马文瑞部长在全国劳动工资计划会议上的发言（记录稿）[A].1959年3月12日.北京市档案馆藏.档案号：110-001-01077.
② 中共北京市委党史研究室，北京市档案馆.北京市重要文献选编（1960）[M].北京：中国档案出版社，2004：561.
③ 中共北京市委党史研究室，北京市档案馆.北京市重要文献选编（1961）[M].北京：中国档案出版社，2005：167-168.
④ 北京市劳动局.关于第一机床厂等五个单位1958年增加人员和劳动力使用情况的调查报告[A].1959年4月11日.北京市档案馆藏.档案号：110-001-01067.

动热情大大提升。计件工资制度下,多劳多得,车间工人"交班似猛虎,分秒必争",工作热情很高。但"大跃进"开始一段时间后,大部分单位的计件工资制陆续取消。

"大跃进"开始不久,全国主要报刊就逐渐掀起"打破劳动定额与计件工资的'束缚'"的舆论。一时定额制度成了"跃进"的"对立物",奖励措施成了"资产阶级法权"。如一些文章称:"在目前的新形势下,提高劳动生产率的根本办法,已经不是什么物质利益的刺激,而是政治挂帅,做好思想工作";"再单纯用物质利益的刺激","会严重地妨碍工人群众思想觉悟的继续提高","突出强调物质刺激的计件工资制,在目前已经失去了存在的价值"①。

1958年第22期《劳动》杂志也刊发了《我们对计件工资制度的几点看法》一文,为劳动定额、计件工资下了政治结论:计件工资制是直接地、突出地体现"按劳取酬""多劳多得"原则的分配制度,是资产阶级法权的残余。② 因此,计件工资制度及定额制度的取消已是形势所逼。在北京,首先是北京钢厂铸造车间于1958年8月1日召开了全体工人大会,宣布取消计件工资制。还称,在"大跃进"的形势下,计件工资制更加对生产起着促退的作用。③

1958年9月,北京市委向中央提交了《关于取消计件工资制的情况和意见的报告》,并获批转发。北京市委认为:"片面强调物质刺激,不但不能提高工人的共产主义觉悟,不能充分地提高工人生产的积极性,反而助长了一部分工人的资本主义思想。"④ 该报告获得中央批准并转发后,全国报刊掀起了一股取消计件工资制度的舆论高潮。

北京钢厂率先取消计件工资制度后,北京市其他一些企业也在"跃进"的风潮中相继取消了计件工资制。据报道,北京九龙山仓库通过整风,把思想工作做透,"政治挂了帅,思想工作做成熟了,他们迫切地要求改计件为计时"⑤。据《劳动》杂志1958年第21期(11月上旬)的报道,"到目前为止,北京市大部实行计件的企业已经取消了计件工资制"⑥。

---

① 李震亚. 计件工资制已经过时了 [J]. 劳动, 1958 (19): 29.
② 本刊编辑部. 我们对计件工资制度的几点看法 [J]. 劳动, 1958 (22): 11-13.
③ 北京钢厂铸造车间. 共产主义思想的胜利 [J]. 劳动, 1958 (20): 31-32.
④ 中共北京市委党史研究室,北京市档案馆. 北京市重要文献选编(1958)[M]. 北京:中国档案出版社, 2003: 792-798.
⑤ 车之田. 先改思想,后改制度,水到渠成,皆大欢喜:北京九龙山仓库创造了改革工资制度的经验 [J]. 劳动, 1958 (17): 20-21.
⑥ 本刊记者. 破资产阶级法权思想,立共产主义劳动态度:全国许多企业取消了计件工资制 [J]. 劳动, 1958 (21): 19.

在取消计件工资高潮前的1958年秋季,全国全民所有制工业、基本建设、交通运输企业实行计件工资的约有350万人,占这些部门生产工人总数的40%左右。至1958年年底则有230万人取消了计件工资,1959年又有一批企业取消或停止实行计件工资。到1959年年底,全国工业企业实行计件工资制的工人占生产工人的比重下降到14.1%,建筑业中则下降到13.2%。1960年年底,国营企业实行计件工资的人数占生产工人的比例,下降到5%以下。①

取消或停止实行计件工资和奖励制以后,一般工人的收入均有所下降。如上海一些重工业企业中计件工人的收入一般要降低10%~20%,有的达30%或更多。鞍钢的老工人普遍降低了收入,据鞍钢中型厂统计,一个八级工每月减少收入28元之多,七级工减少23元多。② 北京市取消计件工资后,工人的收入状况也普遍降低。据一份调查北京市的6个单位的100名10年工龄以上老职工生活情况,总的来说,老职工本人工资从1952年到1957年有所提高,但是1957年以后基本上没有增长。"长辛店机车制造厂30名老工人,原来有19名工人是实行计件的,因为1958年以后取消了计件工资,他们本人年平均的工资1957年为1098元,1959年为1027元,下降了6.4%(去年他们中一半人还升了级,不然下降还多)。"③ 另根据北京市统计局在石景山钢铁公司、城子煤矿、长辛店机车车辆厂、清河制呢厂对19户1957年以前参加工作的老职工家庭生活的调查,职工本人收入由于取消计件等原因,1959年月平均收入为80.81元,比1957年的81.77元还降低了1.17%。④ 工资待遇的降低必然会对劳动效率产生影响。

北京××厂工人反映"给多少钱干多少钱的事""改计时也可以,生产上见"。锅炉零件组×××做弯头,过去一天做6个,小组讨论(取消计件)后第二天就降到4个。检验员问他为什么少了,他说:"改计时后还得少呢!"⑤ 再如,北京市煤建公司制煤球工人自从改计件工资为计时工资后,生产效率下降很多。为了满足需求,商业局提出要补充制煤球工人1600人。⑥ 北京市××厂工人说:

---

① 袁伦渠.中国劳动经济史[M].北京:北京经济学院出版社,1990:246-247.
② 袁伦渠.中国劳动经济史[M].北京:北京经济学院出版社,1990:248.
③ 关于老职工生活情况的调查[A].北京市档案馆藏.档案号:110-001-01108.
④ 十九户老职工生活调查[A].北京市档案馆藏.档案号:110-001-01108.
⑤ 北京钢厂铸造车间.共产主义思想的胜利[J].劳动,1958(20):31-32.
⑥ 中共北京市委党史研究室,北京市档案馆.北京市重要文献选编(1959)[M].北京:中国档案出版社,2003:196.

"使劲不使劲，最多也不过一斤高级点心钱。"①

那么外地工人取消计件后的生产效率如何呢？据辽宁一份会议简报透露，改计时后的劳动状态为：工作不紧张，工人说"干不干，两顿饭""过去交班似猛虎，分秒必争，现在是接班的到点不愿接，下班的到点就要走""对产品不爱惜，不好好保管了；教徒弟的责任心不强了；不服从领导，要求调动工作，跳厂；看病的人增多了；产量、产品质量出勤率都有下降"。②

鞍钢钢绳厂1958年11月取消计件工资后，工人出勤率只有82%，无缝钢管厂取消计件后，工人生产情绪也下降，出了事故也不想办法修理。鞍钢所属樱桃园铁矿取消计件后，1959年1月—6月掘进工人工效下降了34%，矿运工人工效下降了25%，劳动生产率比1958年同期下降9.5%。郑州市建筑公司1958年实行计件工资时，工人完成定额的120%~150%，取消计件工资后的几个月中只完成定额的50%~80%。湖南省第五建筑工程公司的工人说："干好干坏，照样拿钱""干不干一块二毛半"。阜新矿务局的情况则是："下井车等人，升井人等车，只听铁镐响，不见煤出来"③。可见，取消计件工资制还是影响了工人的劳动积极性。

"大跃进"时期统一调配制度的放宽，不但使其在运行过程中呈现"非常规"运行的特点，劳动力调剂、招收、分配计划都被打乱。尽管提升了就业率，但劳动力投入比例失衡，企业"本位主义"现象严重，劳动组织混乱、生产效率下降等问题都比较严重。随着"大跃进"的结束，统一调配就业制度必然面临着再次调整。"大跃进"时期统一调配就业制度的放宽，只是它发展中的一个插曲。任何制度都有自我强化的本能，一旦外部环境趋于正常，统一调配就业制度必然向堵塞漏洞、严格管理的方向发展。

---

① 中共北京市委党史研究室，北京市档案馆. 北京市重要文献选编（1961）[M]. 北京：中国档案出版社，2005：758-759.
② 劳动工资计划问题座谈会简报 第四号：取消计件工资后的问题 [A]. 1959年3月. 北京市档案馆藏. 档案号：110-001-01077.
③ 袁伦渠. 中国劳动经济史 [M]. 北京：北京经济学院出版社，1990：248-249.

第四章

国民经济调整时期北京市的统一调配就业制度（1961—1965）

1961年中央政府开始进行国民经济调整，采取缩短工业建设战线、精简职工和减少城镇人口的措施。统一调配就业制度也随之向严格管理方向调整。"大跃进"时期一度放宽的招工计划，在"大跃进"结束后恢复了严格计划的常态，劳动部门开始大规模地精简职工，并努力安置精简后的失业与无业人员。此外，为了应对劳动就业中出现的新问题，此时期劳动部门对统一调配就业制度进行了一些改革。第一是编制定员，核定各用人单位的编制人数；第二是加强对临时工的管理；第三是尝试"亦工亦农"劳动制度；第四是扩大妇女劳动力的使用范围。这个时期的统一调配就业制度对精简职工、压缩城市人口产生了明显的效果，也改善了就业结构的失衡问题，但也出现了一些精简不当、精简后巩固不好的问题，对招、用工的管理也走向僵化，而且解决城市新增劳动力的就业需求也越来越难。

第一节 统一调配就业制度的收紧与职工精简

在经历了"大跃进"期间一度放宽管制的插曲后，统一调配就业制度必然重新走向自我强化的轨道。为了整顿"大跃进"时期无序招工的后果，配合国民经济调整，压缩城市人口，劳动部门开始大规模地精简职工。经过努力，北京市精简了33万余名职工，并压缩了更多的城市人口。

一、压缩就业计划

（一）压缩就业计划的过程

1961年1月，国家决定实行"调整、巩固、充实、提高"的方针，国民经

第四章 国民经济调整时期北京市的统一调配就业制度（1961—1965）

济进入调整时期。当年 6 月，中央要求各地机关裁并机构，减少层次，使现有人员减少 1/3 到 1/2。并且要求企业、事业、机关、学校的职工，特别是 1958 年以来从农村来的职工，凡是能够回农村的，都要动员回农村"支援"农业生产。① 国民经济调整时期，中共中央决定三年内减少城镇人口 2000 万以上。经过努力，1961 年精简职工 798 万人，城镇人口减少 1000 多万人；1962 年精简职工 935 万人，城镇人口减少约 1200 万人；1963 年全国精简职工 100 多万人，城镇人口减少 300 多万人。②

1961 年第一阶段的精简中，主要精简对象是"大跃进"以来招录的农村劳动力，1958 年就成了一道坎。中央要求："这次精简的主要对象，是 1958 年 1 月以来参加工作的来自农村的新职工（包括临时工、合同工、学徒和正式工）""这次精简的职工，都按照离职处理，一律不用带工资下放的办法"。中央还要求"减少一个人，就必须减少一个人的粮食，减少一个人的工资"③。经中央督促，1961 年 7 月全国各省、区、市初步计划精简职工和城镇人口 1800 万人，其中，职工 860 万人，城镇其他居民 940 万人。④

1962 年，精简工作进入第二阶段。1961 年年底的第一阶段精简，全国共减少城镇人口 1000 万人左右。但是中央认为，1962 年的财政经济的困难还是很严重，要完全克服困难，还要下最大决心缩短工业生产和基本建设战线，大量减少职工和城镇人口。所以中央决定 1962 年、1963 年两年继续减少职工 1000 万人以上，减少城镇人口 2000 万人。⑤

在压缩城市人口的工作中，北京市的任务较重。1962 年北京市属工业精简职工计划数量在最初拟定的数字上又增加。1961 年年末市属工业职工总数为 247 000 人，1962 年 3 月确定的市属工业的第一步减人计划是减人总数为 35 000 人。截至 1962 年 5 月 31 日，实际已减职工 22 000 人。但是按照中央和市委进一步精简职工的指示，北京市对市属工业 1962 年全年减少职工的计划又提出调整意见，即要求市属工业全年净精简职工 54 100 余人（比 3 月的第一步计划增加 19 100 余人），占 1961 年年末市属工业全体职工总数的 21.9%（比 3 月的第

---

① 柳随年. 六十年代国民经济调整的回顾 [M]. 北京：中国财政经济出版社，1982：128.
② 路遇. 新中国人口五十年：下 [M]. 北京：中国人口出版社，2004：868.
③ 中国社会科学院，中央档案馆. 中华人民共和国经济档案资料选编（1958—1965）：劳动就业和收入分配卷 [M]. 北京：中国财政经济出版社，2011：196.
④ 中国社会科学院，中央档案馆. 中华人民共和国经济档案资料选编（1958—1965）：劳动就业和收入分配卷 [M]. 北京：中国财政经济出版社，2011：207.
⑤ 柳随年. 六十年代国民经济调整的回顾 [M]. 北京：中国财政经济出版社，1982：129.

一步计划增加17 000余人)。① 而且，北京市劳动局认为："关于1962年市属工业精简计划的调整意见，我们认为是最低限额，各局在执行中应当力争超额完成。"②

在第二阶段的精简中，北京市精简小组认为，今后减少城镇人口、动员还乡的主要对象是职工家属。按照我们压缩城市人口的任务，除了郊区、县约还可以压缩城镇人口3万人左右，需要动员20万左右的职工家属还乡。动员家属还乡，光靠街道上做工作效果不大，而且容易发生问题，必须由各部门、各系统党委负责。即属于市委管的工厂、机关、学校等单位的职工家属，由市委各口负责；属于国务院和中直、华北局的机关、事业单位，由国家机关党委、中直机关党委、华北局分别负责；属于军事系统的，由总政负责。关于调离本市的干部职工留京家属，除了出国人员，调到西藏、新疆等边疆的人员，留京家属可以不动，其余一般均应随同干部、工人调走，不应再留居本市。③ 中央精简小组也同意了北京市的意见。

（二）调整工业战线

与压缩就业计划相配套的措施是调整工业战线。北京市及全国都关、停、并了部分企业，以达到缩减工业战线、减少职工的目的。在中央下"最大决心"要求继续精简后，各地"关停并转"工业企业的力度明显加大了。

1962年5月23日，中共北京市工业生产委员会发出了《关于第一批关厂并厂名单的通知》，北京市地方工业各局提出的1962年第一批关、停、并的工厂共60个，转移隶属关系的2个，由全民所有制转为集体所有制的1个。关、停、并的重点在于冶金、机电行业以及基本建设行业，主要涉及冶金局、机电局、建材局、建工局。4个局共有36个企业被关、停、并。第二批关、并工厂名单也很快在1962年7月19日下发。经研究有39个工厂关、并，其中地方国营工厂35个，手工业合作社以及合作社营工厂4个。在这39个工厂中，前一时期由于没有生产任务，实际上已经关了20个，停了3个，并掉4个。尚待关、停、

---

① 中共北京市委工业生产委员会关于1962年市属工业精简职工计划的请示［A］. 1962年6月9日. 见北京档案史料（2004.1）［M］. 北京：新华出版社，2004：215.
② 中共北京市委工业生产委员会关于1962年市属工业精简职工计划的请示［A］. 1962年6月9日. 见北京档案史料（2004.1）［M］. 北京：新华出版社，2004：217.
③ 北京市精简办公室. 关于北京市精简职工、压缩城市人口的情况和今后工作的意见［A］. 1962年7月22日. 北京市档案馆藏. 档案号：110-001-01362.

并的还有12个。① 调整工业战线的目的之一，还在于缩减城市职工，压缩城市人口。因此，伴随着工业战线的调整，大规模的精简职工势必要继续下去。

二、精简职工

（一）精简过程

从精简工作的推进过程来看，首先是精简1958年1月以来从农村来的职工，其次是精简多余的城市职工，并动员精简职工的家属还乡。对社会青年及初高中毕业生，动员去农村或农场、林场等。进入1962年，在原农村来的劳动力已经基本动员走后，"今后在精简职工方面主要是开始处理多余的城市职工，在压缩城市人口方面，要开始动员职工家属和居民回农村""我们要完成今年（1962年）减少城市人口40万人的任务，主要是动员职工家属还乡"。② 当然，这只是宏观层面的计划，在具体地确定到人的过程中，还需要摸底调查。因此确定动员对象之前，需要摸底调查，然后再做出处理。

1. 摸底调查，确定对象

据北京市劳动局向市委精简工作领导小组报告，北京市劳动局会同公安局在宣武区陶然亭、东城区朝阳门两个公社对被精简人员和其他社会劳动力的情况进行了全面的摸底调查。对一些被精简回街道的人员及无业人员，根据原籍情况、政治历史情况以及现实表现等，分别提出了安置处理意见：

（1）家在农村、本人有劳动能力、回乡有生产生活条件的32人（在京单身一人的22人，家属共24人），应当动员回农村。

（2）有劳动能力、本人和家庭没有政治问题、就业条件较好的182人（女101人），可以安排到企事业单位去顶替1958年以后来自农村的职工回乡。

（3）年岁较大，只能从事轻微劳动，生活又困难的6人，可由公社组织他们参加零活服务组，采取有活集中、无活回家的办法，做些管界内居民、机关的零活。

（4）完全丧失劳动能力的165人，其中生活困难的12人，可由民政部门给予救济。

（5）有劳动能力，但目前不要求工作的171人，这些人多数是家庭妇女，

---

① 中共北京市委工业生产委员会关于1962年市属工业精简职工计划的请示［M］//北京档案管．北京档案史料（2004.1）．北京：新华出版社，2004：221．

② 北京市精简办公室．关于北京市精简职工、压缩城市人口的情况和今后工作的意见．1962年7月22日［A］．北京市档案馆藏．档案号：110-001-01362．

家庭拖累较重,不必安排工作。

(6) 外地来京的共 23 人,其中 20 人尚未落户。一种是外省市精简回来的,有的对处理有意见,需与原单位联系解决;一种是留恋北京生活,在外地工作不安心,自动离职跑回来的,应动员他们回原单位工作。①

从中可以看出,被遣散回农村的,首先是原籍农村的,以及 1958 年 1 月后来自农村的职工。一些干部也被列入摸底调查的对象。如北京市公用局对本系统干部摸底后提出,根据初步摸底共需处理 165 人,占现有干部总数的 13.1%。分为:(1) 可以调出的 57 人,其中可当小学教员的 16 人;可做售货员的 13 人;可以调出的 27 人;可以到农村当干部 1 人。(2) 可以转工人的 34 人。(3) 够退休条件可以退休的 4 人。(4) 可以退职的 26 人,其中回农村的 17 人。(5) 不好处理人员 44 人。② 再如,西城区精简办公室对该区图壁厂居民委员会辖区可能被动员的对象也做了调查,并根据各户在原籍的生产、生活条件和在京牵扯大小等情况,初步提出处理意见。

2. 确定对象的考量因素

在精简对象中,各类有政治、历史问题,违法行为以及现实问题的人员被精简的可能性更大。据一份精简调出人员分析表(表 4-1)统计,在北京市电子管厂等 4 个厂第二批被精简的 465 人中,有"政治问题""劳动纪律不好""流氓小偷"等背景的有 230 人,占比约 50%;病弱、有拖累的占比 35%。③ 因为被精简的很多都是"有问题"的人员,一些精简对象原籍的社员、家人认为精简回乡的都是犯了错误被开除的。如河北满城大册营公社有些社员认为回乡工人是犯了大错误被开除的,对他们歧视。有的工人回到家里,老人骂,妻子哭,使回乡人员精神上受到压力,待不下去。河北正定县初师有 3 个回乡的女学生,受到家长打骂。④

---

① 北京市劳动局. 关于检查城市精简人员的处理情况和对整个社会无业人员的安置意见的报告 [A]. 1961 年 8 月 23 日. 北京市档案馆藏. 档案号:110-001-01241.
② 北京市公用局人事科. 干部摸底情况及需要处理人员名单 [A]. 1962 年 9 月 5 日. 北京市档案馆藏. 档案号:128-001-00089.
③ 北京市劳动局. 电子管厂、轴承厂、供电局原件厂及有线电厂一车间的第二批精简调出人员分析表 [A]. 北京市档案馆藏. 档案号:110-001-01238.
④ 中国社会科学院,中央档案馆. 中华人民共和国经济档案资料选编(1958—1965):劳动就业和收入分配卷 [M]. 北京:中国财政经济出版社,2011:220.

第四章 国民经济调整时期北京市的统一调配就业制度（1961—1965）

表 4-1　电子管厂、轴承厂、供电局原件厂及有线电厂第一车间第二批精简调出人员分析表①

	小计	病弱	政治问题	劳动纪律不好	流氓小偷	拖累	其他（没问题）
合计	465	136	54	165	16	29	64
电子管厂	214	120	31	37		18	8
轴承厂	167	11		128	15	7	
七三八厂	40	4	2	1	1	3	29
原件厂	50	1	21			1	27

　　职工的劳动表现也成为精简的重要因素。不经批准请假、不出勤等往常不算严重的事情，在精简压力下，成为被精简的理由。如陶然亭公社的王××，女，22岁，售货员，因母亲孩子有病无人照顾，1961年6月28日请假未准，有10天未出勤，7月8日被崇效寺商场除名，劳动局认为是"除名不当"。周××，男，19岁，1959年参加公社轧钢厂做徒工，后临时调出支援宣武钢厂，1961年6月在调回原厂时，本人因想考学，有几天没上班，被工厂除名（经劳动局交涉后已收回）。临时工更容易被精简。如朝阳门人民公社林××，男，50岁，自幼在京做临时工、蹬三轮，1958年到铁路局工程处做临时工，因工作表现好，曾得过奖，1961年6月29日被精简回家，本人要求工作；陶然亭公社范××，男，64岁，是去年从宣武区房管局下来的临时工，家有老伴一人，生活困难，本人还能做些零活；朝阳门公社张××，男，64岁，单身一人，是1960年11月由房管所下来的临时工，有病，目前没有生活来源。②

　　外省市的农民也更容易被精简回乡。北京市劳动局曾通报：宣武区建筑公司、密云县制鞋厂等单位处理外省市的农民时，都没有和当地联系，就把这里的集体户口注销解雇回乡，或把户口和粮食关系交本人自带回去。我们认为，遣送外省市农民还乡，也必须事先和当地联系，在当地同意安排他们的生产和

---

① 北京市劳动局. 电子管厂、轴承厂、供电局原件厂及有线电厂一车间的第二批精简调出人员分析表 [A]. 北京市档案馆藏. 档案号：110-001-01238.
② 北京市劳动局. 关于检查城市精简人员的处理情况和对整个社会无业人员的安置意见的报告. "附各类人员安置处理例子" [A]. 1961年8月23日. 北京市档案馆藏. 档案号：110-001-01241.

生活后,再送回去。①

3. 宣传动员

确定精简对象后,各单位开展了宣传动员工作,来传达中央的精简精神。北京市各单位普遍召开动员大会,根据中央宣传要点动员精简职工返回农村。使得"广大职工进一步认清了目前的形势,积极拥护中央关于精简职工、压缩城市人口和调整国民经济的各项措施"。一些职工反映"报告会是'交底'的会,表示要以工人阶级的主人翁的态度,响应党的号召,共同努力,战胜当前困难"②。

对能够动员走的人,有的单位还开欢送会,予以大张旗鼓的宣传。北京市公用局对被精简下乡人员离开的待遇是:"单位派人送到车站,对携老带小的等,还派人护送到家。"单位还组织一些被精简对象在欢送会上表示态度,如工人韩××在表态会上说:"回去后团结社员,协助干部尽快促使农业过关。"③ 党和政府力图用这种典型的宣传效用,来动员更多的人返回农村。北京市一些单位在精简中能做到认真地解决返乡人员提出的各种困难和问题,对他们热情对待,负责到底。返乡人员中,凡本人思想不通,提出困难,不愿走的,一般都暂缓,具体研究后再做处理。对回乡人员提出的合理要求,工厂都尽可能给予解决。工作中也注意了不卡得太死太紧,适当从宽,算大账,从大局出发。对经济确有困难的,适当补助;有些人路途遥远,交通不便,就适当多给些路费。有的单位还给回乡的每人发了"光荣证"。④ 这在一定程度上也缓解了工作困难。

(二) 企业态度

在精简中,大部分企业都能做到认真执行上级部署,使得精简工作最后圆满完成。但也有一些企业在精简面前"动摇",有畏难情绪,或者不愿精简。如有一些单位领导对精简还乡的重要性认识不够,表现在三方面:一是"有些领导决心不大,精简工作迟缓,有些本来容易走的精简对象没有动员,怕影响生

---

① 北京市劳动局党组.对于处理精简人员时若干政策的意见(向万里同志并五人小组的报告)[A].1960年11月24日.北京市档案馆藏.档案号:110-001-01088.
② 北京市精简办公室.关于北京市精简职工、压缩城市人口的情况和今后工作的意见[A].1962年7月22日.北京市档案馆藏.档案号:110-001-01362.
③ 北京市公用局.公用局1962年上半年精简工作总结[A].1962年7月27日.北京市档案馆.档案号:128-001-00090.
④ 中共北京市委党史研究室,北京市档案馆.北京市重要文献选编(1961)[M].北京:中国档案出版社,2005:820.

产,以致有的回乡对象说:'这是一阵风,走不走在领导';二是摸底不透,对回乡人员提出的种种借口,表现了同情迁就,遇到问题束手无策,表现畏难情绪,或急躁发火;三是有的领导虽然单位问题不少,仍未亲自出马"①。

在1962年的第二阶段精简中,北京市的一些企业不愿意再精简职工。国家统计局就指出,北京市精简职工指标偏低,职工人数减少的幅度远低于生产任务调低的幅度。与1961年比较,职工人数减少的幅度只及生产任务调低幅度的一半左右,甚至只有1/3左右。有些企业亏损现象严重,但仍缺乏"拆庙"减人的决心;有些已决定撤销的企业仍然留人很多。②

冶金、机电、建材等部门不愿精简来自农村的劳动力,希望留下农村的这批壮劳动力。北京市一些企业中1958年以来来自农村的劳动力还很多,但有的企业不愿精简,甚至工人再三请求回农村,企业仍然不放。如冶金局当时有来自农村的新职工7180人,计划减回农村的仅3937人,占54.8%;机电局有5477人,计划减回农村4232人,占77.3%;建材局有8912人,计划减回农村的仅2967人,占33.3%。建材局所属砖瓦厂去年自愿离职回农村的就超过精简计划数。该局有些企业对申请回农村的人员不积极支持,有的工人提出申请回农村,领导认为思想认识模糊,有"农比工好"的思想,对其进行了"教育"。砖瓦厂一个工人再三申请回农村,虽经领导勉强批准,但不发给回乡路费(后来补寄了)。③ 这反映出"统一"精简政策并不符合每个企业的具体情况,有些企业仍然希望保留来自农村的壮劳动力。

(三)职工反应

1. 精简前职工的反应

"大精简"冲击下面临去留的职工们呈现各种不同的反应,总体上是以担忧为主,害怕精简到自己,特别是害怕被下放到农村。据许多单位反映,新工人中有"四怕":(1)怕农村生活苦,认为城市有"五好一方便";(2)怕受累;(3)怕吃不饱;(4)怕回乡后被别人瞧不起,受打击。④

一些职工害怕自己被精简还乡。焦化厂供销科张××说,"我农村没人了,下

---

① 北京市公用局.公用局1962年上半年精简工作总结[A].1962年7月27日.北京市档案馆.档案号:128-001-00090.
② 中国社会科学院,中央档案馆.中华人民共和国经济档案资料选编(1958—1965):劳动就业和收入分配卷[M].北京:中国财政经济出版社,2011:221.
③ 中国社会科学院,中央档案馆.中华人民共和国经济档案资料选编(1958—1965):劳动就业和收入分配卷[M].北京:中国财政经济出版社,2011:221.
④ 中共北京市委党史研究室,北京市档案馆.北京市重要文献选编(1961)[M].北京:中国档案出版社,2005:828.

放哪里去呢",表示不能走。有人因受爱人影响,怕回农村,如焦化厂机务科李××其爱人是农村妇女,怕李××回去被人看不起;焦化厂吴××的爱人不愿跟着回农村,使吴怕回农村。一些干部中1958年后参加工作的人也怕精简到自己,对于老弱病残人员,有的人愿意退职退休,也有人怕退职退休,还有的因自己身体不好怕被精简,自来水公司李××是长期病号,听到这次精简的消息后,积极检查身体,要求上班,怕被精简。有的人农村有家,如李××本身有病,怕回家后受不了累,因此不愿意回去。犯了错误的人员更怕精简。如用具厂统计员杨××过去曾有小偷小摸行为,怕精简回农村。焦化厂万××受留厂察看一年的处分,过去又曾动员叫他当工人,在这次精简中怕精简到自己。还有一些职工对精简工作认识模糊。如煤气公司检修队郭××说"精简与干部无关";有的还说"赶快把工人精简完,我们好工作"①。北京市公用局有的回乡对象说:"这是一阵风,走不走在领导。"据摸底调查,"1958年后来自农村回乡确有困难和坚决不愿走的,据初步摸底共有129人,其中,无家可归(指农村已无人的)54人,双职工(另一方不是精简对象)47人,家庭关系不好的5人,有病、工伤、生孩子的共16人,有外债1人,有条件还乡本人坚决不走的6人"②。一些长年待在北京的人认为他们已经是"铁饭碗了",说"这次精简与咱们无关""这次精简咱们走不了"。③

2. 精简对象的反应

一些被精简的职工会出现不理解、抱怨的心态。据城区和近郊区七个区8个公社统计,从1961年6月10日至7月22日各单位处理回街道的共有49人。他们有的对精简不满,如东城区景山公社沈×,是1958年去铁路局工程处的锅炉工,今年7月7日被精简后反映:"叫我回乡生产,我无乡可回。1955年在团中央烧锅炉,1957年刚转正赶上精简,就给刷下来了,这回又碰上啦。"他几乎每天到公社去要求工作。有的对动员回乡有意见。石钢基建处预制品厂临时木工崔××对公社干部说:"我在北京住40多年了,厂子动员我回乡支援农业,我农村无家,到农村又怎么办?人事科说回到公社就有工作,为啥你们不给我安排,那我还得找厂子去。"再如,航空学院实习厂1960年退伍义务兵郭××说:

---

① 北京市公用局. 精简动员后干部的思想动态[A]. 1962年6月30日. 北京市档案馆藏. 档案号:128-001-00090.
② 北京市公用局. 公用局1962年上半年精简工作总结[A]. 1962年7月27日. 北京市档案馆. 档案号:128-001-00090.
③ 北京市公用局. 精简动员后干部的思想动态[A]. 1962年6月30日. 北京市档案馆藏. 档案号:128-001-00090.

"厂领导说市委指示1960年退伍军人一律动员还乡,可是我家久居北京,无处可去,叫我回乡实际是失业。"①

有的职工对单位不分情况简单处理有意见。如1958年由三轮工会集体转业的工人林××说:"我在铁路局工程队干得挺好,还得过奖,可是点上你的名,你就得走。"再如,1958年支援石钢的小商贩苏××说:"我1953年就加入合作商店,是长(期)工,支援石钢以后转来调去失业了,我还得找商业局(东城区)交涉。"②

一些精简后职工尚且能回街道保留城市户口与粮油供应,但对一些要返乡回农村生产的人来讲,则影响更大。有的"串通一气,集体拒绝还乡"。"为什么只叫我们走,不叫别人走?什么叫工作需要?"他们要求"要走(24人)一块走,不走都不走"。有的"作打油诗,发泄不满情绪"③。该例子反映出当时尽管大部分被精简人员表示理解,但也有一些职工比较恐慌和不满。

三、精简结果

(一)各阶段精简情况

在1961年的"大精简"中,1958年1月以来新招的(主要是农村来的)职工基本上被精简返乡。据北京市精简办公室报告:"从1958年以来新增加的职工为30.7万人,已经精简回乡29.2万人。"剩下的1.5万人,主要是煤矿井下工人1.3万人和一些军工企业的工人。④ 就全国的情况来看,工业和基本建设部门减人最多,分别比1960年减少了540.1万人和308.2万人,即减少25.2%和44.5%。具体见表4-2。

---

① 西城区赵振华.企业精简处理的人员回到街道的情况[A].1961年7月25日.北京市档案馆藏.档案号:110-001-01241.
② 西城区赵振华.企业精简处理的人员回到街道的情况[A].1961年7月25日.北京市档案馆藏.档案号:110-001-01241.
③ 市委精简办公室.当前企业精简职工中应该注意的几个问题[A].1962年3月26日.北京市档案馆藏.档案号:110-001-01361.
④ 北京市精简办公室.关于北京市精简职工、压缩城市人口的情况和今后工作的意见[A].1962年7月22日.北京市档案馆藏.档案号:110-001-01362.

表 4-2　1961 年全国各行业精简情况①

	1961年年底职工人数（万人）	比1960年年底减少人数（万人）	减少比例（％）	各部门减少人数占全部减少人数的比重（％）
总计	4099.8	944.0	18.7	100
工业	1604.3	540.1	25.2	57.2
基本建设	384.6	308.2	44.5	32.6
其中施工单位	292.3	265.0	47.6	28.1
农林水气	397.2	26.1	6.2	2.8
运输与邮电	301.5	30.3	9.1	3.2
商业、饮食业与服务业	530.6	33.9	6.0	3.6
城市公用事业	37.4	1.6	4.1	0.2
文教卫生	516.6	10.7	2.0	1.1
金融	25.2	0.1	0.4	—
机关、团体	302.4	+7.0	+2.4	+0.7

但这还不能达到上级压缩城市人口的要求，精简面还需要进一步扩大。"目前的情况是各单位回农村的人已经走得差不多了，今后在精简职工方面主要是开始处理多余的城市职工，在压缩城市人口方面，要开始动员职工家属和居民回农村。"北京市1962年"要完成减少城市人口40万人的任务，主要是动员职工家属还乡"②。从1963年1月至7月20日，北京市市属单位净减少职工40 199人，另外中央单位精简职工18 642人，超额完成了中央、华北分局分配本市市属单位今年净减职工38 500人的任务的4.4%。③ 我们从表4-3所显示的北

---

① 中国社会科学院，中央档案馆．中华人民共和国经济档案资料选编（1958—1965）：劳动就业和收入分配卷［M］．北京：中国财政经济出版社，2011：209．
② 北京市精简办公室．关于北京市精简职工、压缩城市人口的情况和今后工作的意见［A］．1962年7月22日．北京市档案馆藏．档案号：110-001-01362．
③ 北京市劳动局．关于本市精简工作情况和对安置大、专、中毕业学生就业等若干问题的意见的报告［A］．1963年8月4日．北京市档案馆藏．档案号：110-001-01460．

京市国家职工数据来管窥当时的精简幅度。

表4-3 北京市全市国家职工分部门统计表①

	1960年年末	1961年年末	1962年6月底	1962年7月20日	1962年7月20日比1961年年末增减数	1962年7月20日比1960年年末增减数及增减百分比
全市总计	1 560 531	1 385 869	1 249 019	1 232 512	-153 357	-328 019（-21.02%）
工业（包括筹建）	550 422	506 661	451 275	442 611	-64 050	-107 811（-19.59%）
基建	300 750	209 201	152 362	150 370	-58 831	-150 380（-50.00%）
交通邮电	92 535	87 374	83 464	80 890	-6484	-11 645（-12.58%）
公用事业	15 174	13 000	15 918	15 918	+2918	+744（+4.90%）
商业、饮食、服务、金融业	171 464	163 235	157 022	155 204	-8031	-16 260（-9.48%）
文教卫生科研	291 975	262 869	256 919	255 835	-7034	-36 140（-12.37%）
农林水利气象	20 551	30 548	30 117	29 802	-746	+9251（+45.01%）
机关党派团体	117 660	112 981	101 882	101 882	-11 099	-15 778（-13.41%）

（二）各行业精简情况

依据1962年7月20日比1960年年末增减的职工数，我们可以计算出增减的百分比，以及各行业增减人数占总增减人数的百分比。北京全市1962年7月20日比1960年年末减少的职工数为328 019人，见表4-3。其中，基建系统减

---

① 北京市精简办公室. 北京市全市国家职工分部门统计表［A］. 1962年7月. 北京市档案馆藏. 档案号：110-001-01362.

少 150 380 人，占全市总减少数的 45.84%；工业系统减少了 107 811 人，占全市总减少数的 32.86%；文教卫生科研系统，减少 36 140 人，占全市总减少数的 11.02%；商业、饮食、服务、金融业减少 16 260 人，占全市总减少数的 4.96%；机关党派团体减少 15 778 人，占全市总减少数的 4.81%。① 可见精简的职工主要来自工业系统与基建系统，从时间上来看，首先大规模精简的是基建职工，至 1961 年年末即减少了约 1/3 的职工。

北京市市属单位大规模的精简发生在 1961 年、1962 年，这两年即有 28 万余人被精简。被精简职工主要来自工业与建筑系统，其中建筑系统的精简高峰最早出现，是 1961 年，接着是工业系统与农林系统，在 1962 年达到了精简高峰。到 1963 年，财贸、文教、政法系统精简也达到了高峰。这说明精简行业由建筑、工业系统向服务行业、政府部门蔓延。各行业精简进度如表 4-4 所示。

表 4-4　1963 年 8 月 4 日止北京市市管单位精简职工表（净减数）②

	1960年8月—12月	1961年	1962年	1963年1月—7月20日 总计	其中市属
合计	11 626	145 124	148 352	58 841	40 199
工业口	—	71 205	97 290	23 383	11 506
交通口					
建筑口	—	56 893	29 665	7713	5550
财贸口	—	8030	7980	15 860	15 806
农林口		1083	6597	1412	136
文教口	—	+2488	6724	7929	4675
大学科学口	—				
政法口	—	5425	+96	2544	2526

注：1. 1961 年年底职工人数中不包括武装民警 8200 人。
2. 1960 年 8 月无分口资料。

（三）精简后去处

这些被精简的职工去处情况又如何呢？我们通过表 4-5 或能大概了解。

---

① 北京市精简办公室. 北京市全市国家职工分部门统计表［A］. 1962 年 7 月. 北京市档案馆藏. 档案号：110-001-01362.
② 北京市劳动局. 关于本市精简工作情况和对安置大、专、中毕业学生就业等若干问题的意见的报告附表［A］. 1963 年 8 月 4 日. 北京市档案馆藏. 档案号：110-001-01460.

第四章 国民经济调整时期北京市的统一调配就业制度（1961—1965）

表 4-5 北京市市管单位历年精简职工人数表[①]

	合计	回农村	回城镇街道	征兵	转集体	退休退职	自动离职	其他	调外地
总计	549 133	327 002	65 890	23 306	32 337	33 375	13 015	26 651	27 557
1960年8月—12月	28 587	18 837	5873	—	—	881	947	330	1719
1961年	221 000	144 100	12 100	19 400	12 800	6900	4500	10 500	10 700
1962年	226 246	150 234	24 892	3114	15 568	7871	6126	10 523	7918
1963年1月—7月20日	73 300	13 831	23 025	792	3969	17 723	1442	5298	7220
其中市属	51 327	7379	20 956	514	3951	12 957	742	3822	1006

① 北京市劳动局.关于本市精简工作情况和对安置大、专、中毕业学生就业等若干问题的意见的报告附表[A].1963年8月3日.北京市档案馆藏.档案号：110-001-01460.

在北京市管单位被精简的职工中,返回或去往农村的占大部分,约占60%;其次为回城镇街道、转集体、退休退职等,也分别占约12%、6%和6.1%。这些去往农村的职工及其家属,面临着在农村安家、巩固的问题,而精简后返回街道的职工,也面临着再就业的问题。

第二节 统一安置失业、无业人员

大精简后,城市待业人员增加,同时新成长的劳动力,主要是未能升学的初、高中毕业生安排工作也出现了困难。为了稳定社会秩序,解决失业人员的生活出路问题,劳动部门会同街道、公安、农场等部门,努力开展了失业人员的安置工作。这项工作由劳动部门统一主导安置,主要安置去处为安置在郊区农林场,允许灵活就业,努力安排毕业生工作,等等。

一、安置形势

大规模的精简使得北京市的失业率迅速上升。据1962年5月的情况报告:北京全市失业人口中,因生活困难迫切要求工作的有四五千人,家庭平均每人每月生活费在8元以下(当时认为10元以下就属于生活困难)的,连同他们的家属,共有2万多人。这是当时一个严重的社会问题,有的人几乎天天去区人委要求介绍就业,区劳动科有时挤满求职的人,排队谈话。这些人的生活和工作需要解决,否则会发生问题。①

1962年6月底前,北京市失业、失学人员总计上报数字为31 000人,其中生活困难的有4530人。而全国专辖市及以上城市上报的失业、失学人数总计为1 090 553人,其中失业人数约764 201人,失学人数约为326 352人,其中生活困难,急需安置的人数为353 164人。②

进入1963年,失业的社会闲散劳动力数量继续扩大。北京市(除宣武区外)的八区县(1963年)1月报表显示:1月累计登记人数为27 448人,其中男性13 243人,本月新登记1722人,其中男性731人。历届毕业、退学的学生

---

① 北京市精简办公室. 本市失业失学人员情况[A]. 1962年5月. 北京市档案馆藏. 档案号:110-001-01339.
② 中国社会科学院,中央档案馆. 中华人民共和国经济档案资料选(1958—1965):劳动就业和收入分配卷[M]. 北京:中国财政经济出版社, 2011:128.

9840人，其中男性5074人；临时工、零散工2479人，其中男性1464人；精简、退职6762人，其中男性2643人；开除除名、自动离职3624人，其中男性2261人；家庭妇女2624人，其他2119人。1963年12月的报表显示：累计登记人数为63 239人，其中男性28 890人；本月新登记3249人，其中男性541人。累计历届毕业、退学的学生23 167人，其中男性12 043人；临时工、零散工5493人，其中男性3371人；精简、退职15 883人，其中男性5911人；开除除名、自动离职8355人，其中男性4823人；家庭妇女6772人，其他3569人。① 这显示在1963年，北京市规模性失业状况还继续存在。

一份名为《待介人员条件统计表》（1963年12月）显示，在失业人员中，政府所认定的家庭生活困难的人占比达30%以上，如果加上其家庭人口，则涉及的人群规模则达数万人。详见表4-6。

---

① 北京劳动局.1963年求职人员登记处理情况月报表［A］.1963年1—12月.北京市档案馆藏．档案号：110-001-001456.

表 4-6 待介人员条件统计表①

		合计		学徒工		壮工		服务员勤杂工		技工		教职员		其他	
		计	其中有政治历史问题	计	其中有政治历史问题	计	其中有政治历史问题	计	其中有政治历史问题	计	其中有政治历史问题	计	其中有政治历史问题	计	其中有政治历史问题
合计	计	25916	1749	8728	428	4280	310	7472	480	1460	154	2171	258	1805	119
	男	7858	1130	2667	248	1358	233	1529	290	1050	128	933	172	321	59
其中生活困难		5843	405	1710	83	1098	70	1821	124	492	48	394	58	328	22
25岁以下	计	13848	754	8710	428	1248	107	1954	65	345	26	1212	110	379	18
	男	3983	442	2661	248	384	72	259	23	163	21	469	65	47	13
其中生活困难		2728	137	1710	83	289	14	439	10	78	4	176	23	36	3
26至45岁	计	9762	631	18	—	2770	184	4367	223	731	73	866	120	1010	31
	男	2327	384	6	—	802	143	516	90	531	57	416	86	56	8
其中生活困难		2437	176	—	—	750	49	1034	64	257	23	213	33	183	7
46岁以上	计	2306	364	—	—	262	19	1151	192	384	55	93	28	416	70
	男	1548	304	—	—	172	18	754	177	356	50	48	21	218	38
其中生活困难		678	92	—	—	59	7	348	50	157	21	5	2	109	12

---

① 北京劳动局·待介人员条件统计表（12月）[A].1963年12月·北京市档案馆藏·档案号:110-001-01456.

<<< 第四章　国民经济调整时期北京市的统一调配就业制度（1961—1965）

北京市尽力对失业人员进行再安置工作。据1963年第一季度的统计，本季度内安置长期性工作的人数为396人，到全民所有制企业、事业工作的为396人。本季度末尚未安置的人数为23 036人，其中男性8676人，女性14 360人。此外，截至本季度末实有从事临时工作的人数为8369人。①

1963年第2季度的数据则显示：本季度内安置长期性工作的人数为1250人，到全民所有制企业、事业工作的为938人，其中到国营农林牧副渔工作的919人（林场907人），到集体所有制企业、事业工作的312人（市修管局300人，区属单位12人），本季度安置临时工作的人数为3371人，本季度末尚未安置的人数为26 032人，其中男性9561人，女性16471人。此外，截至本季度末实有从事临时工作的人数为5609人。② 安置的去处以到国营农林场，或者从事临时工作为主。

失业不仅导致相当部分人生活困难，也影响到社会秩序稳定。据劳动局报告："本市去年开展精简工作后，社会闲散劳动力增长很多，不少人一时没有就业出路，生活困难，迫切要求工作。也有一些人回街道后，表现不满，甚至从事扰乱社会秩序的活动。"③ 西城区新街口办事处也报告："不少人回来以后，生活困难，有的心怀不满。"④ 材料反映，"不少有家口负担的人依靠变卖度日，他们经常来信来访，急切要求工作。如阎××，女，42岁，丧偶，家有4个小孩，去年从菜站完工后，一直没有工作，最近卖了一个铜茶盘生活。街坊曾两次替她到区要求工作。又如无业人员李××，男，30岁，原在工业大学代课，全家7口人（有爱人和5个孩子），现在没有收入，最近将日用的皮箱、衣物等卖掉"⑤。有些人经常靠捡破烂、拆洗缝补衣服弄点收入，生活十分窘迫，到处求职。⑥ 房建局天坛房管所处理的76人中，家庭没有收入的31人，占43%，平均每口人每月收入在5元以下的3人，占4.2%。平均收入6~10元的17人，占

---

① 北京市劳动局．城市闲散劳动力的人数和安置情况统计表（1963年第1季度）［A］．1963年4月15日．北京市档案馆藏．档案号：110-001-01456.
② 北京市劳动局．城市闲散劳动力的人数和安置情况统计表（1963年第2季度）［A］．1963年7月15日．北京市档案馆藏．档案号：110-001-01456.
③ 北京市劳动局．关于城市闲散劳动力安置处理情况的报告和今后意见［A］．1963年2月21日．北京市档案馆藏．档案号：110-001-01468.
④ 北京市精简办公室．西城区新街口办事处无业人员的情况［A］．1962年7月22日．北京市档案馆藏．档案号：110-001-01362.
⑤ 北京市劳动局．关于城市闲散劳动力安置处理情况的报告和今后意见［A］．1963年2月21日．北京市档案馆藏．档案号：110-001-01468.
⑥ 北京市精简办公室．本市失业失学人员情况［A］．1962年5月．北京市档案馆藏．档案号：110-001-01339.

23.6%，平均收入11元以上的21人，占29.2%。据崇文区东花市和西城区厂桥两个办事处管界的调查，两处共有失业人员668人。他们的家庭平均每人每月收入在8元以下的有160人，可以说不能维持生活，9~15元的也有269人。①这些精简人员生活相当艰难。

二、安置在郊区农林场

精简下来的、又无法返回农村的城市职工，当时被称为"精简多余"人员，北京市动员这批人到郊区农林场工作。国务院在关于精简职工安置办法的若干规定中就指出："精简下来的无家可归和城镇中无法安置但具有下乡条件的职工，可以安置到农场（也包括牧场、林场、渔场）。首先，现有的生产条件许可的国营农场应当积极吸收安置一批""其次，企业、失业、机关自办的农场安置一部分（这部分职工不再计入原单位的编制定员人数）""再次，各地还可以开办一些新的农场，来进行安置"②。

1962年6月，北京市劳动局向北京市负责精简工作的万里、贾星五报告：关于组织各单位精简多余人员安排在农林场，从3月25日开始以来，到目前为止，先后有20个单位自报数为4610人（包括石景山钢铁公司600人）。截至6月10日的统计，已经去了4116人，其中安置到12个林场2176人，四个农场1631人，石景山钢铁公司安置到原中央机关绿化点南口沟309人，其中干部1741人（包括教员845人），工人2330人，男3356人，女723人。③到1963年6月底止，各单位组织参加农业、林业生产的已有4274人，这些人员分配在南口、永乐店、红星、卢沟桥等牧场和十三陵、西山、永定河、八达岭、密云等林场劳动。④可见，北京市尽力在国营农林场安置了不少的精简人员，为这批人提供了基本的生活出路。

---

① 北京市劳动局党组．对于处理精简人员时若干政策的意见（向万里同志并五人小组的报告）[A]．1960年11月24日．北京市档案馆藏．档案号：110-001-01088．
② 国务院关于精简职工安置办法的若干规定 [A]．1962年6月1日．北京市档案馆藏．档案号：110-001-01347．
③ 上山下乡工作中几个问题的请示 [A]．1963年6月12日．北京市档案馆藏．档案号：110-001-01460．
④ 北京市劳动局．关于本市精简工作情况和对安置大、专、中毕业学生就业等若干问题的意见的报告 [A]．1963年8月4日．北京市档案馆藏．档案号：110-001-01460．

三、灵活就业

（一）有限度地放宽就业限制

在严重的经济困难下，一些群众开始灵活就业，自谋职业，以维持生计。灵活就业的形式有当保姆、临时拉排子车、开业行医、理发、修车、打草和零星修缮等。从这些就业出路来看，北京市失业市民的再就业形式开始多样化，并以服务业为主。

一些人迫于生计，会从事一些零星商业活动，被民间称为"自搂""抄肥"的活动，以贴补家用。政府对此限制也稍有松动，方便了群众自谋出路。北京市财贸办公室1963年1月报告，根据北京市7个街道办事处的8723户居民的调查，有"投机倒把"活动的约占4%。其中从1962年开始的有200多人，少数地区发展还很严重。东直门中街某大杂院，共住有21户，其中有18户进行投机倒把活动。崇文门××胡同发现治保主任、妇女主任、卫生主任、居民委员也在干。公共汽车公司有个叫杨××的售票员，利用产假和休息时间，半年内即在城乡之间跑了23趟，得暴利1000余元。① 原宣武区货运三轮社工人李某，男，33岁，单身在京，家属都在原籍河北省三河县，李在去年10月因旷工被除名后，经常回家"倒卖"一些物资。② 上述情况都表明当时群众有着强烈的自行就业、灵活就业的要求。迫于严重的失业形势，政府对劳动管制予以稍微松动，在统一调配就业制度上开了些许口子，有限度地允许部分城市人口灵活就业。当时主要是允许群众开展一些生产自救性质的"自谋职业"行为。

先是1961年10月，国家统计局在劳动工资统计表编制中规定："企业事业及机关将一部分工作任务发包给城乡公社社办企业或其他合作组织（如工业企业将一些装卸任务包给城市装卸合作社），如发包单位与承包单位签订合同，由承包单位统一承包任务，统一组织力量，并利用自己的厂房、设备或工具进行生产，发包单位对完成任务所需劳动力数量与质量及劳动组织概不负责，并将承包费用（包括管理费、工具折旧费及劳动报酬）统一付给承包单位，作为经营收入，对于完成任务的劳动力，企业事业及机关一般可以不作为职工人数统

---

① 中共北京市委党史研究室，北京市档案馆. 北京市重要文献选编（1963）[M]. 北京：中国档案出版社，2006：68.
② 北京市精简办公室. 本市失业失学人员情况 [A]. 1962年5月. 北京市档案馆藏. 档案号：110-001-01339.

计。"① 这样，这些劳动力就可以承包单位发包的零活，而不必按照职工或临时工来管理。这就给部分街道居民灵活就业开了一道口子。此后，国务院也正式发布通知："精简下来的某些原来就生长在城里的职工，可以从事家庭副业、家务劳动和一些适宜个人开业的社会劳动，例如，从事手工业、服务业、修理业、行医、教书、演艺等。"② 于是在政府"加强领导、严加监管"之下，城市中以前就存在的灵活就业形式，主要是服务业，又开始重新出现。

（二）北京市的灵活就业政策

1962年，北京市也有限度地放开了灵活就业政策，无业人员中申请开业的日渐增多。据城区和近郊区7个区的不完全统计，截至8月中旬已达3600多人。北京市委认为，为了维护社会秩序，安定人民生活，需要对于没有还乡条件的无业人员进行适当安置，给以生活出路。安置的原则是：社会需要，群众欢迎，便于管理，减少救济，多搞生产和服务，少搞商业。主要是安排做临时工；其次安排一些真正有技术的人从事手工、修理、服务行业；个别人可以安排商业的加工工作，如拣菜拣水果和代销。③

不过北京市对允许灵活就业的人员做了规定："安置做临时工或准许开业的，只限于城市中因企业关厂停厂、精简、退职、退休或不能升学又没有还乡条件、无人抚养、生活有困难的人。"北京市委允许的几种灵活就业形式为："1. 劳动部门介绍做临时工，这部分是主要的。各区举办的劳动服务站是一个好形式，可以继续办下去。2. 有一部分人有些技能，经过严格审查，允许他们开业，搞手工、修理、服务，但这一部分人数不可搞得过多。3. 对于少数从国营工厂、企业精简下来的或退职、退休的职工，生活有困难的，没有什么技术和特长，而又老实可靠的，经过审查，个别地有控制地批准他们做些小杂货小百货的代销工作，或组织他们看自行车、清扫厕所"等。但是"这种人不能多了"④。

北京市委要求"在批准开业时，必须逐个审查，社会是否需要、有无技术

---

① 北京市劳动局. 关于企业单位组织困难职工家属进行生产自救的意见 [A]. 1962年11月15日. 北京市档案馆藏. 档案号：110-001-01341.
② 国务院关于精简职工安置办法的若干规定 [A]. 1962年6月1日. 北京市档案馆藏. 档案号：110-001-01347.
③ 中共北京市委办公厅. 关于私人开业问题的会议纪要 [A]. 1962年10月. 北京市档案馆藏. 档案号：110-001-01340.
④ 中共北京市委办公厅. 关于私人开业问题的会议纪要 [A]. 1962年10月. 北京市档案馆藏. 档案号：110-001-01340.

等，由各区主管部门归口负责审查，会同街道办事处、派出所提出意见。合格的由工商行政管理部门发给营业执照。对于准许开业的要按行归口组织起来，由归口单位协同工商、税务部门进行管理，经常向他们进行爱国守法、服从市场管理、照章纳税的教育。不准投机倒把、抬高价格、偷工减料，违反时要进行处理，严重的要吊销营业执照"①。

这些允许灵活就业的"优惠"政策，原则上只能照顾那些确实不能离开城市的人。对于有些在开除后，真正老老实实而生活又确实困难的，可以介绍去做临时工，但不能批准开业。公安部门应尽可能组织一些没有生活出路的到劳改农场参加劳动。没有经过批准自行离职搞"自搂"的职工也不批准开业。②

北京市委对一些更为零星的家庭副业暂时采取不干涉的态度。"目前有些人从事一些家庭副业，为左邻右舍做一些修补、缝洗等活，比较方便群众，不要去禁止，但也不发给开业执照。各区应对他们进行调查了解，观察一个时期，经过研究以后再考虑如何对待。"③ 此外还有其他的一些管理措施，如"对目前已经无照营业的人，应向他们宣布，限期向工商行政管理部门申请登记，经过批准发照后才能营业"④。尽管从文件看有着严格限制，但允许灵活就业的政策也能解决部分人的生活出路问题。

（三）灵活就业的主要形式

北京市各区、街道都积极组织一些临时性的、以服务为主的劳动，给失业人员提供临时性的就业帮助。尽管这些安置都是以临时性为主，但是也缓解了群众的生活困难。安置形式有以下几类：

1. 房屋修缮。宣武区组织街道生活困难的无业人员 250 多人进行房屋修缮。日工资技工为 2~2.5 元，壮工为 1~1.5 元。活源较为充足。

2. 摇煤、包片送煤。朝阳区原组织 10 人在三佛寺等 3 个煤厂进行试点，负责为 1000 多户送煤，现已扩大到 23 人，负责 8000 多户的送煤。从 6 月 23 日至 6 月底 8 天中平均每人每天送煤 3700 斤（1850 千克），平均每人每天收入 1.57 元。人员都经过居民委员会审查，比较知底。摇煤：崇文区与煤建部门商定，

---

① 中共北京市委办公厅. 关于私人开业问题的会议纪要 [A]. 1962 年 10 月. 北京市档案馆藏. 档案号：110-001-01340.
② 中共北京市委办公厅. 关于私人开业问题的会议纪要 [A]. 1962 年 10 月. 北京市档案馆藏. 档案号：110-001-01340.
③ 中共北京市委办公厅. 关于私人开业问题的会议纪要 [A]. 1962 年 10 月. 北京市档案馆藏. 档案号：110-001-01340.
④ 中共北京市委办公厅. 关于私人开业问题的会议纪要 [A]. 1962 年 10 月. 北京市档案馆藏. 档案号：110-001-01340.

拟组织70~80人从事流动摇煤球工作，预计每人每天最低可收入2.5元左右。

3. 蔬菜装卸。崇文区与商业部门协商后拟组织150人从事各集中点的蔬菜临时装卸运输工作。

4. 组织劳动服务站。东城区已在安定门、北新桥两个办事处组织了160多人，成立了2个服务站。业务由办事处派人领导，服务内容包括临时看自行车、抬煤、打扫环境卫生、修理门窗家具、电灯、水门以及临时保姆等，工资暂定有技术的1.2~1.5元，没技术的0.7~1元。预计全面开展后，则该办事处现有生活困难急需工作的人员可以全部得到安置。

5. 服务修理合作社吸收徒工继承技艺。初步估计可安置青年徒工150人。

6. 个人家庭服务。据崇文区调查，现有65名有技术特长的无业人员，涉及24个行业，他们计划从事理发、修自行车、黑白铁加工、做眼镜框、磨玉器、代写家信、修拉锁、无线电、电灯、磨刀剪、租小人书、画像、捏泥人、弹棉花、修竹帘等。目前该区正与工商管理部门研究审查，拟批准一些人个人开业。①

据西城区福绥办事处1962年8月调查，该处辖界内有劳动能力尚无工作的共有756人，截至9月16日已经得到安置的有241人，参加各种工作。其中供应煤矿井下工人29人，建筑壮工127人，菜站、水果站23人，各机关学校的临时工34人，安置用于看自行车、卖冰棍和蹬三轮车的14人，公安局组织劳动的14人，目前正在安置的有165人。②

对于尚未安置的350人，有谋生活出路或自行找到临时工作的有80人，他们的出路是保姆、临时拉排子车、开业行医、理发、修车、打草和零星修缮等。如王达仁，男，53岁，原是运输组工人，退组后一直单干，从事零散抬煤、搬家等工作，活很多，每天可收入3~4元（因为原粮定量低，每月27斤，不能天天都干）。③

北京全市总的安置失业人员的情况是，至1962年9月20日，城、近郊8个区及通县中的无业人员3万人中，已经得到安置的有1.6万人，占无业人数的53%。其中，介绍做矿工的有732人，去市政建筑部门做临时壮工的有2600人，

---

① 北京市劳动局.关于各区安置社会无业人员工作的情况［A］.1962年7月13日.北京市档案馆藏.档案号：110-001-01339.

② 北京市劳动局.西城区福绥境办事处对无业人员的安置情况［A］.1962年9月27日.北京市档案馆藏.档案号：110-001-01339.

③ 北京市劳动局.西城区福绥境办事处对无业人员的安置情况［A］.1962年9月27日.北京市档案馆藏.档案号：110-001-01339.

到财贸系统煤厂、菜站等单位做临时工的有4000人,安置在街道从事修缮和零活服务的有3100人,机关、事业各单位的临时工及保育员、保姆等5000人,公安部门组织劳动的有400多人。此外,煤建系统供应了1500人,以顶替1700多(外地)人回乡生产;宣武区组织了600多人在各办事处成立修缮服务组,两个月来共出工1.5万多个,每人每月还可以得到30元左右的收入。① 总的来看,在1962年有约半数的人通过灵活就业,得到了临时性的安置。

四、努力安置毕业生

（一）毕业生安置紧张

国民经济调整时期,北京市对大学毕业生、中专生仍继续统一安排工作,但安置岗位已经略显饱和。如1963年中央分配给北京市大学毕业生5726人,中央和市属的中专毕业生、技工学校毕业生需要安排工作的6782人,共计12 508人,这些人是必须加以安置的。而且这些大、中专学生都是根据他们所学的专业来分配的,接受这些大、中专学生的单位,主要是教育、卫生部门。② 大学生、中专生数量较少,还能做到统一安排。此时期最艰难的是对初、高中毕业生的安置。

从20世纪50年代以来,国家不但对大学毕业生是统一分配工作,而且对初、高中毕业生也统一安排工作。这在当时初、高中毕业生数量不多,就业空间较大的情况下,还不显困难。在国民经济调整之前,北京市对历届不能升学的高、初中毕业生,凡是要求就业的一般都做了安排。这样就在学生和家长中产生一种"误解",认为"升不了学,国家都可以安排就业",好像中学毕业,国家就得包下来,像对待大学生一样统一分配工作。③

进入20世纪60年代,随着北京城市初、高中毕业生连年增加,加之国民经济调整,如何安置未能升学的初、高中毕业生已经成为统一调配就业制度面临的一个难题。随着中等教育的普及与毕业生的增多,安置初、高中毕业生就成为北京市安排就业工作的主要工作。"今后劳动力的来源,主要是中学生或者相当于中学程度的职业、技术、技工学校的学生,所以在劳动力的安排上,主

---

① 北京市劳动局.关于社会无业人员的安置情况的汇报[A].1962年9月27日.北京市档案馆藏.档案号:110-001-01339.
② 中共北京市委党史研究室,北京市档案馆.北京市重要文献选编(1963)[M].北京:中国档案出版社,2006:74.
③ 中共北京市委党史研究室,北京市档案馆.北京市重要文献选编(1963)[M].北京:中国档案出版社,2006:72.

要是安排不能升学的学生。"①

1961年暑假，北京城区有1.5万初、高中毕业生不能升学，需要安排就业。北京市基本上给这批学生在城市里安排了工作，只有800人安排到国营农场。1962年，城市地区不能升学的学生增加到2.1万人，北京市又尽了最大努力，由工业、财贸、国营农场等各方面用顶替来自农村的职工还乡生产和顶替城市老弱职工退休、退职等办法，勉强安置了1.6万人，还剩下5000人只能组织到广播函授学校补习。到1963年，北京市城区不能升学的学生人数增加到3万人，而就业的出路却十分有限。该精简的都已经精简走了，能顶替的空间不大。至8月，安排落实的仍只有1.35万人，其中，征兵2000人，技工学校招生2000人，代劳动部培训徒工3000人，中央批准在京中央直属企业增加职工，招收了2000名学生，国营农场、林场安置学生4500人，还有1.65万人的安排尚未落实。② 从中可见真正通过招工就业的很少。

1964年北京市城区初、高中毕业生有3.2万人，除去家在农村和外地的动员回乡外，需要安置的还有2.9万人。至9月12日，已经安置1.4万人，包括征兵1000人，二部制小学辅导员1000人，半工半读学校招生1500人，技工学校招生3600人，代劳动部培训徒工1800人，中央单位招工3000人，市属单位招工470人，东北农场吸收380人，其他单位吸收1250人，还有1.5万人尚未得到安置。且初次安排剩余后的毕业生就业条件不好，安排难度较大。如1964年初次安排后还剩下的1.5万人中，男生约占30%，女生约占70%。③ 可见当时女生安排更为困难些。

（二）安置的主要方式

国民经济调整时期，对初、高中毕业生的安置较为困难，劳动部门除了尽力安排直接就业，还努力开辟多种安置渠道，将初、高中毕业生妥善安置。表4-7显示了各年对初、高中毕业生的已安排情况，并将1958年至1960年的安排情况也列入，以便进行比较。

---

① 中共北京市委党史研究室，北京市档案馆. 北京市重要文献选编（1963）[M]. 北京：中国档案出版社，2006：571.
② 中共北京市委党史研究室，北京市档案馆. 北京市重要文献选编（1963）[M]. 北京：中国档案出版社，2006：571.
③ 中共北京市委党史研究室，北京市档案馆. 北京市重要文献选编（1964）[M]. 北京：中国档案出版社，2006：856-860.

第四章 国民经济调整时期北京市的统一调配就业制度（1961—1965）

表4-7 北京1958—1964年安排初、高中毕业生情况表①

年度	安排毕业生人数	其中			
		直接就业	上山下乡	半工半读职工学校	代培徒工
总　计	91 780	62 680	10 700	11 300	7100
1958年	8970	8970	—	—	—
1959年	9540	8400	1140	—	—
1960年	2040	2040	—	—	—
1961年	11 790	10 300	1490	—	—
1962年	15 310	14 230	1080	—	—
1963年	20 290	6820	4970	5500	3000
1964年	23 840	11 920	2020	5800	4100

1. 顶替还乡、退休退职职工

1961年暑假毕业生的工作安排，除了绝大部分安排在城市工作，另外安排了800人到国营农场，这显示安排空间已经饱和。1962年，城市地区不能升学的学生增加到2.1万人，北京市尽了最大努力，由工业、财贸、国营农场等各方面用顶替来自农村的职工还乡生产和顶替城市老弱职工退休、退职等办法，勉强安置了1.6万人，还剩下5000人组织到广播函授学校补习。② 1963年，北京市劳动部门经过"腾挪置换"，首先是动员建筑部门职工还乡，因为建筑部门较容易还乡，超额完成精简后，补充了一部分中学生。接着是动员财贸部门，把一些不适于在这些部门工作的完成精简指标后，予以补充中学生，这样共约置换出了7300个工作岗位③，准备申报中央予以安排初、高中毕业生。

---

① 北京市劳动局. 北京1958—1964年安排高、初中毕业生情况［A］. 北京市档案馆藏. 档案号：110-001-01741.
② 中共北京市委党史研究室，北京市档案馆. 北京市重要文献选编（1963）［M］. 北京：中国档案出版社，2006：571.
③ 中共北京市委党史研究室，北京市档案馆. 北京市重要文献选编（1963）［M］. 北京：中国档案出版社，2006：574.

2. 组织进一步学习

1962年，北京市安置了1.6万人后，还剩下5000人组织到广播函授学校补习。① 1964年，北京市共拟安排了7000名左右毕业生参加各种类型的学习。首先由中技水平的半工半读学校，在已招收1500人基础上，按计划再招1500人左右。此外，再由工业、建筑、财贸各方面继续举办职业学校，招收4000人。②

3. 安排到农场

1961年至1962年每年都安排了数百名部分毕业生到国营农场，1963年安排往农场的迅速增加到4500人。1964年，北京市劳动局继续动员一批学生参加农业生产，争取再多组织一些人到东北农场，动员三五百人到山西晋南插队，估计最多能安置1000人左右。还有一些学生，既不够天堂河农场收容劳动条件，一般招工单位也确实不能吸收，估计有1000人左右，劳动局拟将这些人安排到东北农场。北京市人民委员会第一次行政会议则决定，东北农场实在不要的，也可以安置到天堂河农场或永乐店农场去。③ 可见，农场越来越成为主要的安置去处之一。

4. 直接分配

对没有严重问题的人，劳动部门最后予以统一分配。对于1964年最后剩下的毕业生，劳动局拟先把一部分另行处理，剩下的学生统一分配，由市属工业、建筑、财贸各单位按代培训徒工任务和"减一补一"的规定吸收5500人。对部分华侨学生也拟直接分配。1964年有500名华侨毕业生，除动员去华侨农场一部分外，还有350多人需要安置，分配给市属工业、建筑、财贸等部门加以安置。④ 总的来讲，面对毕业生越来越多，但岗位日渐稀缺的窘境，北京市颇感困难。"城市劳动力如何统筹安排，还缺乏系统周密的计划，因此，近几年来，每当临近暑期，就深感毕业生难于安排，年年紧张，年年打被动战。"⑤ 这也反映了此时期就业安置工作确实很艰难。

---

① 中共北京市委党史研究室，北京市档案馆．北京市重要文献选编（1963）[M]．北京：中国档案出版社，2006：571．

② 中共北京市委党史研究室，北京市档案馆．北京市重要文献选编（1964）[M]．北京：中国档案出版社，2006：856-860．

③ 中共北京市委党史研究室，北京市档案馆．北京市重要文献选编（1964）[M]．北京：中国档案出版社．2006：856-860．

④ 中共北京市委党史研究室，北京市档案馆．北京市重要文献选编（1964）[M]．北京：中国档案出版社，2006：856-860．

⑤ 中共北京市委党史研究室，北京市档案馆．北京市重要文献选编（1963）[M]．北京：中国档案出版社，2006：571．

第三节 统一调配就业制度的改革

经历了"大跃进"高潮时期劳动力管理制度的混乱,劳动管理部门按照惯性与本能必须重新加强统一调配就业制度。重新推进编制定员工作、加强对临时工的管理、实施"上山下乡"政策、试行"亦工亦农"制度、扩大使用女工等改革措施相继推行。这些改革措施完善了统一调配就业制度,堵塞了一些制度上的漏洞,但也使得统一调配就业制度管理走向固化。

一、推进编制定员工作

（一）重启编制定员工作

"大跃进"时期,编制定员工作无法有效落实。在精简职工、压缩城市人口的背景下,劳动部门重新将编制定员作为一项重要工作来推进。

1961年4月,劳动部发出了《关于组织企业编制定员及劳动定额试点工作的通知》,要求开展编制定员与劳动定额试点工作。中央工业、交通等部和劳动部共同组成工作组,分赴河北、山西、北京、上海等15个省市,在各自的产业系统中进行编制定员及劳动定额的试点工作。[1] 试点工作的主要内容是:（1）制定企业的编制定员方案和定员、定额标准;（2）贯彻执行中央批准的企业非直接生产人员一般应该压缩到13%以下的规定;（3）根据党的政策,妥善处理多余人员;（4）建立和健全定员、定额管理制度以及劳动计划管理、劳动力调配管理、工资基金管理、考勤管理等有关制度。[2]

"大跃进"以来,随着职工招用规模的迅速扩大,非生产人员的人数及比例均呈上升趋势。在编制定员工作中,劳动部门试图控制、压缩非直接生产人员。编制定员首先是要核定企业的非直接生产人员编制。劳动部下发了《关于企业非直接生产人员定员的意见》（征求意见稿）,对用人单位的非直接生产人员比例予以统一规定。意见规定,各类型的企业中非直接生产人员比例为:国防、电力企业为11%~15%;机械、仪表制造企业,属于中央和省、自治区、直辖市

---

[1] 中华人民共和国劳动部．关于组织企业编制定员及劳动定额试点工作的通知［A］．1961年4月14日．北京市档案馆藏．档案号：110-001-001258.

[2] 中华人民共和国劳动部．关于组织企业编制定员及劳动定额试点工作的通知［A］．1961年4月14日．北京市档案馆藏．档案号：110-001-01258.

管理的，为8%~14%，属于专（市）、县管理的为6%~12%等。①

因为企业编制定员、劳动定额涉及非常微观的单位内部管理，操控难度较大。此外，还要考虑各主管部门意见，以及顾及一些单位的实际利益，因而劳动部也只能提出原则性的意见。劳动部规定：企业的编制定员标准，由中央、省（自治区、直辖市）、省辖市（专署）三级企业主管部门分别制定。编制定员标准包括企业的规模、组织机构、管理层次、各类人员比例、主要设备的定员人数和主要产品（或工种）的劳动定额。编制定员标准的水平应该是多数企业经过合理调整即可实现的水平。

企业必须根据国家确定的生产规模、生产任务、本单位的生产条件、合理的劳动定额以及主管部门下达的编制定员标准，制定编制定员方案。编制定员方案包括企业的管理层次、机构设置、职工总数（包括长期职工、临时工和学徒）、各类人员比例、主要设备的定员人数和主要产品（或工种）的劳动定额。编制定员方案是企业制订劳动计划的依据。"先进合理的编制定员标准的条件是：组织机构精简，切合生产管理需要；定员人数相对的少，生产（工作）效率高；行政管理人员和服务人员占全员的比例小，而工作质量高；出勤率和工时利用率高，劳逸结合好。"② 可见，因为涉及非常微观的生产组织流程，劳动部仍得依赖各行业主管部门来推进编制定员工作，因此只能提出这些原则性的要求，其推行效果可能不尽如人意。至于压缩企业非直接生产人员，则涉及企业管理层及职工亲属就业的问题，也是阻力重重。

1962年年初，为配合压缩城市人口的政策，劳动部门又提出了压缩企业非直接生产人员的要求。在年初的全国劳动计划会议文件中，劳动部提出，"为了在精简职工中压缩非直接生产人员，特对目前工业、基本建设、交通邮电企业非直接生产人员（包括行政管理人员、业务技术管理人员，党群工作人员和服务人员，不包括专职工程技术人员）的控制比例，提出如下意见：电力、机械（仪表）、粮食加工（指机械化的面粉厂等）企业为百分之十三至十七；金属冶炼、金属矿、非金属矿、煤炭、化工、石油、森工、水泥、玻璃等企业为百分之十二至十五；轻工、纺织企业为把百分之十一至十三；基本建设为百分之十

---

① 中华人民共和国劳动部．关于企业非直接生产人员定员的意见（征求意见稿）[A]．1961年5月18日．北京市档案馆藏．档案号：110-001-001258．
② 中华人民共和国劳动部．关于企业编制定员工作的几项规定（修订稿）[A]．1961年9月13日．北京市档案馆藏．档案号：110-001-01258．

二至十六；铁路、交通、邮电企业为百分之十一至十四"①。但是到这年年底的1962年11月26日，劳动部仍然以"急件"形式发出了《关于征求工业企业机构设置和非直接生产人员定员标准意见的通知》②，可见，此项工作进展缓慢。

那么什么样的劳动定额是"先进合理"的呢？北京市劳动局的要求是：在正常的生产条件下，工人经过一段时间努力后，少数工人能够较多地超过，多数工人能够达到或略有超过。其中，制定定员、定额的方法是最关键的。北京市在市属地方工业企业劳动定员、定额的试点工作中，要求由领导干部、专业人员和工人三结合，采用技术测定、统计分析、经验估工相结合等多种办法。要求专业干部深入实际，跟班劳动，掌握第一手资料，摆先进厂、先进人物劳动经济指标，找差距，树立标兵，揭发劳动效率落后的盖子。把技术测定的定额提交群众讨论，把经验估工或统计分析的定额进行抽查测定，互相对照、互相补充。③

（二）编制定员的效果

在大精简的背景下，编制定员工作的推行取得了一定的进展，至少是"揭了盖子"，披露出了一些厂矿企业严重浪费劳动力的现象，有利于进一步推进编制定员工作。

据×××公司党委报告，该公司炼铁厂在编制定员过程中，结合增产节约运动，放手发动群众揭发劳动力浪费现象。全厂职工定员经过四次下决心，由1284人减为773人，节约劳动力40%。该公司党委称"即使最后执行的结果还可能有些出入，但节约30%以上是完全可能的"④。

通过这次定员，劳动部门发现炼铁厂存在着严重的浪费劳动力现象。如1962年9月后停产的一座高炉和两座小高炉，生产停止后人没有及时调出来，其他部门相应地也多余了69人。在定员工作中，劳动部门还发现一些"触目惊心"的劳动力浪费现象，如该公司永定河倒渣场的7名倒渣工，每天工作不满2小时，有时整天没事干，却照样吃重体力粮食定量，吃饱了睡大觉。有时睡不

---

① 劳动部调配局.在精简职工中对压缩企业非直接生产人员的初步意见［A］.1962年1月9日.北京市档案馆藏.档案号：110-001-01356.
② 关于征求工业企业机构设置和非直接生产人员定员标准意见的通知［A］.1962年11月26日.北京市档案馆藏.档案号：110-001-01356.
③ 北京市劳动局.关于地方工业企业劳动定员、定额管理工作的试行办法［A］.1964年10月8日.北京市档案馆藏.档案号：110-001-01630.
④ 中共北京市委党史研究室，北京市档案馆.北京市重要文献选编（1963）［M］.北京：中国档案出版社，2006：207.

着还到河边练太极拳。高炉泡泥房，2班就可以干完的活，却设了3班人马。白班的工人说："别看吃饭三点钟，照样完工很轻松"；夜班的工人则干脆锁门睡大觉。这次编制定员工作揭露出的其他浪费劳动力现象还有：

第一，按岗位配备人员，不计算工作量。如高炉料仓，仓内只能容纳2个人清理，仓上1人照管安全，3个人就够了，却配备了5个人。工人说："这真是庙小菩萨多，塞也塞不下。"

第二，车间脱产人员太多。生产组长成了"脱产干部"，全厂共有36个生产组长，其中20多人只是打电话、领材料、组织开会、点名画到、"跑跑颠颠不务生产"。修理车间14个组长每天开3次碰头会就占去了4小时。定员后，这些人都回到了生产岗位。

第三，机构层叠、层次多。高炉三班的生产指挥，已经设有3个值班长统一领导，却又设置了3个调度长，在调度长之下，厂部设有调度员，高炉设有分调度，在原料工段又设有调配工，一个指挥系统，却设了4个层次。现在把调度长和分调度取消，原料调配工和厂部调度员合并。

一些工段长原来的用人思想是"一个萝卜一个坑"，岗位上抽不出人来，定员后，这种思想有了变化。如领导62名工人干活的倒渣工段长，以前厂部让他精简10个人，他只认账7个，并说："谁能减10个，请他来当工段长！"群众起来揭发后，他就到厂部表示："任务可以完成，再减几个也可以。"很多过去一加任务就伸手要人的干部，看到大量的劳动力耗在岗位上，深有感触地说："今后再也不能只知招兵买马，不管带兵用人了。"[①]

但总体上，北京市一些企业的编制定员、劳动定额工作还是没有让劳动部门满意。北京市劳动局认为，目前企业劳动管理工作上的问题很多，集中表现在工业劳动生产率大大低于上海和其他一些兄弟城市。如市属工业局1963年全员劳动生产率为9960元，上海市为16 255元，上海比北京高63.2%。又如对比180种产品实物劳动生产率，其中有141种落后于外地。北京市劳动局认为，主要原因是编制定员、劳动定额的工作没搞好。有的企业虽然搞了定员、定额，但长期没有修订，水平偏低，脱离实际，在劳动定额方面较普遍地存在不全（实行定额的工人不全）、不高（定额水平不高）、不准（定额水平忽高忽低）、不用（定额制定以后不用）、不管（定额无人管理）等现象，实际上是用人无标准、劳动无定额。

---

① 中共北京市委党史研究室，北京市档案馆. 北京市重要文献选编（1963）[M]. 北京：中国档案出版社，2006：209-210.

<<< 第四章 国民经济调整时期北京市的统一调配就业制度（1961—1965）

据不完全统计，工业企业实行劳动定额的工人占能够制定定额的工人总数的50%左右。多数企业是经验估工，缺乏充分可靠的依据和群众基础。例如，北京缝纫机厂1962年9月全厂制定了劳动定额以后，到现在一年半没有修订。该厂机工车间3月调查，工人平均超额32.4%。工人反映："我们的定额水平，躺在沙发上也能够达到。"燕京造纸一厂的原料、完成两个车间的辅助工人平均每日工作只有4小时左右。至于企业管理人员和服务人员的定员，也只是用比例数字控制一下而已。劳动局还指出，一些企业机构臃肿，管理层次过多的现象仍然相当严重。许多企业仍然实行四级管理（厂部、车间、工段、小组），有些大中型企业甚至实行五级管理（厂部、车间、工段、大组、小组），不少小型企业也都设有职能科室。据市属七个工业局统计，1960年非直接生产人员占全部职工人数为16%，到1963年上升为20.2%。①

一些企业对非生产人员的比例的控制也达不到中央要求的"13%"的标准，在实际中往往"就高不就低"。1963年4月，北京市劳动局曾对北京低压电器厂的定员情况进行了调查。调查情况为：该厂现有全部职工1018人，其中管理干部110人，占全部职工的10.8%；服务人员99人，占9.6%；专职工程技术110人。其中有一部分专职技术员工口径划分不清，如计算在内，非生产人员所占比例就更可观。全厂有14名下放干部，有的担任调度工，有的管材料库，有的在模具库画图、资料室抄资料，其余均在各库房做管理工作。另外全厂有9名工艺工人，担任工艺工作。全厂有63个生产小组长，绝大部分是脱产半日以上的，这些人员均划在生产工人中，而实际是做管理工作的。全厂的生产小组长按半脱产算为31人，这样非生产人员就达到了25%。②

另据一份《本市工业企业非生产人员变化的情况》表的数据：1957年本市工业企业共有职工24.1万人，其中非生产人员有4.99万人（不包括技术干部，下同），占职工总人数的20.7%。中央在京企业职工为11.53万人，其中非生产人员有2.08万人，占18%；地方企业职工为12.57万人，其中非生产人员有2.91万人，占23.1%。1960年工业企业职工达到50.8万人，其中非生产人员8.41万人，占16.4%，比1957年下降4.3%，到1961年职工减为48.34万人，其中非生产人员有9.25万人，占19.1%，经过1962年大量精简，到年底职工减为43.93万人，其中非生产人员有8.26万人，占20%，比1960年增长3.6%。

---

① 北京市劳动局. 关于市属工业企业加强劳动管理工作试点情况的报告和今后意见［A］. 1964年9月3日. 北京市档案馆藏. 档案号：110-001-01630.
② 北京市劳动局. 北京低压电器厂定员情况调查. 1963年4月［A］. 北京市档案馆藏. 档案号：110-001-01356.

增长的原因,主要是行政管理人员的比重加大,1960年管理人员占职工总数的6.7%,到1962年年底则增长为8.7%。其中,中央在京企业1962年年底共有职工18.75万人,其中非生产人员有3.92万人,占20.9%,比1960年增长2.6%,其中管理人员的比重增长2.4%。地方企业1962年共有职工25.17万人,其中非生产人员有4.84万人,占19.2%,比1957年下降3.9%,比1960年增长3.3%,其中管理人员的比重增长2.9%。① 非直接生产人员比例持续上升且难以压缩下来,应该与单位管理人员比例上升有较大的关系。管理人员作为企业的骨干力量,很难被精简与压缩。

二、临时工管理改革

(一)加强对临时工的管理

1. 临时工使用的审批程序

"大跃进"时期,招收职工中相当多的为临时工人,因而国民经济调整时期对临时工的招用管理必然会加强。1962年,国务院即发布了《国务院关于国营企业使用临时职工的暂行规定》,加强对临时工的规范使用。规定要求"对于临时职工,应当是有生产任务时招用来厂(场)生产,无生产任务时辞退离厂(场),都不得转为长期职工"。"凡是在正常的生产和业务范围以内使用临时工,应当纳入本年度劳动计划。临时职工的人数(折算为年平均人数)和工资,应当在年度劳动计划中单列项目。"临时工的使用审批程序、来源为:企业在已经批准的年度劳动计划以内使用临时职工,应当按季提出招用计划,报请当地劳动部门审核批准。经劳动部门借调或从城镇有正式户口的居民中招用。② 这实际上就是仿照长期工的管理模式来管理临时工。

北京市人民委员会也于1962年12月13日制发了国务院暂行规定的实施办法。为了将临时工纳入计划管理的轨道,1963年4月,北京市劳动局规定:"为了完成精简任务,严格控制增加职工,根据市人委的指示,各区、县对全民所有制企业、事业、机关单位介绍临时职工,在劳动计划未正式下达到基层单位以前,除市、区、县所属机关、团体单位经市编制委员会批准外,在京中央直

---

① 北京市劳动局. 本市工业企业非生产人员变化的情况 [A]. 1963年2月10日. 北京市档案馆藏. 档案号: 110-001-01356.
② 中国社会科学院,中央档案馆. 中华人民共和国经济档案资料选编(1958—1965):劳动就业和收入分配卷 [M]. 北京:中国财政经济出版社,2011:119.

属单位和市、区、县属企业、事业单位,须经市劳动局批准,才能供应。"① 这实际上就是将临时工的使用也纳入国家计划范围内,执行计划指标与审批使用的制度。此外,通过对临时工工资与粮食关系的控制,从而控制了用人单位的临时工使用。

2. 临时工使用细则

1964年3月18日,北京市劳动局又公布了调配临时工的手续细则。规定:一、中央在京企业单位、在已经批准的年度劳动计划内,持主管部批准的劳动计划,按月(或季)编报用工计划,向所在区、县劳动部门申请招用。二、中央在京事业单位、国家机关和人民团体、军事单位,需要从社会上招用临时工时,可持主管部、委批准的劳动计划或证明信,向所在区、县劳动部门申请招用。三、市属企业事业单位,需要从社会上招用临时工时,主管局在市批准的劳动计划指标内下达用工指标,各用工单位根据已批准的用工指标,按月(或季)编报用工计划,向所在区、县劳动部门申请招用。四、区、县属企业事业单位等,可直接向所在区、县劳动部门申请招用,各区、县在市计委、劳动局下达的总指标人数内,统一掌握,审批供应。五、市属集体所有制企业,经主管局汇总报市劳动局同意后按第三条规定办理;区、县属集体所有制单位,申请各区、县审批供应。六、市属各主管局和各区、县,如超过市批准下达的临时用工计划指标时,必须报经市劳动局批准后才可供应。七、各单位如需要招用农民做临时工时,必须报经市劳动局转报市人委批准。八、各单位按规定招用的临时职工,持街道办事处介绍信到用工单位报到。用工单位持报到信到区、县劳动部门换取录用证明信。银行和粮食部门根据证明信准予领取工资和补助粮食。单位用工期满后,应开给工人退工证;工人持退工证回街道办事处报到。② 如1962年9月北京市劳动局向北京市人委上报"关于农林局、永定河工程局急需临时工的请示",要求在9月、10月、11月各需要970人、1950人、1627人完成秋季造林、苗木出圃和幼苗抚育任务,各需工单位要求就地与附近各农村人民公社联系招用。请示获得批准。③

此后,临时工的使用就纳入了计划指标体系管理之中,各行业企业都必须

---

① 北京市劳动局. 关于严格控制全面所有制单位使用临时职工的通知[A]. 1963年4月28日. 北京市档案馆藏. 档案号:110-001-001458.

② 北京市劳动局. 关于各单位从社会上招用临时职工调配手续的通知[A]. 1964年3月18日. 北京市档案馆. 档案号:119-001-00896.

③ 北京市劳动局. 关于农林局、永定河工程局急需临时工的请示[A]. 1962年9月17日. 北京市档案馆藏. 档案号:110-001-01345.

按计划招用临时工。如1964年北京市副食品系统各级单位使用临时工就是依据主管局下达的使用指标来使用的。为了加强临时工的计划调配，便利单位用工，兹将1964年副食系统招用临时工指标下达给各单位，并请遵照办理。各单位在临时工指标内（包括现有长期临时工和今年元月已用的临时工数），可根据工作需要，忙时多用，闲时少用的原则，事先按季分月提出招用临时工计划，报本区（县）人委劳动科组织调配。如招用农民或因特殊情况需突破指标时，各用人单位应事先提出计划（包括工种、人数、时间）由市副食品商业局转市劳动局报市人民委员会批准。① 该分配指标也抄送市人民银行，以统一拨付工资。

临时工使用已经是极其微观的领域，使用方式灵活多变，工种多样，时间也不固定，因此很难精确预计。据北京市劳动局当时尽可能列出的临时工的工种与工时，我们就可以看出临时工工作的多样性、复杂性。季节性临时用工内容有：春季造林育苗养蚕、春季孵小鸡、春节厂甸小食品加工、春节豆制品加工、元宵年糕粽子加工、夏季蔬菜挑选、蛋品收购分类打蛋、房屋修缮、公用服务游泳救护除草、夏麦收购入库、夏季打药水、西瓜水果旺季挑选搬运、果脯加工、秋征粮食入库（区县）、粮食翻晒、缝补麻袋、采酒花、葡萄处理、中秋月饼加工、商业倒仓、白薯上市搬运零售、节日供应（春节、五一、十一）、冬季大白菜搬运分类、冬季暖气生火炉、冬季煤球加工运煤、冬季清除垃圾、冬季打冰、棉花收购及其他、建筑材料冬季采土。这还不包括建筑市政临时工、工业生产用工、国庆十五周年庆祝活动和各种展览会等用工数等。② 可见临时工工作范围太广泛，工种、工作性质、时间等非常复杂。劳动部门想要分类管理非常困难，现实中往往会限制用人单位正常使用劳动力。

（二）临时工转正政策

1. 临时工转正条件

1963年后，随着经济形势逐渐好转，为了解决一些单位的用人问题，国务院发出通知，将一批临时工予以转正。国务院在通知中指出："前几年有些企业、事业单位曾招用了一些临时工（合同工）从事经常性的生产或工作，精简中这些人仍然保留下来，目前大都成了生产、工作上的骨干力量。为了稳定这些人的情绪，以利生产、工作，国务院认为，各企业、事业单位应当结合当前的调整工资，转正定级工作，对精简后保留下来的临时工，进行一次清理，凡

---

① 北京市劳动局，北京市副食品商业局．关于下达1964年副食系统招用临时工指标的联合通知 [A]．1964年1月16日．北京市档案馆藏．档案号：119-001-00896．
② 北京市市属单位一九六四年度临时用工计划表 [A]．北京市档案馆藏．档案号：110-001-01467．

<<< 第四章 国民经济调整时期北京市的统一调配就业制度（1961—1965）

是 1960 年前进入企业、事业单位从事经常性生产或工作，现在已经成为生产、工作上的骨干的，可以在国家已经批准的 1963 年的劳动计划人数以内，将他们转为长期工人。但是，担任临时性工作的临时工，不论其参加工作时间多长，都不得转为长期工人，并且应当在工作完毕后，即予辞退。上述转为长期工人的时候，不论属于中央企业或地方企业，都应当报请省、自治区、直辖市劳动厅（局）审查批准。"①

国务院的文件规定了临时工的转正的工作期限、工种性质等，但是由于文件个别表述语焉不详，如"1960 年前"的规定，以及何谓"骨干"，都容易使政策执行者理解模糊。希望尽可能多临时工的转正的地方政府就可能解释为"包含 1960 年"，例如，北京市就是这么规定的："各单位申报临时工转长期工的工人，必须是 1960 年年底以前招用的，在本市有城镇正式户口的居民。"② 为此中央劳动部特发急件，对一些模糊之处予以明确。"1960 年以前，应当包括 1960 年。所谓'生产、工作上的骨干'，是指已经掌握了一定的技术和业务，生产、工作上长期需要，而又确实离不开的人员。1961 年 1 月 1 日以后进入企业、事业单位的临时工人，不能按通知的规定办理。"③

2. 临时工转正案例

依据国务院的通知规定条件，各单位将一批符合条件的临时工予以转正。如北京市副食品商业局向市劳动局申请将临时工李××转为长期工。"市食品公司丰台收购供应商店长期临时工李××，男，年 51 岁。原系丰台清真寺的刀师傅，自 1952 年以来即在丰台屠宰坊屠宰牛羊，1958 年转为该坊的临时工人，一直工作到现在。李××年岁虽然稍大，但身体健康，有熟练的屠宰技术，并且参加工作年限较长，符合国务院'关于从事经常性工作的临时工转为长期工问题的通知'的规定，因此，公司拟将该人转为长期工，经审查，我局同意公司意见，请你局核批，并函复。"北京市劳动局回复副食品商业局同意，然后副食品商业局再通知市食品公司："经市劳动局于 1964 年 2 月 3 日批准，你公司的临时工

---

① （北京市转发）国务院关于从事经常性工作的临时工转为长期工问题的通知 [A]．1963 年 7 月 12 日．北京市档案馆藏．档案号：110-001-001458．
② 北京市劳动局．关于执行市人委转发国务院"关于从事经常性工作的临时工转为长期工问题"的通知有关申报手续的通知 [A]．1963 年 8 月 3 日．北京市档案馆藏．档案号：110-001-001458．
③ 中华人民共和国劳动部．关于从事经常性工作的临时工转为长期工有关问题的解释（特急件）[A]．1963 年 8 月 1 日．北京市档案馆藏．档案号：110-001-001458．

李××同志转为长期工。特此通知。"① 从此，李××就摆脱了临时工的身份，成为长期工了。

此外，一些行业也会以"工作需要""稳定思想或情绪"为名，申请将一些他们认为的骨干力量转为长期工。如北京市副食品商业局向劳动局提出申请，将一批合同工转为长期工。"我局所属食品公司，从1963年增加了出口冻兔任务。因自有力量不足，从丰台区大红门、铁匠营两个街道服务站组织了120名社会青年和家庭妇女，1964年从中选拔了65名工作态度好、效率高的改为合同工继续雇用。这些人绝大部分在25岁以下，文化程度一般是初小和高小，经过一个时期的培养，技术进步很快。工作效率由开始每天剔骨15只上升到100只左右，最高达到150只，已成为完成任务的主要力量。但最近有些工厂招收徒工，区劳动科已经给输送走了13名（大部分是剔兔快手）。他们走后，其他人思想波动很大，严重影响了工作。据丰台区劳动科谈，临时工服从长期工，今后还要安排外转。为了保证完成出口任务，这部分技术力量应该保留，我们的意见是，是否可以作为特殊情况，将现有的52名合同工转为长期工。以稳定大家的思想。"② "转正"成为临时工群体梦寐以求的目标，始终刺激着众多的求职者涌入临时工群体的大军。

三、"亦工亦农"制度的试点

（一）"亦工亦农"制度的提出

1959年劳动部颁布规定，在用工制度上"分别采用长期工、合同工、亦工亦农的办法"。其后各地在招工时，一般对城市来源的签订劳动合同，农村来源的实行亦工亦农制度。③

什么是亦工亦农制度，当时为什么要提出这种劳动制度呢？据宣传材料："什么叫作亦工亦农制，说白了就是到各单位工作的农民，又当工人，又当农民。农民进工厂做工，在一定时间内就是工人，工作一定时期以后，又回到农村参加农业劳动，就是农民。""实行亦工亦农制度可以统筹兼顾工农业劳动力，使工农业生产两不误，更好地贯彻执行发展国民经济以农业为基础，以工业为

---

① 北京市副食品商业局. 关于请核批食品公司临时工为长期工的函 [A]. 1964年1月18日. 北京市档案馆藏. 档案号：119-001-00896.
② 北京市副食品商业局. 关于屠兔合同工转为长期工人的函 [A]. 1964年3月23日. 北京市档案馆藏. 档案号：119-001-00896.
③ 路遇. 新中国人口五十年：下 [A]. 北京：中国人口出版社，2004：868.

主导的总方针。"① 至 1964 年，中央再次提出了实行两种劳动制度（固定工制度和亦工亦农制度）的指示精神，"早在 1958 年刘（少奇）主席就提出了实行亦工亦农劳动制度（的指示），最近刘主席又提出了这个指示"②。于是各地也开展了"亦工亦农"的试点工作。

北京市也向郊区、各县提出《关于本市实行亦工亦农劳动制度的情况和今后意见（稿）》。要求各郊区、县劳动科重点研究，参与讨论。但暂未在近城区实施。③ 北京市劳动局的意见是：实行亦工亦农的劳动制度，应该在国家批准的劳动工资计划之内进行安排。今后各部门、各企业需要增加的劳动力，凡是能用临时工的，不要吸收固定工；凡是城市劳动力可以解决的，都不要从农村招用，必须使用农村劳动力的，就应该实行不同形式的亦工亦农劳动制度，对亦工亦农的劳动者一律不转为固定工。城市招用的临时工，除必要的技术骨干外，一般不要转为固定工。为了方便推行"亦工亦农"制度，还提出"可以新建在农村、县城、集镇的企业，应该建设在农村，实行亦工亦农制度。实行亦工亦农制度的具体形式有：与公社、生产队签订合同招收临时工、季节工（包括预约工）；将任务包给就地的社、队；不能固定的任务，与当地社、队建立固定协作关系；长期外出做临时工的，实行轮换制，每三年到五年轮换一次"④。劳动局提出了这些实施细则准备实施。

（二）北京市"亦工亦农"制度的试点

1964 年中央经济工作会议上，刘少奇再次提出了实行亦工亦农制度的问题。北京市在 1964 年 8 月开始试点推行。北京市准备将城市基本建设、市政、房屋修缮等部门的临时工实行轮换制，部分固定工也逐步改行亦工亦农制度。如北京市冬季所需要的 1.1 万余名锅炉工，也将由固定工改为临时工。丰台桥梁厂本来拟招收固定工的，后来决定改为采用轮换制办法招收临时工。丰台桥梁厂和附近卢沟桥公社的三个生产大队签订了合同招收 150 人，三年一轮换。这些人户口留在农村，每人每月自带 30 斤粮食，由国家补助差额部分。生产大队选

---

① 北京市土桥砖瓦厂实行亦工亦农制度的讲话提纲（适用干部）[A]. 1964 年 11 月 18 日. 北京市档案馆藏. 档案号：110-001-01609.
② 土桥砖瓦厂. 实行亦工亦农轮换劳动制度宣传材料（适用工人）[A]. 1964 年 11 月. 北京市档案馆藏. 档案号：110-001-01609.
③ 北京市劳动局. 关于讨论实行亦工亦农劳动制度的通知[A]. 1964 年 8 月 1 日. 北京市档案馆藏. 档案号：110-001-01608.
④ 北京市劳动局. 关于本市实行亦工亦农劳动制度的情况和意见（汇报稿）[A]. 1964 年 7 月 29 日. 北京市档案馆藏. 档案号：110-001-01608.

出的人都年轻力壮，大部分是贫下中农出身，干劲很足，很受工厂欢迎。华北铁路工程局、华北电力建设公司、永定河水力发电工程局等单位计划招收700余人，都准备采用亦工亦农制度。①

建筑、市政单位中农村新入职工人集中，特别是以脏、重、累为特点的砖瓦制造工人，绝大多数以农民工为主，轮换制较易推行。建筑材料工业局下属的土桥砖瓦厂就成为试点单位之一。

1. 单位态度与工人反应

在当时工人与农民的劳动待遇在事实上存在较大差别的情况下，亦工亦农的推行自然会引起一些在职工人的疑虑。一些砖瓦厂工人思想波动大，到处打听、摸底，议论纷纷。陈××的老婆说："我要一辈子饭，四十多了，该享两天福了，好不容易嫁一个人到北京，我不走。"韩计砖瓦厂工人孙××说："领导又算计了，老了不给养老金了。"工人陈××说："天阴一定要下雨（指宣传意义就要实行）。"太平庄砖瓦厂工人石××（群众）说："你们是红的，我们是白的，铁饭碗这回成了纸的了，和树叶一样，风一刮就掉。"② 工厂领导也不愿放走长期以来培养的这批熟练工人，担心影响生产。土桥砖瓦厂领导顾虑："过去和工人说以厂为家，今天让工人走没法说""1962年工人要求回家我们不让走，今天又让走没法说""怕工人闹事，怕影响生产""领导坚决要搞，就搞吧，试试看，动员不走，不能说我不重视亦工亦农这项工作""从亦工亦农角度来看是对的，从生产角度考虑是不利的""明年生产没法搞"等。③

工人对亦工亦农制度也有"模糊"认识。推胶车工人纪×说："过去说以厂为家，现在不能这样说了，应当是以厂为厂，以家为家。"库工高××说："要是自愿，我不自愿。过去一个三级工顶不了两沟葱的时候，为什么不叫走，回去吃不上40%白面和大米饭炖肥肠了。"采土工人牛××说："好不容易熬成了个长期工，一搞亦工亦农又成了临时工。"也有不少工人认为："长期工是铁饭碗，铁杆庄稼，旱涝保收，一年有十二个大秋（指每月发工资），这回全完了。"④ 轮换制意味着该厂的固定工一下子又被"打回"农民，在当时工、农整体上待

---

① 中共北京市委党史研究室，北京市档案馆．北京市重要文献选编（1964）［M］．北京：中国档案出版社，2006：988-989．

② 砖瓦行业推行亦工亦农制度情况简报［A］．1965年1月4日．北京市档案馆藏．档案号：110-001-01729．

③ 土桥砖瓦厂厂长郭×同志（在地材公司汇报会议上）的发言（根据记录整理未经本人校对）［A］．1964年12月23日．北京市档案馆藏．档案号：110-001-01609．

④ 北京市土桥砖瓦厂，亦工亦农联合工作组．土桥砖瓦厂试行亦工亦农劳动制度工作总结［A］．1965年2月20日．北京市档案馆藏．档案号：110-001-01609．

遇差别较大的情况下，这些人肯定是有抵触情绪的。

2. 试点步骤

为了试点轮换制，土桥砖瓦厂制定了较为翔实的工作步骤。

(1) 动员阶段。首先是摸底调查，对全厂776名工人进行全面的初步摸底排队工作，摸清在厂工人的籍贯、健康状况、工种和日常思想情况，进行分析排队，初步确定轮换对象。其次是组织阶段，主要开展对干部、工人的宣传教育，做好思想工作。也让工人有思想准备。最后是揭盖阶段。工作组和有关干部全力以赴搜集工人思想反应，培养还乡骨干，经过普遍号召充分酝酿后，采取个人申请领导审查，分批分期相结合的办法依法处理工人还乡。①

(2) 组织领导，具体实施返乡工作。轮换的工种人员基本上是一些从事简单的体力活人员或简单技术岗位人员。为了避免人员流动太频繁，拟定的轮换周期也较长。为了保留技术骨干，"实行轮换的范围对技术性较强的工种在试点时暂不轮换"。轮换工种为"其他一些壮工和技术操作简单的"。至于轮换周期，土桥砖瓦厂认为"定为五年轮换一次为宜"②。

那么在实际中确定哪些人为轮换还乡人员呢？该厂制定了"内部掌握原则""处理工人还乡，主要是来自农村的。在试点中，以河北省三河、香河两县为重点，以老弱病残人员为主要动员对象，采取逐步分期分批地实行轮换回乡生产"。处理中对一些职工划出了政策界限，对这类人不做处理，或暂不做处理，这些职工为：①来自本市和外省城镇的、又无条件参加农业生产的，不做处理。②患有严重疾病或因工负伤，现正在住院治疗、休养的。③独生、无家可归，又无条件参加农业生产的。④来自农村，原籍属于严重灾区的。⑤老工人、连续工龄在十五年以上的，不作为主要动员对象。⑥处理双职工还乡时，应当本着同去同留的原则，一般不要造成两地分居。对确不能还乡的，又不适合生产需要的，可以按退职办理。⑦对资本家、小业主在试点中暂不处理。③ 单位考虑到多种因素，还是比较慎重。

(3) 制定轮换方案，确定具体办法。确定轮换范围是：第一，在高温作业的工种的工人；第二，劳动强度大或有一定技术要求的工种的工人；第三，虽

---

① 北京市土桥砖瓦厂. 土桥砖瓦厂实行亦工亦农轮换制的工作步骤 [A]. 1964年11月14日. 北京市档案馆藏. 档案号：110-001-01609.

② 北京市土桥砖瓦厂实行亦工亦农制度的讲话提纲（适用干部）[A]. 1964年11月18日. 北京市档案馆藏. 档案号：110-001-01609.

③ 北京市土桥砖瓦厂. 处理工人还乡内部掌握的原则 [A]. 1964年11月20日. 北京市档案馆藏. 档案号：110-001-01609.

然有一定技术要求，但经过一段时间熟练，就能掌握操作技能的工种的工人。对于那些技术比较复杂，需要进行较长时间培训的工种的工人，仍然实行固定工制度。按照以上原则，确定在全厂64个工种中有51个工种687人实行轮换。对可轮换的工人实行两年轮换完。第一批轮换为400人。

工厂组织干部进行了调查摸底，做好还乡准备工作。针对一些工人声称原籍无房住、无生产条件等托词，为了解真相，工厂组织干部对第一批轮换的400名工人以车间支部为核心，对他们的家庭住址、经济情况、本人身体状况、思想动态等方面进行了摸底排查。同时抽调干部组成工作组，到工人居住集中的三河、香河两县进行重点调查，了解工人家庭有无实际困难。经过努力，到1965年1月底工作结束时，"有397人回乡参加了农业生产，占原计划第一批轮换400人的99%，占可轮换工人总数687人的57.8%。完成了轮换计划。同时从农村人民公社换回三年轮换制合同工239人，还有161人正在陆续入厂"①。整体看这一制度推进得比较慎重、稳妥。

（三）试点中的问题

"亦工亦农"制度只是一个初步设想，现实中面临很多复杂问题。

1. 轮换期短的问题

当时工厂担心轮换期太短，就不能经常保持一批熟练工人。"原确定轮换期为三年，就不能使工厂经常保持一定数量的、有一定技术水平的工人。"② 工厂领导也不愿放弃长期以来培养的这批熟练工人，担心影响生产。

2. 工资待遇与劳动保险问题

最重要的是当时工农之间劳动核算方式、劳动待遇都存在很大差别，这就引起了混乱。工人反映工资制度和劳保待遇不够合理。如丰台桥梁厂亦工亦农工人实行固定工的工资制度的等级，一律二级工40元1角，工人反映："我们在队里劳动，干活不一样，挣工分也不一样，到工厂一律40元1角，这样不合理。"今后如采取同固定工一样的升级办法，其工资水平增长的幅度过大，会对其他工人产生影响（该厂1958年入厂徒工和技校毕业生现工资40余元，去年从社会上招收的固定工和临时工，现工资34元）。劳保待遇方面，工人反映："发生工伤干不了活，回家就发给九个月的生活补助费，今后生活没依靠。"一

---

① 北京市土桥砖瓦厂，亦工亦农联合工作组. 土桥砖瓦厂试行亦工亦农劳动制度工作总结[A]. 1965年2月20日. 北京市档案馆藏. 档案号：110-001-01609.
② 北京市劳动局. 关于丰台桥梁厂实行亦工亦农劳动制度情况调查报告[A]. 1965年11月1日. 北京市档案馆藏. 档案号：110-001-01729.

些危险性较大的活，他们也就不愿干。①

3. 如何处理亦工亦农工人与生产队的经济关系问题

卢沟桥公社小屯生产社的社员郭×说："外出工人收入全部归己，他们与生产队摘钩了。他们是工人，我们是农民，关系不密切。他们的家属靠工资维持生活，把农业当成副业，干活挑肥拣瘦，不关心农业生产。"亦工亦农工人田××说："社员是以农业为基础，现在一刀两断是什么基础？"生产队对外出做工的社员的家属生活问题不管，甚至连看病临时借款也不行。②

北京市亦工亦农制度主要在建筑、市政等单位的农民临时工中试行。1965年10月，北京市人民委员会发出通知，要求建筑、市政企业中农民临时工改为亦工亦农实行轮换制。通知要求建筑、市政企业1963年以来从郊区、县招用的农民临时工，继续留下工作的，"从今年开始改为亦工亦农实行轮换制。轮换制可定为3年至5年"③。此后的"文化大革命"中，亦工亦农制度受到批判，试点停止。

四、扩大使用女工

（一）妇女劳动力就业状况

新中国成立后，妇女劳动力的就业率一直上升。"新中国成立初期我国的女职工只有60万人，占职工总数的7.5%；1963年年末，女职工已达660万人，占职工总数的20%。"但"苏联女职工占职工总数的比例为47%，英国为34.7%"。当时同一行业中使用女工的比例也相差很大，如棉纺行业使用女工的比例"上海市平均为69.2%，郑州市平均为61.6%，山东省平均为53%"。在百货行业，云南省平均为59%，全国平均为44.7%，有些地区仅为25%；副食零售行业，全国平均为37.8%。④

在北京市，女工在一些用人单位受到忽视。有些单位反映使用女工问题有"四多"，即缺勤多、病弱照顾多、孕产多、定员多。"三低"，即出勤率低、效

---

① 北京市劳动局．关于丰台桥梁厂实行亦工亦农劳动制度情况调查报告[A]．1965年11月1日．北京市档案馆藏．档案号：110-001-01729．
② 北京市劳动局．关于丰台桥梁厂实行亦工亦农劳动制度情况调查报告[A]．1965年11月1日．北京市档案馆藏．档案号：110-001-01729．
③ 中共北京市委党史研究室，北京市档案馆．北京市重要文献选编（1965）[M]．北京：中国档案出版社，2007：487．
④ 中国社会科学院，中央档案馆．中华人民共和国经济档案资料选编（1958—1965）：劳动就业和收入分配卷[M]．北京：中国财政经济出版社，2011：149．

率低、技术水平低。很多单位不愿使用女工或不愿再扩大女工的使用比例，造成妇女就业困难。例如，1963年不能升学的初、高中毕业生中女性占60%，要人单位只要30%的女学生。有些单位宁愿少要或不要，或把女工录取标准规定过严，造成男性不够分配，女性多不能安排。当时，社会青年要求就业的女性占全部就业人数的80%，而需工单位只要20%。①

统一调配就业制度建立后，为了弥补城市男性壮年劳动力的不足，尽量减少从外地或农村招用人员，充分利用城市现有的劳动力，当时中央及劳动主管部门一直主张在劳动力使用上"以弱代强，以女代男"，这样才是合理和节约使用劳动力。如在"大跃进"时期，北京市劳动局通过对西城区商业系统劳动力进行调查后认为，现有服务员、售货员男的多、青壮年多，一般工种技术性不大，劳动量较轻，每天工作约10小时，每人每周轮休一天。"从劳动力使用上看有潜力可挖。例如，百货针织组售货员18人，男10人，女8人。这些工作换上妇女给以短期学习完全可以胜任""从现有男青壮年售货员中第一批可抽男补女85人"。② 出于解决妇女劳动力就业问题的需要，劳动部也希望在各行业推广使用女工。1964年5月劳动部向国务院报告称："目前，城市需要就业的劳动力中，妇女劳动力约占三分之二；今后城市中新成长起来的劳动力中，妇女也将占半数左右。但是现在有不少单位在招收人员的时候，只愿意要男的，不愿意要女的。这种情况如果不改变，城市中大量有劳动能力的妇女将长期得不到安置，这是劳动力的很大浪费。"③

（二）制定女工使用范围与比例

劳动部推动制定各行业中使用女工的范围与比例，要求那些机械化程度比较高，劳动强度比较小的工作，应该多使用女工；劳动强度虽然比较大，但是妇女可以胜任的工作，也应该尽量使用女工；但是特重体力劳动和对妇女生理有特殊危害的工作，以及井下、高温作业的工作，则不宜使用女工。"今后企业在招收工人的时候，应该按照规定的女工比例或者大于这个比例招收妇女。"④

北京市根据中央第二次城市工作会议的精神和劳动部关于开展各行业配备

---

① 北京市劳动局. 关于各行业女工配备和使用情况的调查报告［A］. 1964年5月19日. 北京市档案馆藏. 档案号：110-001-01634.
② 北京市劳动局. 对西城区商业系统劳动力的初步调查情况［A］. 1958年11月25日. 北京市档案馆藏. 档案号：110-001-00977.
③ 中国社会科学院，中央档案馆. 中华人民共和国经济档案资料选编（1958—1965）：劳动就业和收入分配卷［M］. 北京：中国财政经济出版社，2011：149.
④ 中国社会科学院，中央档案馆. 中华人民共和国经济档案资料选编（1958—1965）：劳动就业和收入分配卷［M］. 北京：中国财政经济出版社，2011：150.

第四章 国民经济调整时期北京市的统一调配就业制度（1961—1965）

和使用女工情况调查的指示，于1963年、1964年在一些单位进行了女工配备使用情况的调查。

北京市劳动局通过调查，认为目前各行业中仍存在使用女工不多或不够普遍的问题，有的行业对女工配备不够恰当。1964年5月19日，北京市劳动局向中央劳动部提出重点行业今后配备女工的意见，对不同行业的男女工配备比例进行了调整。从事轻体力劳动的财贸业务人员、纺织、轻工和手工行业有所增加；从事重体力劳动和有毒、高空、高温、低温等行业不配或者少配女工，例如，交通运输的装卸，冶金部的炼钢、炼铁，化工行业操作苯、汞、铅、铵、氯等作业。① 除了纺织印染等女工配备比例已经很大的行业，调整后增加比例较大的行业如表4-8所示。

表4-8　扩大使用女工比例较大行业表②　　　　　　　单位：%

行业	现配备比例	调整后比例	增加比例	预备（队）比例
建材：木材	16.5	25	8.5	10~15
轻工：日用品	44.15	50	5.85	—
通用机械	14.4	20	5.6	
被服	48	60	12	
皮革	29.2	30	5.8	
百货	30	50	20	10~15
饮食	29.2	35	5.8	10
理发	29.8	50	20.2	—
教育	50.6	70	20	8~10

可见，在城市男性劳动力比较短缺的情况下，劳动部门倾向于有条件使用女工的就使用女工，因此女性劳动力参加劳动的比例逐年上升。

---

① 北京市劳动局. 关于各行业女工配备和使用情况的调查报告［A］. 1964年5月19日. 北京市档案馆藏. 档案号：110-001-01634.
② 北京市劳动局. 关于各行业女工配备和使用情况的调查报告［A］. 1964年5月19日. 北京市档案馆藏. 档案号：110-001-01634.

第四节 国民经济调整时期统一调配就业制度的效果与问题

国民经济调整时期,统一调配就业制度发挥了压缩城市人口的作用。经过约两年半的精简,全国精简了约 2000 万的职工,压缩了更多的城市人口返回农村,从一定程度上挤压了"大跃进"以来的就业虚高现象。在大精简中,工业部门的职工精简比例所占比例较大,一定程度上改善了就业结构。在精简、再安置中也出现如精简不当,精简后难以巩固,不能有效解决城市新增劳动力的就业问题等。

一、实施效果

(一)压缩了城市人口,缓解了困难形势

为应对当时的经济困难局面,从 1961 年 1 月至 1963 年 6 月,在两年半的时间内,全国共减少了职工 1887 万人。1963 年 6 月,全国职工人数为 3183 万人,与之相对应的是,到 1963 年 6 月,全国城镇人口减少 2600 万人。① 其中北京市到 1962 年年底减少职工 33 万余人,大部分返回了农村,一部分返回了街道。从 1960 年至 1962 年,北京市常住人口中,非农业人口从 455.6 万人减少到 420.6 万人,两年间净减少城市人口 35 万人。而同期农业人口从 276.5 万人增加到了 303 万人,净增加了 26.5 万人。② 另外有 8 万多人应该是精简回了附近省市,主要是河北省。详见表 4-9。

表4-9 1960年至1962年11月全国各行业及北京市职工增减数③　　　单位:万人

	1960年	1961年年底	1962年11月底	1962年11月底比1960年减少数
工业	2144.4	1597.4	1170.3	974.1
基本建设	692.8	397.2	232.8	460.0

---

① 中国社会科学院,中央档案馆.中华人民共和国经济档案资料选编(1958—1965):劳动就业和收入分配卷[M].北京:中国财政经济出版社,2011:217-218.
② 北京市统计局.北京四十年:社会经济统计资料[M].北京:中国统计出版社,1990:53.
③ 中国社会科学院,中央档案馆.中华人民共和国经济档案资料选编(1958—1965):劳动就业和收入分配卷[M].北京:中国财政经济出版社,2011:215-216.

第四章 国民经济调整时期北京市的统一调配就业制度（1961—1965）

续表

	1960年	1961年年底	1962年11月底	1962年11月底比1960年减少数
农林水气	423.3	421.9	352.0	71.3
运输与邮电	331.8	297.9	236.5	95.3
商业、饮食业与服务业	564.5	546.2	487.4	77.1
城市公用事业	39.0	37.2	36.2	2.8
科学、文教卫生	527.3	532.7	458.5	68.8
金融	25.3	25.6	27.9	+2.6
机关、团体	295.4	296.8	249.6	45.8
总计	5043.8	4152.9	3254.8	1789.0
其中北京市	156.1	137.8	123.0	33.1

北京市总的国家职工（即中央单位与北京市属单位）减少情况，如表4-10所示。

表4-10 北京市历年国民经济各部门职工人数（不包括集体所有制）①

	1957年	1960年	1962年	1963年6月底
总计	703 789	1 343 317	1 060 158	1 004 747
中央	187 842	449 886	331 709	312 570
地方	515 947	893 431	728 4749	692 117
工业	243 549	539 805	426 577	406 183
基建	90 732	266 563	116 410	105 370
交通运输	43 577	74 922	61 332	59 005
公用事业	24 551	29 766	36 560	36 474
农林水气	8987	19 320	30 429	31 844
文教卫生	1 102 55	193 236	186 172	177 546

---

① 北京市劳动局. 关于本市精简工作情况和对安置大、专、中毕业学生就业等若干问题的意见的报告附表［A］. 1963年8月4日. 北京市档案馆藏. 档案号：110-001-01460.

续表

	1957年	1960年	1962年	1963年6月底
商饮服	137 074	163 331	155 434	142 725
金融	6616	5581	6144	5829
机关	38 448	50 793	41 100	39 711

1960年，北京全市中央与地方国家职工为1 343 317人，至1963年6月底剩余1 004 687人，在1960年的基础上，至1963年6月北京市减少职工33 8630人，减少幅度达25.2%，也就是说平均4位职工中就有一位被精简。这还不包括集体所有制职工。实际上"大跃进"时期一些街道工厂等集体所有制企业也招用了大量的街道与农村劳动力。根据北京市城镇在业人口的统计数据，从1960年至1962年，北京市城市在业人口从1 904 035人，减少到1 518 852人，两年间减少在业人口385 183人①，在业人口减少幅度为20%。城市人口的大幅压缩，对缓解当时的经济困难局面起到了支持作用。

（二）缓解了就业结构失衡

国民经济调整时期，北京市劳动力就业结构有所调整、改观。首先是大量减少了工业部门的劳动力，特别是重工业部门劳动力。就全国来讲，1965年同1958年相比，工业劳动力占社会总劳动力的比重由16.6%下降到了6.4%，相当于1957年的比例。而在工业劳动力中，重工业劳动力的比重由80.4%下降到了52.6%，轻工业劳动力的比重相应的由19.6%提高到了47.4%。②

而精简后回到街道的人员很多又进入服务行业。大量的精简失业人员再安置，基本上是从事一些临时性的服务性工作，有些是自己开业，有些是街道组织开业。他们从事房屋修缮、摇煤、包片送煤、蔬菜装卸、临时看自行车、抬煤、打扫环境卫生、修理门窗家具、电灯、水门以及临时保姆等；个人家庭服务如理发、修自行车、黑白铁加工、做眼镜框、磨玉器、代写家信、修拉锁、无线电、电灯、磨刀剪、租小人书、画像、捏泥人、弹棉花、修竹帘等。③ 这些再安置人员大大增加了商业、饮食及服务行业的人力配置，缓解了"大跃进"

---

① 北京市统计局. 北京四十年：社会经济统计资料 [M]. 北京：中国统计出版社，1990：428.
② 袁伦渠. 中国劳动经济史 [M]. 北京：北京经济学院出版社，1990：216.
③ 北京市劳动局. 关于各区安置社会无业人员工作的情况 [A]. 1962年7月13日. 北京市档案馆藏. 档案号：110-001-01339.

时期就业结构失衡的现象，也方便了人民群众的生活。

国民经济调整时期，北京市劳动部门也有意识地对这种就业结构有所调整，适当地增加了轻工业、商业、服务业的就业指标。如北京市副食品商业局向北京市打报告，要求增加该局职工。"我们首都市场集中地反映我国的经济面貌，也在一定程度上反映人民的文化和精神面貌，在零售商店，特别在主要交通干线和繁华地区的商店中，认真地贯彻文明经商是一项重要的政治任务，要经常保持商品陈列丰满、美观、整齐、卫生和有良好的售货秩序，除坚持政治挂帅外，还必须任用一定的人力，从人员组织上和制度上给予保证。在当前反帝反修斗争的形势下，亟待加强这方面人力安排，争取把市场面貌经常搞好。"① 1963年经市委批准，为补充商业精简人数，适应业务需要，劳动局在本市初、高中毕业学生和社会青年中给副食品商业局招收900名作为徒工吸收。② 这就给商业部门补充了一些劳动力，一定程度上缓解了服务业人手紧张的局面。

二、存在的问题

（一）精简不当、巩固困难

1. 精简对象、方式不当

在压缩就业计划中，全国各城市都存在着试图多精简城市居民，少精简劳动力的倾向。"在减少1800万人的计划中，职工压缩的计划少，其他居民压缩的计划多。"这反映了各地力图尽量保留住劳动力人口，而将"老弱病残"清理出城市。与中央要求的精简人数中"职工必须占70%左右"的指示不相符合。③ 国家统计局就指出：北京市精简职工指标偏低，职工人数减少的幅度远低于生产任务调低的幅度。与1961年比较，职工人数减少的幅度只及生产任务调低幅度的一半左右，甚至只有1/3左右。④ 但是北京市又宣称超额完成了精简任务，那也就意味着精简了更多职工以外的城市居民。

在精简运动之下，还会有一些"不当"精简的情况出现。如朝阳门公社的

---

① 北京市副食品商业局. 关于当前副食品商业人员情况和1964年增加人员的意见 [A]. 1963年10月23日. 北京市档案馆藏. 档案号：119-001-00896.

② 北京市副食品商业局. 关于朝阳区劳动科和第一机床厂无视劳动政策私自招收我局徒工的函 [A]. 1964年3月14日. 北京市档案馆藏. 档案号：119-001-00896.

③ 中国社会科学院，中央档案馆. 中华人民共和国经济档案资料选编（1958—1965）：劳动就业和收入分配卷 [M]. 北京：中国财政经济出版社，2011：208.

④ 中国社会科学院，中央档案馆. 中华人民共和国经济档案资料选编（1958—1965）：劳动就业和收入分配卷 [M]. 北京：中国财政经济出版社，2011：221.

李庆平，男，32岁，1950年参加汽车运输公司沙河口站作司机，1961年7月经批准退职还乡（领取退职金575元）。该人全家居住本市，并有房产，原籍无生产生活条件。① 这些人被精简下来，有些可能是对政策把握不准，工作大意所致。

此外，还有一些年老工人尚未到退休年龄即"被退休"。有些单位成批地动员年老工人退休，如宣武区房建局一次就动员了9个长期工人"申请"退休。外省市城市的工人更易于被精简。宣武区建筑公司处理了两个上海人，一个济南人，都没有和当地联系就把工人遣送回上海和济南。同时也发现有些人（原北京籍的——作者注）被精简后，从四川、武汉等地来到北京找工作。有不少单位精简处理一些属于城镇居民中的临时工，有的做了适当的安置，有的则是简单地"推出了事"。如宣武区化工厂处理的86人中，属于月坛公社和西长安街公社的46人，厂子只开了介绍信寄给派出所，没有和公社联系，都没得到安置，引起不满。月坛被解雇的27人曾到工厂要求复工。区房建局处理的478人，住在宣武区的374人中，虽经与公社联系，但因公社企业、事业不能再加人，没有安置工作，有些人因为年老根本不能安置工作，这些人精简后很多人生活都有问题。② 精简后难以巩固精简结果。

2. 精简返乡后难以巩固

北京市在精简城市职工中，将一些单位的多余职工安插到农村。那么这些人在农村的劳动情况怎么样呢？据对顺义、通县、昌平、大兴的9个公社26个生产大队的632名复员军人、回乡干部和技术工人的调查，这些人大体分四种情况：积极参加集体劳动，维护集体利益，热心为群众服务，敢于向不良现象作斗争的有168人，占26%；基本上安心农业生产，参加集体劳动，遵守纪律，服从领导，但参加社会活动不积极的有386人，占59%；留恋城市生活，嫌农村苦，轻视农业劳动，不安心农业生产的有48人，占7.5%；坚持单干，搞投机倒把、偷盗或有严重流氓行为的有48人，占7.5%。可见大部分人还是能安心在农村参加生产，但是也有不少人有抵触情绪，不安心劳动，少数人又流入

---

① 北京市劳动局.关于检查城市精简人员的处理情况和对整个社会无业人员的安置意见的报告"附七个处理不当的人员情况"[A].1961年8月23日.北京市档案馆藏.档案号：110-001-01241.

② 北京市劳动局党组.对于处理精简人员时若干政策的意见（向万里同志并五人小组的报告）[A].1960年11月24日.北京市档案馆藏.档案号：110-001-01088.

了城市。① 可见，当时职工精简返乡后还存在着较多的后续问题，这些问题主要表现在以下三方面。

第一，返乡后生活上面临较多困难，难以巩固下来。主要是户口、家属就业、住房、吃粮等问题。从1963年1月至3月，北京市人民委员会办公厅就收到328名职工来信、来访，反映精简后的情况和问题。主要是被精简人员反映没有得到妥善安置，生活上存在一些困难等。其中有170名被精简回农村的职工反映，一方面，还乡后身体有病不能劳动，双职工分居后生活困难，单身汉自己不会做饭，以及某些人不安心农业生产等，不同意还乡，要求复职。另一方面，有的单位和生产队对还乡人员的安置不妥善，有的还乡人员的住房、治病、生活困难以及自留地、房基地、建房材料等具体问题没有解决。还有的是由于家乡地少人多，生产队怕背包袱，或者家乡是重灾区，生产队不收，安置问题没有落实，口粮长期得不到应有的供应。如通县供销社赵××来信说，他的妻子王××去年5月从西集供销社还乡以后，生产队不收，报不上户口，口粮至今无法供应。②

第二，有些接收地的农业社不配合。接收地的农业社自然认为他们实际上是来"分口粮"的。有些农业社就拒绝接收这些精简人员，或者不分、少分口粮；有的农业社要求返乡人员自带粮票。北京市公用局"被减人员（女）已结婚，这次精简她要求回娘家去，经与当地公社联系，他们认为她已结婚，公社不收。另外一个人是家在农村家里也有人，他是盲目流入城市的，回乡后公社不收，又回到企业来了。还有两个人是无证入户的，回去后大队要粮食证明"③。

接受地的少数大队和生产队的干部和社员"思想不通"，也增加了回乡人员生活上的一些困难，影响了回乡人员的情绪。北京市第二轻工业局的还乡人员就面临着吃粮的问题。"虽然还乡了416人，但是现下正是农闲时期，而大部分都已秋收分配工作即将结束，因此现已发生了还乡后公社不收的情况。"④ 通县觅子店公社前尖平大队认为"回乡人员是跟社员争口粮来了"，发给回乡人员的

---

① 中共北京市委组织部. 关于复员军人、回乡干部和技术工人返乡以后，参加农业生产情况的调查报告［A］. 1963年7月11日. 北京市档案馆藏. 档案号：110-001-01472.
② 中共北京市委党史研究室，北京市档案馆. 北京市重要文献选编（1963）［M］. 北京：中国档案出版社，2006：332.
③ 北京市公用局. 公用局1962年上半年精简工作总结［A］. 1962年7月27日. 北京市档案馆藏. 档案号：128-001-00090.
④ 北京市第二轻工业局. 第二批精简情况和存在的问题汇报［A］. 1961年12月14日. 北京市档案馆藏. 档案号：112-001-00772.

口粮低于一般社员的实际吃粮水平，还有长期不给返乡人员分配自留地的。①

第三，部分返乡人员受歧视。还有一些回乡人员返乡后受到误解与歧视，精神压力很大。如一些社员和回乡人员的家属对回乡人员冷淡，甚至讽刺、打击。河北满城大册营公社有些社员认为回乡工人是犯了大错误被开除的，对他们歧视。有的工人回到家里，老人骂，妻子哭，这使回乡人员精神上受到压力，待不下去。河北正定县初师有三个回乡的女学生，受到家长打骂，结果这三个学生又返回学校。② 总的来看，精简返乡工作结果大部分比较稳妥，但上述问题也在一定时期内影响了精简人员返乡后的巩固发展。

(二) 影响了企业正常用工

国民经济调整时期统一调配就业制度的收紧，导致用工审批手续繁杂，无法及时安排劳动力，影响单位正常生产。国民经济调整时期，在精简任务尚未完成的情况下，国家对从社会上招工进行严格控制，并把招用临时工的审批权限上收到市劳动局。从用工单位来看，则感到控制过严，管理过死，手续过繁。

以临时工调配为例，即便是北京市需要招用大数量的临时工，也需要上报国务院审批。如1963年9月，北京市向国务院报告，需要增加一万名建筑业临时工，以完成国家计委下达的建设任务。国务院批转劳动部审批，意见为：所需临时工"应该首先从市内其他单位多余的职工中调剂解决，确实满足不了需要的，可以招收一部分临时工。招收人数控制在8000人以内，并且尽可能从城市人口中解决。如果市内解决不了，可以在不影响农业生产、不增加城市粮食销量的条件下，适当吸收一部分人。由于增加这部分临时工而必须多开支的工资指标，可以相应调整"③。可见，当时对招用临时工限制很严。

再据北京市东城区副食品部门反映，申请一次用工需过"五关"。一般先由零售商店提出用工计划，经过区管理处、市公司、市副食局、市财贸办公室逐级审查同意后报市劳动局批准，然后再逐级下达，这样往返一次一般需要10天左右，影响及时用工。再如，北京市果脯厂1963年7月急需招用临时工挑选蜜枣，因为"工业口"的精简任务尚未完成，进行调剂问题很多，一时解决不了，从社会上招用，当时控制又很严，以致审批缓慢，未能及时招用，损失8000斤

---

① 中共北京市委组织部. 关于复员军人、回乡干部和技术工人返乡以后，参加农业生产情况的调查报告 [A]. 1963年7月11日. 北京市档案馆藏. 档案号：110-001-01472.

② 中国社会科学院，中央档案馆. 中华人民共和国经济档案资料选编 (1958—1965)：劳动就业和收入分配卷 [M]. 北京：中国财政经济出版社，2011：220.

③ 中共北京市委党史研究室，北京市档案馆. 北京市重要文献选编 (1963) [M]. 北京：中国档案出版社，2006：696.

蜜枣,影响了出口任务的完成。①

一些单位反映,劳动部门对使用临时工限制过多,现行规定过死,应当从生产需要出发,适当改变。②再如,西城区教育局反映,过去中小学使用代课教员,一直是由区教育局掌握,今年改为逐级上报市劳动局审批,劳动部门为了防止多从社会上招用人,规定录用后不能调换,招用范围不能跨区,招用对象不能自行选择,造成现在录用的代课教员中,有些人员因为品质、业务和身体等条件不适合需要,也不能调换。③

同时,劳动部门为了照顾生活困难的闲散人员优先就业,对用工单位自行挑选适合工作需要的人员,也加以限制。一些单位自己就近招用的过去原有工作关系的临时工,因为不属于困难户也不许录用。④ 这样就给用工单位带来了诸多不便。

（三）城市新增劳动力就业趋难

20 世纪 60 年代,随着初中的普及,初、高中毕业生成为城市新增劳动力的主要来源。如前所述,此时期毕业生的就业出路成为一个严峻的问题。由于职工大精简以及压缩城市人口,全国各大主要城市都严格控制外来劳动力的进入,就连之前属于包分配的中等专业毕业生,进入北京市都比较困难了。当时中央组织部要求,中央各部门对在京直属企业、事业单位,接受京外地区的中等专业学校毕业生,应加以控制。（这些工作岗位）应尽可能分配给北京的中等专业学校毕业的学生,如确实需要从京外地区调入时,要由主管部门报请国务院有关办公室审查批准。⑤

有的城市还出现了不准毕业生在工作单位所在地落户的情况,以至于国务院在 1963 年发出通知要求解决这一问题。"中等专业学校毕业生的分配,仍按原规定执行,即属中央部门主管学校的毕业生,由部门直接分配,属地方主管学校的毕业生由省、自治区、直辖市人民委员会分配""中等专业学校毕业生,

---

① 劳动部调配局工作组．关于北京市使用与管理临时工情况的调查报告 [A]．1963 年 12 月．北京市档案馆藏．档案号：110-001-01467．
② 劳动部调配局工作组．关于北京市使用与管理临时工情况的调查报告 [A]．1963 年 12 月．北京市档案馆藏．档案号：110-001-01467．
③ 劳动部调配局工作组．关于北京市使用与管理临时工情况的调查报告 [A]．1963 年 12 月．北京市档案馆藏．档案号：110-001-01467．
④ 劳动部调配局工作组．关于北京市使用与管理临时工情况的调查报告 [A]．1963 年 12 月．北京市档案馆藏．档案号：110-001-01467．
⑤ 中央组织部．关于中央各部门及在京直属单位调入中等专业学校毕业生问题的通知 [A]．1963 年 8 月 27 日．北京市档案馆藏．档案号：110-001-1469．

到达工作或劳动实习岗位后,所在地区应该一律准报户口,不得拒绝。1962年的也应该按照本通知规定办理"。① 这说明就业困难已经波及了中等专业学校毕业生。一些毕业生由于没有马上安排工作,产生了焦虑情绪。如西城区安排办公室最近几天常有二三十个学生到办公室吵闹,要求马上安排工作。有的"软磨硬泡",待上半天不走;有的报假姓名,说谎骗人;还有的冒充某某中学人事干部,用电话向区安排办公室询问就业安排情况。②

由表4-11可见,当时劳动部门对城市新增劳动力的安排已经出现困难。真正由城市招工、补充减员的有效就业安排所占比例较小。

表4-11 北京市1965年劳动力安排规划③

劳动力资源	人数	安排出路		剩余	
		出路	人数		
总计	68 700	—	44 500	24 200	
1. 社会劳动力	31 700	上山下乡	12 500	其中:	—
(1) 25岁以下青年	16 700	参军	2000	1. 社会劳动力	14 700
(2) 26岁以上劳动力	15 000	输送新疆	1000	(1) 25岁以下青年	10 700
2. 本届不能升学的	37 000	代中央培训徒工	3000	(2) 26岁以上劳动力	4000
		城市招工	9000	2. 应届毕业生	9500
		补充自然减员	2000	—	
		职业学校招生	5000	—	
		参加市政工程建设	3000	—	
		企业、事业临时工	7000	—	

这些安排中,属于有效安置的只有城市招工、补充自然减员两项,只占约25%,其他都是通过各种直接就业外的渠道安置。这也反映了统一调配就业制度越来越难以解决城市新增劳动力的就业问题。毕业生未就业给一些人的思想

---

① 国务院.关于中等专业学校毕业生分配工作后准报户口的通知[A].1963年7月19日.北京市档案馆藏.档案号:110-001-01469.
② 安排城市中学毕业生工作简报(第七期)[A].1963年9月26日.北京市档案馆藏.档案号:110-001-01475.
③ 北京市劳动局.北京市1965年劳动力安排规划[A].北京市档案馆藏.档案号:110-001-01741.

与成长带来不利的影响。①

　　进入国民经济调整时期，统一调配就业制度就进入严格管理的阶段。一定程度上可视为对"大跃进"时期的"拨乱反正"。此时期，不但严格控制新增职工，而且大规模地精简职工，压缩城市人口。通过编制定员、加强临时工管理等手段，将劳动力招用严格管起来。但是这种严格管理的趋势最终导致它逐渐走向僵化。此时期统一调配就业制度面临的最大难题是，它已经无法有效地解决城市新增劳动力的就业问题。

---

① 北京市精简办公室．西城区新街口办事处无业人员的情况［A］．1962年7月22日．北京市档案馆藏．档案号：110-001-01362．

第五章

北京市统一调配就业制度的评价

统一调配就业制度在当时既发挥了一定的积极作用,也存在着一些局限性。在国家财力紧张的情况下,其动员了大批的劳动力参与各项建设。在一定时期内,也扩大了就业面,提升了就业率,一定程度上抑制了企业劳动力需求膨胀,节约了工资基金。其存在的局限性在于,忽视了个人自行就业,也增加了国家负担;对企业招工、用工管得过死,影响了生产;劳动力投入的不平衡,也阻碍了经济与社会发展。

第一节 统一调配就业制度的积极作用

中华人民共和国成立后,在公有制与计划经济已经确立的条件下,统一调配就业制度的建立是必要的,也发挥了积极作用。它保障了政府各项大规模建设的人力需求,在一定时期内也扩大了就业面,减少了失业率。统一调配就业制度在成本核算约束失效的情况下,发挥了上级部门"行政约束"的作用,有助于抑制劳动力需求的膨胀,避免浪费。

一、保障了经济建设的大规模劳动力需求

中华人民共和国成立后,我国逐渐选择了计划经济模式。政府通过"统一调配"这种计划手段满足了政府各项建设所需要的劳动力。中央人民政府劳动部在1953年工作计划要点中就提出,"1953年大规模经济建设提出了两项基本要求:做好基本建设工作和保证完成国家生产计划,劳动部门的一切工作必须围绕着这两个基本要求来进行"。"劳动部门1953年的主要工作第一就应当是:为了保证基本建设计划的完成,劳动部门应以做好建筑工人中的工作为重点。这就是要在主要基本建设区切实实行建筑工人的统一调配制度,以消灭目前严

重存在的挖工跳厂等现象。"①

因此，由中央劳动部劳动力调配司起草的《北京市建筑业工人统一调配办法草案（初稿）》，目的之一就是"适用国家大规模建设的需要"。建筑工人调配的原则暂定为"国防建设第一，工业建设第二，其他建设第三"。② 所以保障劳动力的需求，特别是大规模工业建设的需求，是统一调配就业制度的主要任务之一。

应该说劳动力统一调配制度对保障劳动力的供应还是发挥了巨大的作用。1953 年基本建设规模是新中国成立后最大的，这一年国家对基本建设的投资占整个财政支出的 1/3，重大建设项目有 130 个，全国房屋建筑面积达到 2700 万平方米。这些巨大的任务到年底已基本完成，工程质量较过去也有很大的提高。各级劳动部门在保证劳动力的供应上做了很大努力，而北京市劳动部门为建筑单位介绍了 9 万余名劳动力，保障了各项建筑工程的进行。③ 1955 年，北京市劳动局全年共调剂供应建筑工人 55 573 人次，基本上满足了各单位的需要。④

其他地区也是如此。如东北地区经劳动部门统一调配的劳动力达 45 万多人次，其中调给建筑单位的占 61%；天津市调配了非固定建筑工人达 126 668 人次，共 5 371 494 工作日；山东省调配了 82 000 多人；河北省调配了 171400 余人；武汉市调配了 924 000 多工作日；成都市调配了 929 000 多工作日。这对于保证基本建设任务的完成，无疑有很大的作用。1956 年，全国劳动部门为国民经济各部门招收了工人、职员、学徒、学员 140 多万人。其中工人 46.1 万人，学徒、学员 65.6 万人，一般职员和勤杂人员 22.7 万人，其他 6.4 万人。调配了临时工 500 多万人次。为地质部三局从各产业部门抽调高级技术工人 4000 多名。会同内务部、转建委员会安置了复员军人和预备役军官 15 万人。此外，还从劳动力多余的上海、天津、山东等地调配了 6 万多名临时建筑工人到甘肃、陕西、内蒙古等地参加重点建设。⑤ 这样既调剂了行业之间的技术人员，也调剂了地区之间的劳动力余缺。

---

① 本刊记者. 中央人民政府劳动部 1953 年工作计划要点 [J]. 劳动，1953（3）：9.
② 北京市劳动局. 北京市建筑业工人统一调配办法草案（初稿）[A]. 1953 年 1 月 21 日. 北京市档案馆藏. 档案号：110-001-00424.
③ 中国社会科学院，中央档案馆. 中华人民共和国经济档案资料选编（1953—1957）：劳动工资和职工保险福利卷 [M]. 北京：中国物价出版社，1994：132.
④ 北京市 1955 年劳动力调配工作报告（1956 年 2 月 7 日）[A]. 北京市档案馆藏. 档案号：110-001-00660.
⑤ 中国社会科学院，中央档案馆. 中华人民共和国经济档案资料选编（1953—1957）：劳动工资和职工保险福利卷 [M]. 北京：中国物价出版社，1994：132.

对各项建设所需要的劳动力，北京市劳动部门统一调配的原则是"保证重点，照顾一般"，向重点企业倾斜、向急需工程倾斜。如1959年第一季度开始，"石景山钢铁公司、市冶金工业局和京西矿务局因增加扩建项目和产量增多，永定河工程局为保证'十一'前发电，必须在雨季前完成筑坝工程，广播事业局广播修造厂和国庆工程办公室为国庆工程安装通信、通风等设备，以上单位当前急需增加工人8054人"。为了保证上述单位的任务顺利完成，北京市劳动局拟安排从各单位紧急抽调人员的方案。① 对一些优质劳动力也是优先分配给重点行业，如对退伍义务兵的就业安置，就本着"首先供应元帅（指钢铁工业）和先进工业，集中保证重点骨干企业的需要"的原则。②

1958年开始，北京市为了迎接国庆十周年，使首都建设一新，动工新建了许多重大建设工程，因此劳动力的需要量骤然大增，北京市动员了大批的街道居民，投入国庆工程中。"为了保证按时完成首都宏伟建设所需要的劳动力，北京市在今年（1958）10月初动员组织了14 000多名街道居民，组成劳动大军开赴京郊周口店、门头沟、昌平、海淀、丰台等地挖石子。这支劳动大军是以军事形式按照行动战斗化、组织军事化、生活集体化的要求，组织起来的。400个人编为一个营，营下又连、排、班。为了加强对劳动大军的统一领导和统一调配劳动力，北京市早在9月20日就在市委和市人委的统一领导下，成立了市劳动力指挥部，各区劳动力指挥部由市劳动力指挥部直接指挥。"③

当然，这并不能证明相比其他手段，统一调配就业制度就能更有效地保障劳动力供应。在当时国家提倡节约、要求更多的工业化积累资金以及工资基金预算安排少的条件下，对政府来讲，统一调配就业是更合算的一种劳动力资源配置方式。

二、扩大了就业面，提升了就业率

统一调配就业制度建立的出发点之一是要解决严重的失业问题。统一调配就业制度建立后，在一定时期内扩大了就业面，提升了就业率。如新中国成立后，对一些新中国成立前遗留下来的失业人员予以介绍就业、通过训练后安置等办法，协助就业。截至1955年年底，北京市已向劳动部门办理登记的累计

---

① 北京市劳动局党组. 关于石景山钢铁公司等六个单位当前急需工人的安排意见 [A]. 1959年3月20日. 北京市档案馆藏. 档案号：110-001-00980.

② 北京市民政局，北京市劳动局，北京市兵役局. 关于接受两万名退伍义务兵及复员军人的分配意见请示 [A]. 1958年12月8日. 北京市档案馆藏. 档案号：110-001-01070.

③ 首都街道居民组成劳动大军 [J]. 劳动，1958（22）：25.

15.5万人，其中失业人员9.9万人，绝大部分是新中国成立前遗留下来的失业人员。没做过工作、要求就业的5.6万人，经过劳动部门介绍，已就业的约有6万人，参加劳动部门举办的各种技术、业务、文化训练班的2.6万多人，这些人训练后绝大部分已安置就业。①

新中国成立后，一些有政治历史问题的人就业遇到严重困难。在劳动力短缺的时候，对有政治历史问题的人，北京市也是尽力安排这些人就业。针对一些单位对有政治历史问题或现实问题的人不加分析，一概拒绝录用的现象，北京市劳动部门予以反对。劳动部门曾召集一些有政治历史问题的人召开座谈会，向一些人说明"只要交代清楚、派出所出具证明，就可以介绍工作"。不少人就在座谈会上讲出自己的历史问题，如大草厂派出所316个失业人员中，即有35人交代了政治历史问题，有的还写了自传。不少人听到这次要解决他们的职业问题时，感动得掉了泪。他们普遍保证"就业后一定好好干"。② 应该说劳动部门的态度还是有利于这部分人就业的。

用人单位主要是害怕承担"用人失察"的政治责任。为了打消用人单位顾虑，1956年4月中旬，在北京市委统一领导下，市公安局、劳动局、计划委员会、民政局和市委统战部等有关部门共同组成了处理失业、无业人员临时工作委员会，对本市失业、无业人员进行了全面的调查登记。委员会对他们的政治情况和就业条件逐个做了审查，并分类提出了处理、安置的意见。委员会明确规定，如果这些人发生问题，由市委和市人民委员会负责，用人单位不负用人不当的责任。截至5月12日临时工作委员会撤销时，共登记了33 367人，除3810人因老弱病残没有就业条件外，已经介绍了21 298人到用人单位接洽工作。其中，介绍到厂矿企业做徒工的9536人，做技工的1891人，担任干部、教员的2728人，到企业部门担任行政管理人员或售货员的688人，做壮工、勤杂工的4766人，有大学以上文化程度的知识分子介绍到文教等部门工作的1689人，尚未介绍工作的8259人。③

据1958年6月份的报告，北京全市共有地、富、反、坏、右所谓"五类分

---

① 中共北京市委党史研究室，北京市档案馆. 北京市重要文献选编（1956）[M]. 北京：中国档案出版社，2003：447.

② 北京市劳动局赵化达同志关于北京市社会劳动力的全面调查与处理情况的发言[A]. 北京市档案馆藏. 档案号：ZK002-006-00002.

③ 北京市冯基平副市长关于安排北京市失业、无业人员情况的报告[A]. 北京市档案馆藏. 档案号：ZK002-006-00003.

子"共9万余名。其中有职业的约6.3万余名，占70%。① 尽管这些人不可能全部就业，但是在政府多个部门的联合推动下，应该还是解决了相当数量人的就业问题，为这部分人提供了一些出路。此外，北京市还提倡妇女就业，扩大了女性劳动力就业面。

应该说，统一调配就业制度在一定时期内还是大幅度提升了北京市的就业率。在统一调配就业制度建立后至1965年前，北京市失业率比较严重的时期只是在"大跃进"后的数年。通过对前面各章已分析数据的综合，再从更长远的历史视角来考察，我们能更直观地了解北京市的就业率及变动情况（表5-1）。

表5-1 北京市1950—1982年城市就业率估算表②

年份（年）	城市在业人口	国内标准劳动人口	常住人口中非农业人口所占比例（%）	国内标准劳动人口（城市）	非农业人口就业率（%）
1950	500 213	1 180 728	79.1	933 956	53.56
1951	660 310	1 287 007	82.0	1 055 346	62.57
1952	783 630	1 431 090	78.1	1 117 681	70.11
1953	974 866	1 696 359	81.2	1 377 444	70.77
1956	1 161 828	2 197 610	78.1	1 716 333	67.69
1957	1 211 737	2 199 203	79.9	1 757 163	68.96
1958	1 653 620	3 406 570	55.4	1 887 240	87.62
1959	1 795 501	3 596 954	59.6	2 143 785	83.75
1960	1 904 035	3 833 149	62.2	2 384 219	79.86
1961	1 670 368	3 684 795	60.2	2 218 247	75.30
1962	1 518 852	3 605 793	58.1	2 094 966	72.50
1964	1 708 177	3 681 440	57.9	2 131 554	80.14
1965	1 757 728	3 809 968	57.7	2 198 352	79.96

---

① 中共北京市委党史研究室，北京市档案馆. 北京市重要文献选编（1957）[M]. 北京：中国档案出版社，2003：494.
② 城市在业人口数据、国内标准劳动力人口数据以及常住人口中非农业人口比例的计算数据参见：北京市统计局. 北京四十年：社会经济统计资料 [M]. 北京：中国统计出版社，1990：53，65-67，428. 缺1954年、1955年、1963年的数据.

续表

年份（年）	城市在业人口	国内标准劳动人口	常住人口中非农业人口所占比例（%）	国内标准劳动人口（城市）	非农业人口就业率（%）
1973	2 128 701	4 447 332	52.9	2 352 639	90.48
1976	2 552 874	4 973 507	54.0	2 685 694	95.05
1979	3 086 528	5 637 717	56.9	3 207 861	96.22
1982	3 556 560	6 065 314	58.2	3 530 013	100.75

我们可以对个别年份的数据加以验证。1958年就业率的大幅上升，及之后数年的下降，与"大跃进"及之后的城市人口精简是一致的。1982年就业率数据超过100%，看似不真实，实际上反映了改革开放后北京市人口流动的增加。由于一部分北京市非常住人口得以在北京市就业，所以以常住人口为基数计算的就业率显然要趋高。据此我们可以绘制出上述年份北京市城市就业率的基本变动趋势（图5-1）。

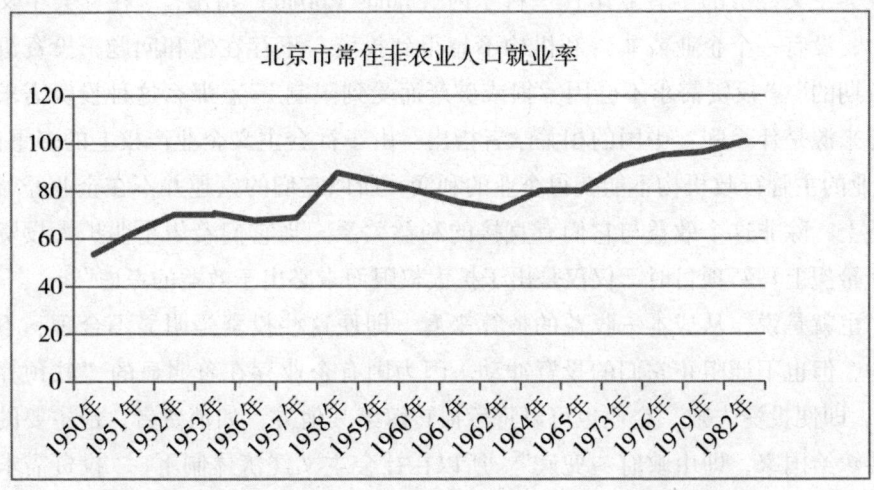

图5-1　1950—1982年北京市常住非农业人口就业率变动趋势①

说明：缺1954年、1955年、1963年的数据。

从这个变动趋势来看，1950年至1965年，从有统计的年份来看，北京市常

---

① 北京市统计局.北京四十年：社会经济统计资料［M］.北京：中国统计出版社，1990：53，65-67，428.

住非农业人口的就业率整体呈上涨趋势。其间起伏最大的是"大跃进"的就业率高点（1958年），及之后的低点（1962年）。从1956年至1965年的9年间（缺1963年数据，该年就业率应该不会超过1962年），北京市平均就业率为77.31%。相比于1950年的53.56%，还是有很大的增长。如果考虑到当时女性就业率还不普遍的话，那么当时就业率算是很高的了。①

当然，1961年后，随着劳动力统一调配制度的固化，其促进就业的功能越来越有限，甚至在很大程度上阻碍了就业面的扩大，导致城镇新成长的劳动力（如知识青年）难以安排工作，这样它的弊端就凸显了。

三、抑制了劳动力需求膨胀

在公有制条件下，统一调配就业制度发挥的作用就在于，一定程度上抑制了用人单位的劳动力需求膨胀，避免了浪费。

有研究者指出，在典型的中央计划经济体制下，由于社会主义经济体制下所形成的生产的制度结构的因素，企业形成了"持久的投资需求膨胀"。研究传统社会主义经济的学者亚诺什·科尔内（Janos Kornai）指出，"在社会主义经济中，没有一个企业或非营利机构不想得到投资。不存在饱和问题，投资饥渴是长期的""投资需求不会因亏损或破产而受到限制"②。那么这种投资需求的动力来源是什么呢？中国的相关学者指出：由于社会主义企业产权上的多重性，"企业的主管行政机构不能获得企业的利润，所以它们的兴趣并不在企业经营的效益上，除非这个效益与它们有直接的利益关系。当它们希望企业扩大投资规模，希望上马新项目时，仅仅是出于扩大权限而未必出于效益的考虑"③。

也就是说，从成本—收益的核算来看，即便这些投资是明显不合理、不划算的，但也不能阻止它们的投资冲动。因为国有企业存在着明显的"软预算约束"，即便投资失败，企业也可以将亏损转嫁给其他方，如消费者，最主要的还是转嫁给国家，即由政府"兜底"。所以在社会主义经济体制下，"投资需求者

---

① 新中国成立初我国的女职工只有六十万人，占职工总数的百分之七点五；一九六三年末，女职工已达六百六十万人，占职工总数的百分之二十。参见：中国社会科学院，中央档案馆. 中华人民共和国经济档案资料选编（1958—1965）：劳动就业和收入分配卷[M]. 北京：中国财政经济出版社，2011：149.

② 科尔内. 短缺经济学：上卷[M]. 高鸿业，校. 北京：经济科学出版社，1986：197，200.

③ 张军. 制度、组织与中国的经济改革[M]. 上海：上海财经大学出版社，2004：27.

无须对投资的成本过多关注，也不必考虑投资的风险和可能的破产"①。上述分析框架包含了国有企业的所有投资需求，包括对劳动力投资的需求。

所以，对由"公家"支出工资的劳动力，用人单位存在着"不要白不要"的思想，这就刺激了用人单位对劳动力的需求，导致一些国有企业有劳动力浪费现象。如何避免这种劳动力的浪费现象呢？在公有制及计划经济条件下，只能通过统一调配的方式，将用人单位的招工权力收归上级部门，通过审批与计划管理的方式来限制企业等用人单位浮用劳动力。

统一调配就业制度建立的主要初衷之一，就是要避免浪费劳动力，节约工资基金。1955年2月，中共中央对李富春在第二次全国省（市）计划会议上做的全国计划工作总结报告中批示："在过去已经执行的计划工作中，存在着财力、物力、人力方面的很大的浪费现象，最终都表现为资金的浪费，这与社会主义工业化所必需的增加积累是相矛盾的。"中央指出，"开展全面节约运动是增加社会主义积累的主要关键""在目前，厉行节约对我们有更重大的意义"②。

中央指出，浪费现象在劳动计划问题上的表现是："一面处处嫌人多，一面要调人又调不动，新企业用人不从老企业调配，不从大城市招收，而盲目地从农村大量招收，这就造成人员越来越多，往往超过编制定额。在行政机关方面，主要表现为机关臃肿庞大，层次太多，人浮于事，中央和地方重复。"因此，中共中央要求堵塞工作上的漏洞，"一切部门的劳动调配必须纳入计划，增加人员必须通过劳动部门统一调配，不准随便招收人员，更不准随便从乡村中招收人员"。中央还指出，今后劳动调配必须执行以下原则：老企业老机关增产、增事、不增人，新企业新机关首先从老企业老机关抽调；精简机关，充实企业；企业中要精简管理人员和服务人员，充实生产人员；凡是需要人员的单位首先从原行业（公的私的）中抽调，从有多余的劳动力的城市中抽调。机关工作人员和企业职工必须遵守政府调动工作的命令。③ 正是在这个报告的批复里，中共中央提出了要建立劳动力统一调配制度。

统一调配就业制度建立后，在抑制用人单位招工冲动，减少劳动力浪费，最终节约国家工资基金方面发挥了很大的作用，一定程度上弥补了国有企业"软预算约束"的弊端。

---

① 张军. 制度、组织与中国的经济改革 [M]. 上海：上海财经大学出版社，2004：28.
② 中国社会科学院，中央档案馆. 中华人民共和国经济档案资料选编：综合卷 [M]. 北京：中国物价出版社，2000：370.
③ 中国社会科学院，中央档案馆. 中华人民共和国经济档案资料选编：综合卷 [M]. 北京：中国物价出版社，2000：536-537.

1957年，据北京市劳动局对北京市17个企业劳动力情况的调查报告显示，劳动力多余的现象比较严重。一些企业盲目招工和过多过早地招收生产准备人员，如七七四厂1956年任务尚未确定，就大量招收了人员，由于学徒工招收过多，无法安排，有600多人从1956年5月起，就组织学习，到现在仅工资即开支了20万余元。七一八厂从1956年5月起就有800多人被集中到训练班学习。从江西景德镇招来高级瓷工100多人，因不适合需要，来了后一直窝工。二一一厂1956年全年停工达542 662个工时，等于2713人一个月没有工作，仅工资一项，就浪费183 000千多元。处于窝工状态的工人，情绪低落，劳动纪律松弛，工人在车间学习、睡大觉、打扑克。①

统一调配就业制度对浪费劳动力的抑制作用首先表现在检查私招劳动力方面。如针对1956年职工招用过多的现象，国务院于1956年11月16日发出《国家机关停止增设机构增加人员的通知》，又于1957年1月12日发出《关于有效地控制企业、事业单位人员增加制止盲目招收工人和职员的现象的通知》，实际上就是冻结了增加人员编制。对通知下发后仍招用、转正职员的行为，监察部门、劳动部门都进行了严格检查。

根据国务院的指示，北京市劳动局联合监察局有重点地对本市各单位私招工人情况做了联合检查之后，劳动局又继续进行了检查。截至1957年12月底，在重点检查的130个单位中，都有不同程度违反规定私招工人的现象。共私招工人3853人，其中有1911人是外地农民，有338人是郊区农民，占私招人数的58.3%。北京市劳动局要求除已检查发现的，应根据规定迅速处理外，各单位应认真检查本单位在招用临时工中执行这一规定的情况，发现违反政策私自招用工人的情况，应迅速处理，并通过自查，向干部进行政策和纪律教育。劳动部门在适当时期，在各单位自查的基础上，做重点检查。北京市劳动局还提出，今后需将检查发现的问题，除请市人民委员会及时发出通报外，还应将典型事例在报纸上公布，以进行广泛的干部教育。其中，违反纪律私招严重的北京市房地产管理局、菜蔬公司、科学院地质研究所、世界知识出版社等单位，除报请市人民委员会通知北京市房地产管理局及菜蔬公司等单位的上级主管部门按照规定精神，对私自招用工人加以妥善处理外，还应查明责任人员，写出检讨，房地产管理局劳动科、菜蔬公司等有关人员还应给以纪律处分。② 应该说，随着

---

① 北京市劳动局.北京市17个企业劳动力情况的调查报告[J].北京市档案馆藏.档案号：ZK002-006-00004.
② 北京市监察局，北京市劳动局.北京市监察局、劳动局关于本市各单位私招工人的情况的检查报告[A].北京市档案馆藏.档案号：027-001-00153.

不断收紧的检查力度，统一调配就业制度在很大程度上还是抑制了招工的冲动。

在"大跃进"时期，劳动部门尽可能地检查劳动力使用情况，对需用劳动力数量进行核实，并压缩劳动力指标，这一定程度上起到了抑制"跃进"的作用。"大跃进"时期，即便是一些重点工程的需工，也并不是说需要多少就给多少，劳动部门一般视情况予以压缩指标，且压缩幅度较大。1959年第一季度永定河工程局需工3715人，北京市劳动局认为，如将提高效率、大搞技术革命的因素考虑进去，仍可适当地压缩需要人数，至于压缩多少须由该局党委会进一步研究。考虑到本市劳动力紧张情况，暂给该局安排2500人。① 1959年第二季度调配给冶金工业局、交通运输局等单位的5596人，"是根据上海会议任务调整的情况再三压缩，由原需要12 463人压减到5596人。我们认为这部分人是确实需要"②。

但是带来的问题往往是，统一调配劳动力的方式有时候又导致真正有劳动力需求的单位得不到及时供应。由于信息收集、传递中的困难，以及决策中的非理性、偏好等因素，决策者不能判断劳动力的真实需求状况，在现实操作中只能采用"一刀切"的做法，这也就是"统一"调配的局限性了。

第二节 统一调配就业制度的局限性

统一调配就业制度第一忽视了个人自行就业，增加了国家负担；第二对招工限制过严，不利于生产；第三阻碍了经济与社会发展。统一调配就业制度的局限性在它发展的后期越发明显，它既无法有效解决城市新增劳动力的就业问题，也无法有效刺激劳动生产率的提高，最终难以为继。

一、忽视个人自行就业，增加了国家负担

就业具有很强的个人性，自行就业是个人选择，选择职业的自由对个人的生活影响很大。但是统一调配就业制度颠覆了以个人为中心的劳动就业秩序，个人就业成为国家的事情，必须通过国家安排，这必然对个人的就业方式，乃

---

① 北京市劳动局党组. 关于石景山钢铁公司等六个单位当前急需工人的安排意见 [A]. 1959年3月20日. 北京市档案馆藏. 档案号：110-001-00980.

② 北京市劳动局党组. 关于第二季度劳动力调配的请示报告 [A]. 1959年5月11日. 北京市档案馆藏. 档案号：110-001-00980.

至生活方式都产生很大的影响。当时国家对劳动就业的朴素设想是"在社会主义制度下……社会要求一切有工作能力的人,把自己的工作能力贡献给社会(或集体),并按照他们的工作能力分配适当的工作"①。可以预计,单是给每个有劳动力能力的人安排一份工作,便需要国家(相关部门)付出巨大的工作量,遑论是否有能力考察每个人的"工作能力",并分配"适当"的工作,国家从此背上了沉重的负担。

(一)忽视个人自行就业

不主张个人自行就业,在当时是有理论与认识基础的。新中国成立后,党和政府认为劳动力属于公有,并主张有计划地使用劳动力。当时的一些计划部门领导以及马克思主义经济学家就认为劳动力理应是属于公有制范畴的。如马克思主义经济学家、曾担任国家计委重要职务的骆耕漠,就曾解释劳动力公有制的必然性:

在社会主义条件下,"假使社会或社会成员只承认生产资料的公有制,而不承认劳动力的公有制,那么这样的生产关系就还是半截头的社会主义生产关系"。所以"必须使劳动力也与生产资料一样,成为社会公有的对象"。"从第一个社会主义国家苏联起,直到现在十二个社会主义国家,对劳动力(全民所有制经济方面)都是一开始就实行公有制的。"正因为劳动力是公有的,所以各厂矿企业中的职工、各大学的学生"必须服从国家的统一调度和分配,在指定的工作岗位上尽自己的一切可能好好地劳动"②。

尽管我们较少见到关于劳动力"公有"的明文规定,但是我们从当时主持计划工作的一些官员及学者的认识来看,劳动力就是纳入了公有范畴的生产要素之一,劳动力是公有之物。这就能解释为什么在社会主义建设中国家能很自然地将劳动力予以统一调配,而忽视了个人自行就业。

劳动力公有制理论以及有计划地使用,是统一调配就业制度建立的理论基础。为了确保劳动力计划的有效性,就要将每一个有劳动能力的人都进行统一管理,统一安排。个人的自主择业、自由流动就业、双向选择等必然受到限制。统一调配就业制度也成为当时一些人所认识的社会主义的基本特征之一。统一调配就业制度实施后,必然极大地影响了个人的就业选择,乃至人生发展。这种影响主要表现在以下三方面。

---

① 薛暮桥. 中国社会主义经济问题研究 [M]. 北京:人民出版社,1979:68.
② 骆耕漠. 关于生产力和生产关系的几个问题 [M]. 北京:中国青年出版社,1962:58-60.

1. 不允许自行就业

统一调配就业也就意味着不允许个人自行就业。在劳动力必须统一调配的认识下，劳动力必须服从于总体的国家发展目标，劳动力或者说个人的定位就是服从于国家建设的整体目标，特别是工业化建设。城市劳动力主要就是为国家工业化建设提供劳动力资源；农村劳动力的功能，一是为国家提供农产品，二是作为城市劳动力的后备军。在有序的安排下，每个劳动力参与到国家需要的工作中去，不允许出现自行就业的行为。

早在1952年劳动力统一登记、统一介绍就业时，北京市劳动局就报告："许多机关在选用人之前，并未到本处挑选，而是依靠私人介绍，本处登记中有七人自谋职业，多系托私人介绍入政府机关工作，引起群众不满。"① 劳动局认为这种自谋职业的行为是不符合政策的。

在反"私招"的检查中，劳动部门、监察部门将一些自谋职业的行为视为"私招"，视为非法的，一些自行就业的行为在反"私招"行动中常被检查出来。②

2. 不允许自行离职

在统一调配就业制度下，个人自发的跳厂、离职等行为是不被允许的。在劳动力统一调配制度下，个人必须服从统一安排的工作，不得自行离职、跳厂。由于各种原因自动离职、跳厂的事件则被认为是"逃跑"的非法行为。如1956年中共广东省劳动局分党组向中共广东省人民委员会工业办公室党组报告了"关于揭阳动员到南京参加工业建设的知识青年逃跑事件"。事件经过如下：

第二机械工业部经国务院批准由劳动部介绍迁来广东省招收停学待业的知识青年3052人。分配到其所属的七八八、七八四、七八六3个工厂共455人。一段时间后，由于这批知识青年"对参加工业建设的重要意义认识不足，对工厂的劳动不习惯，加之地域观念较为浓厚，因此思想上就逐渐发生波动。招生工作组在招收动员时说话也带有片面性，只说好的。而到厂后，厂方对他们的某些有关问题也没有及时地加以解决"等因素，至1956年6月25日，揭阳籍的知识青年林××等27人，竟不顾当地党、政及厂方的劝告，不办理任何手续，连团的组织关系也不要，私自逃回广东。劳动部门认为这批知识青年"逃跑"的原因是"对参加祖国工业建设的重要意义认识不足，劳动观点不强，组织性、

---

① 北京市失业工人救济委员会失业知识分子登记处工作总结报告［A］. 北京市档案馆藏. 档案号：110-001-00188.
② 北京市劳动局. 1954年新失业人员情况和私招情况报告［A］. 1955年3月15日. 北京市档案馆藏. 档案号：110-001-00503.

纪律性很差，因而认为当学徒不光彩，只强调个人兴趣，没有很好地服从国家建设的需要"。不仅南京，重庆、成都、宝鸡等地也有类似的事情发生。劳动部因此"希望各地党政加强对这一工作的领导，对被动员对象加强政治思想教育，以树立他们的整体观念，加强他们的组织性、纪律性，使他们服从国家统一分配"①。

3. 不允许外来劳动力自发流入就业

在统一调配就业制度下，劳动部门一波又一波的"反私招"检查运动，将外来劳动力堵截在"统一调配"的范围之外。劳动力的自发流动就是破坏了统一调配制度，因而反私招往往又是与限制、劝阻农民流入城市联系在一起的。这些内容在前面已多有论述。将个人劳动就业统由国家安排，对个人产生的影响是：一方面减低了个人就业中的主动性、积极性，对国家更加依赖；另一方面，个人生计从此受国家安排，其生活"出路"受影响，这对那些有政治历史原因的人及其子女来讲影响较大。②

（二）增加了国家负担

统一调配就业制度自然使得国家背上了安排国民就业的沉重负担。

北京市在1953年办理统一介绍就业中表现出的对就业问题的"无限责任"，就给一些失业人员造成了错觉。部分人员认为反正政府会介绍工作，因而违反劳动纪律，好逸恶劳，对介绍的工作挑三拣四。如齐××，登记后介绍到中国人民大学做清洁工，在试工期内，行为不端，经该校退回后，即来我局吵闹，整天不走。因其生活困难，介绍去做壮工或参加工赈，不但拒不接受，反辱骂政府。黄××，经劳动部介绍，在石景山钢铁公司留作壮工，后又调至钢铁厂看宿舍。试工期内，旷工13天，该厂即将黄××推送我局处理。黄××来局纠缠，整天坐在办公室，下班不走，哭闹吵骂，影响极坏。王××，不愿做临时工，强求介绍他做店员、列车员或售票员。整天来局哭闹，干部走哪跟哪，影响工作。③

以上可能只是极端例子，但也从中可以看出在统一介绍就业的责任下，部分人产生了对政府的依赖心理，诉求不成时就会采取极端行为。这些例子都表

---

① 中共广东省劳动局分党组关于揭阳动员到南京参加工业建设的知识青年逃跑事件向中共广东省人民委员会工业办公室党组的报告［A］. 北京市档案馆藏. 档案号：ZK002-006-00002.

② 北京市劳动局赵化达同志关于北京市社会劳动力的全面调查与处理情况的发言［A］. 北京市档案馆藏. 档案号：ZK002-006-00002.

③ 北京市劳动局. 关于劳动就业登记人员蛮横滋扰处理意见的请示［A］. 1953年8月3日. 北京市档案馆藏. 档案号：110-001-00390.

明国家在就业工作中承担了过多的责任。

再如，对毕业生的统一分配工作，也使得国家负担过重。从20世纪50年代以来，国家不但对大学毕业生是统一分配工作，而且对初、高中毕业生也统一安排工作。这在当时初、高中毕业生数量不多、就业空间较大的情况下，还是不显困难的。在国民经济调整之前，北京市对之前历届不能升学的初、高中毕业生，凡是要求就业的一般都做了安排。这样就在学生和家长中产生一种"误解"，认为"升不了学，国家都可以安排就业"，好像中学毕业，国家就得包下来，像对待大学生一样统一分配工作。①

进入国民经济调整时期，面对毕业生越来越多，但岗位日渐稀缺的窘境，北京市颇感困难。"城市劳动力如何统筹安排，还缺乏系统周密的计划，因此，近几年来，每当临近暑期，就深感毕业生难于安排，年年紧张，年年打被动战。"② 此时，北京市劳动局已经觉得初、高中毕业生的工作安排已经难以为继。

二、对招工限制过严，不利于生产

统一调配就业制度对解决失业问题，以及节约使用劳动力、避免浪费，都发挥了很大的作用。但是它又导致真正有劳动力需求的单位不能及时得到劳动力供应，造成劳动力短缺。原因在于，劳动力供需信息变化很快，统一的中央机构在信息的收集、传递过程中面临巨大的，甚至是不可克服的困难。再加上决策中的非理性、偏好等因素，导致统一调配就业制度不能判断劳动力的真实

---

① 中共北京市委党史研究室，北京市档案馆．北京市重要文献选编（1963）[M]．北京：中国档案出版社，2006：572．
② 中共北京市委党史研究室，北京市档案馆．北京市重要文献选编（1963）[M]．北京：中国档案出版社，2006：571．

需求状况。① 在现实操作中只能采用"一刀切"的做法，予以简单化处理。② 这也就是"统一"调配的局限性所在。此外，为了解决失业问题，劳动部门也片面强调统一调配。这种局限性对需工方而言，主要表现在以下两方面。

(一) 片面强调统一调配，忽视了为生产服务

统一调配就业制度的最终目的应是为生产服务，但是制度建立后的实施中，却片面强调统一调配，忽视了为生产服务。

在推行统一介绍就业政策时，北京市有些劳动干部在工作中就不是从生产出发，不考虑登记就业人员文化低、缺乏技术、历史复杂的特点，也不考虑实际生产的需要，搭配凑数，试工后不准退回。劳动部门单纯为了解决失业而硬塞，以致用人单位反映劳动就业是"又臭又硬"。其他城市也有这种情况，"有的城市过分强调统一调配，甚至对于私营手工业雇用少数职工学徒也加以干涉，介绍就业，不注意生产需要的条件"③。

1953年中央劳动就业委员会对统一调配就业一度形成了比较正确的认识："劳动力调配工作，是为生产服务，介绍就业应服从生产利益，不应将不适合条件的失业人员介绍到工厂企业中去。有计划、有步骤地实行统一调配，是必要的，但在目前情况下，实行无所不包的统一调配办法是过早的，在实际上就限制了公私企业机关用人的方便，缩小了自行就业的门路。"④ 但是后来这种正确的认识并没有坚持下来。

---

① 关于无法分辨供需情况的部分原因：一是"由于信息费用的存在使得无论对什么样的决策者来说，用于决策的信息都不再达到完全充分的程度"。实际情况是决策越集中，信息费用就越高。二是"人的理性是极其有限的，无论什么样的决策者，其知识、经验和受教育的程度都是不完全的，对信息的接受能力、分析处理能力以及对合理行为的计算能力都是有限度的，先知先觉和料事如神的人不是现实中的人"。以上两点对中央计划机关或者计划者来讲同样成立。就是说，计划者的理性是有限的。参见：张军. 制度、组织与中国的经济改革 [M]. 上海：上海财经大学出版社，2004：1-2.
② 对于有些信息搜寻费用可能会高到禁止性水平之上，使得计划当局放弃信息的搜寻。即使对于可以获得的信息来说，由于要汇总到中央计划当局的信息流量依然可能超出计划者的有限理性所能应付的最大值，因而中央计划当局会将计划最大限度地约简。参见：张军. 制度、组织与中国的经济改革 [M]. 上海：上海财经大学出版社，2004：5-6. 我们从劳动部门对建筑工人的分类也可看出这种约简，如在劳动力调配表中往往只显示壮工、技工两类信息。而对工作能力的其他信息如体力、技术水平、技术种类、熟练程度、工龄长短等则无暇顾及。
③ 关于劳动就业工作的报告，中央劳动就业委员会、中央内务部、中央劳动部给主席并中央的报告 [A]. 1953年8月5日. 北京市档案馆藏. 档案号：110-001-00387.
④ 关于劳动就业工作的报告，中央劳动就业委员会、中央内务部、中央劳动部给主席并中央的报告 [A]. 1953年8月5日. 北京市档案馆藏. 档案号：110-001-00387.

因为 1956 年招工人数比原计划增加 200 万人左右，国务院 1957 年下发通知，限制招收职工规模，并冻结了临时工转正。规定："所有国营企业、合作社营企业、公私合营企业和所有事业单位，1957 年 1 月起，一律停止自行从社会上招收工作人员"，确实需要增加工作人员的应当从现有各类人员中调配解决。"所有中专（中等师范学校除外）、技工学校、技工训练班，1957 年一律不得向外招收新生。"① 这种"所有""一律"的表述，就无法顾及有些企业劳动力未必过多，甚至还缺人，但是在统一调配就业制度下，只能采取"一刀切"的做法。

监察部、劳动部等部门对企事业单位私招劳动力的行为进行了严格的检查，共在 12 个省、市的单位内检查出私招的人员达 66 340 人。各地劳动、监察部门还要对"企业、事业、机关、私自招收人员的情况进行一次普遍的检查，发现私招的单位，必须查清责任，自行纠正""情节严重者应该给予有关负责人以处分"②。为了解决失业问题，劳动部门也片面强调统一调配。如为了照顾生活困难的闲散人员优先就业，劳动部门对用工单位自行挑选适合工作需要的人员，也加以限制。一些单位自己就近招用过去原有工作关系的临时工，因为不属于困难户也不许录用，这样就给用工单位带来了不便。③

为了控制人员增长，劳动部门还有介入单位微观的生产流程的趋势。1957 年，北京市劳动局批评北京市一些单位"劳动组织和生产作业不协调，劳动力使用上缺乏精打细算"。如二一一厂在 1956 年一方面停工达 54 万工时，另一方加班加点达 42.1 万多工时。④ 为此，劳动部门积极推进企业实施劳动定额、技术定标及编制定员方案，目标就是要从微观的生产领域来控制企业用人。

（二）片面强调避免浪费，影响了正常用工

防止浪费一直是社会主义国家管理经济的出发点之一。"节约是社会主义经济的基本原则之一"⑤，计划经济建立的原因之一就在于竭力避免经济建设中的

---

① 国务院关于有效地控制企业、事业单位人员增加制止盲目招收工人和职员的现象的通知［A］. 1957 年 1 月 12 日. 北京市档案馆藏. 档案号：110-001-00887.
② 中国社会科学院，中央档案馆. 中华人民共和国经济档案资料选编（1953—1957）：劳动工资和职工保险福利卷［M］. 北京：中国物价出版社，1994：203.
③ 劳动部调配局工作组. 关于北京市使用与管理临时工情况的调查报告［A］. 1963 年 12 月. 北京市档案馆藏. 档案号：110-001-01467.
④ 中国社会科学院，中央档案馆. 中华人民共和国经济档案资料选编（1953—1957）：劳动工资和职工保险福利卷［M］. 北京：中国物价出版社，1994：203.
⑤ 上海市劳动局革命委员会. 我市劳动管理工作的情况［A］//国家计划革命委员会劳动局. 劳动力节约挖潜工作经验汇编（内部文件），1972：2.

过剩与浪费现象。合理使用、防止浪费对防止企业等单位浮用劳动力是必要的，但这种对"过剩"与"浪费"竭力避免的情结，将不可避免地导致资源配置的"紧张"或者"短缺"。研究社会主义经济问题的学者曾注意到，"对传统社会主义企业来说，上级部门决定的计划通常是'紧'的"①。这种从"紧"的资源配置模式当然也会延伸到劳动力管理与使用制度上，如东北劳动局副局长曹阳戈在论述劳动力平衡计划和统一调配工作时就指出"要采用一切措施，避免浪费窝工"②。

正是因为有这样的认识，所以统一调配就业制度在就业指标的供应上一直是"从紧"的，即便在"大跃进"的非常时期，统一调配就业制度的执行者仍一再强调要"精打细算，挖掘劳动潜力，严格控制招工"。这种"从紧"的运行逻辑导致统一调配就业制度对企业招工、个人就业都限制过严，实际上不利于生产的发展与劳动力就业。

三、影响了劳动效率提高和服务业发展

统一调配就业制度既影响了企业与劳动者的生产积极性，也不利于经济社会发展。最明显的是社会服务业发展滞后，城市建设发展缓慢。这些后果尽管不全是由于统一调配就业制度引起的，但是有相当部分原因是这种制度下的劳动力投入失衡。

（一）影响了生产积极性和劳动效率提高

统一调配就业制度下，企业、职工的主动性、积极性无法充分发挥，劳动生产率增长缓慢。前述各章节已有论述，这里不再过多赘述。我们以1957年至1965年北京市独立核算工业企业全员劳动生产率数据及变动图示来看当时的劳动效率情况（图5-2）。

---

① 科尔内. 短缺经济学：上卷 [M]. 高鸿业, 校. 北京：经济科学出版社, 1986：58.
② 曹阳戈. 认真作好基本建设劳动力的平衡计划与统一调配工作 [J]. 劳动, 1953（6）：35-37.

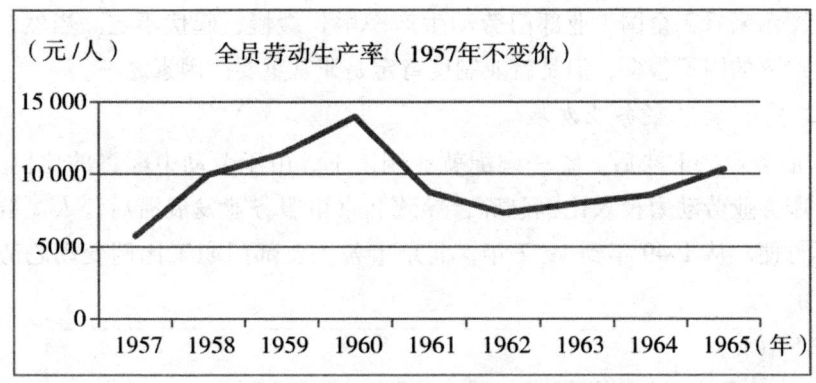

图 5-2　1957—1965 年北京市独立核算工业企业全员劳动生产率数据变动图①

北京市从 1957 年至 1965 年，工业企业全员劳动生产率从 5737 元/人，增长到 10 339 元/人②，增长了 80% 多，年均增长 8.9%。从图示来看，劳动生产率增长平稳，而且从 1960 年起，还出现了大幅度的下滑。就全国来讲，工业部门全员劳动生产率指数变动如图 5-3 所示。

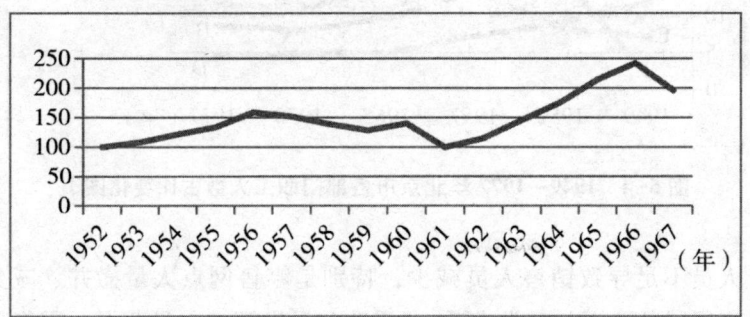

图 5-3　工业部门全员劳动生产率指数变动图③

1955 年至 1965 年十年间，工业全员劳动生产率年均增长率为 7.42%，其中 1957 年、1958 年、1961 年三年为负增长。④ 应该说这并不是一个较高的数字，

---

① 北京市统计局. 北京四十年：社会经济统计资料 [M]. 北京：中国统计出版社，1990：247.
② 北京市统计局. 北京四十年：社会经济统计资料 [M]. 北京：中国统计出版社，1990：247.
③ 中华人民共和国国家统计局社会统计司. 中国劳动工资统计资料（1949—1985）[M]. 北京：中国统计出版社，1987：224.
④ 中华人民共和国国家统计局社会统计司. 中国劳动工资统计资料（1949—1985）[M]. 北京：中国统计出版社，1987：224.

而且从图示来看，全国工业部门劳动生产率增长缓慢，起伏不定。当然，影响劳动生产率的因素很多，但是就业制度肯定是非常重要的因素之一。

（二）影响了服务业发展

1. 服务业严重滞后。统一调配就业制度下，由于劳动力配置的比例失衡，工业、服务业劳动力投入比例悬殊，导致北京市服务业发展滞后，人民群众生活很不方便。从1949年到1977年，北京市各主要部门职工比例变动趋势如图5-4所示。

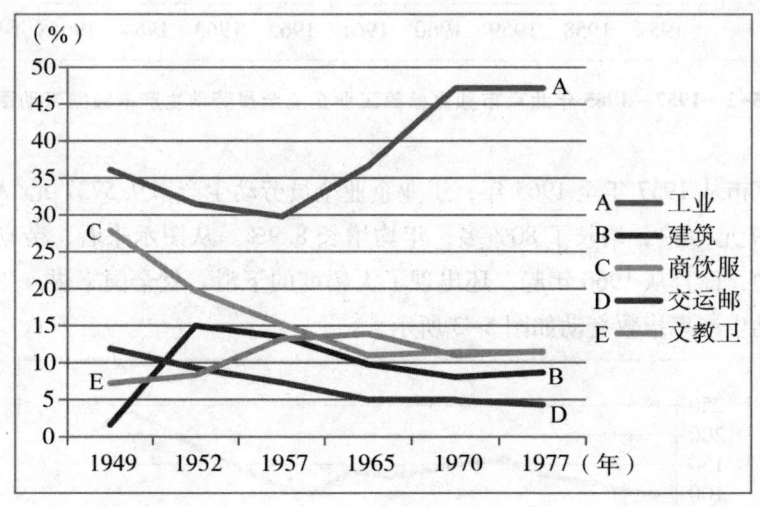

图5-4　1949—1977年北京市各部门职工人数占比变化图①

商业人员不足导致销售人员减少，特别是零售网点大量撤并、减少，严重影响了城市居民的购买与日常生活。"采购和批发部门力量薄弱；零售单位商业第一线的人员仍很紧张，零售网点少，售货人员少，影响了服务质量的提高。现在城区及近郊八个区共有副食品网点1616个，经过几年的撤并调整，比1957年的7476个减少78%。群众买东西极不方便，如房山东矿商店供应2300多户矿工，只有6个卖菜售货员，买菜经常排队，有时达二三百人。"②

当时零售网点在撤并的过程中，尊重群众意见不够，导致群众购物不便。如1958年规划将东单区大甜水井国营零售商店计划撤销，同时扩大南河沿零售

---

① 北京市劳动局. 北京市劳动局关于城市社会结构调查的报告附表一［A］. 1978年10月12日. 北京市档案馆藏. 档案号：110-002-00617.

② 北京市副食品商业局. 关于当前副食品商业人员情况和1964年增加人员的意见［A］. 1963年10月23日. 北京市档案馆藏. 档案号：119-001-00896.

商店，代替撤掉的这个商店的业务。但是 4 月底大甜水井商店撤掉后，南河沿商店并未扩大，导致群众买东西拥挤，居民有意见。西单区学院胡同街道办事处界内合义永油盐店，征求居民的意见时，有 100 多人不同意撤掉这个商店，他们反映附近 48 处国营零售店有官字号作风，同时要求这个商店代卖印花、邮票，并要求晚上营业时间要适当延长，中午不休息并代卖西药等。但合义永商店撤后，居民要求的改进工作并没有及时改进。①

东单区东单牌楼附近公私合营裕昌茶庄撤销后，附近居民反映买一点稍微高级的茶叶得跑到王府井大街；有些居民不习惯到综合性的零售店买茶叶，嫌它们的茶叶质量不新鲜、品种少，而且有的还和虾米皮等商品放在一起，影响茶叶的味道。西单区六部口一带的育德堂国药店计划撤销，经征求居民的意见，到会的 52 人有 7 人不同意，他们反映撤了后买丸药得跑到和平门去购买，路远不方便。②

城市公共交通方面，由于司机、售票人员配备不足，北京城市公共交通很紧张。1977 年全市公共电、汽车 2455 辆，客运线路 115 条，长度 1377 千米，平均 0.5 千米有一辆公共电、汽车。年客运量 15.5 亿人次，客运量比 1965 年增加 86%，车辆仅增加 58%，使许多公共电、汽车线路超载运行。尤其是工业区和郊区更挤，超载程度达到每平方米站立 10~12 人。此外，群众乘车时间长，有的职工一天要有二三小时在路上。由于司机、售票员不足，低峰时车辆停开 50%，因此，不仅高峰时拥挤，低峰时也拥挤。③ 正是因为公共交通紧张，所以自行车在北京市就较早普及开来，至 20 世纪七八十年代，自行车成为北京市居民出行最普及的交通工具。

自行车的普及必然要求有与之适用的车辆修理人员，然而北京市的自行车修理业务却不发达。1957 年有 780 个修车点，1977 年减少到 197 个；修车工由 1957 年平均每人要修 300 辆，增加到 1977 年的 1350 辆。1978 年还有很多地方

---

① 中共北京市委党史研究室，北京市档案馆. 北京市重要文献选编（1958）[M]. 北京：中国档案出版社，2003：399.
② 中共北京市委党史研究室，北京市档案馆. 北京市重要文献选编（1958）[M]. 北京：中国档案出版社，2003：399.
③ 北京市劳动局. 北京市劳动局关于城市社会结构调查的报告 [A]. 1978 年 10 月 12 日. 北京市档案馆藏. 档案号：110-002-00617.
北京市档案馆. 北京档案史料（2008.4）[M]. 北京：新华出版社，2008：198-201.

没有修车点。修理电视、收音机及其他电器设备也很紧张。①

文教卫生方面，至 1977 年，全市科学、文化、教育、卫生部门的职工只占在业职工总数的 11.5%，比历史最好水平低 2.4%。1977 年，全市有影剧院 108 座，8.2 万个座位。影剧院数量少，而且分布不均衡。市区内以崇文区影剧院最少，全区现在只有一家新中国成立前私人留下来的影院，仅有座位 680 个，群众看电影买票排队成龙，时有纠纷。群众看病也很紧张。目前全市有医院 381 座，而且多分布在 4 个城区，有病床 2.9 万张，平均每千人只有 4.69 张病床，居全国第 17 位。现有医务人员 6 万人，中西医只有 1.5 万人，占城市人口的 3.3‰。②

2. 城市建设发展迟缓

改革开放前，北京市城市建设发展缓慢，城市面貌改变不大，这也与当时劳动就业制度下的劳动力投入不足有很大的关系。统一调配就业制度下，投入工业生产的工人比例持续增加，但市政建设、城市服务建设的工人持续减少。1977 年有基建队伍 23.1 万，占全市职工总数的 8.7%，比 1952 年占全市职工比重的 15% 下降 6.3%。至 1978 年 10 月调查，全市有危险房屋 200 万平方米，现有力量每年只能翻建 10 万平方米。另有抗震需加固房屋 476 平方米，也无力加固。③ 北京市 1949—1975 年全市分时期房屋竣工面积变动图如图 5-5 所示。

---

① 北京市劳动局. 北京市劳动局关于城市社会结构调查的报告 [A]. 1978 年 10 月 12 日. 北京市档案馆藏. 档案号：110-002-00617. 见北京市档案馆. 北京档案史料（2008.4）[M]. 北京：新华出版社，2008：198-201.

② 北京市劳动局. 北京市劳动局关于城市社会结构调查的报告 [A]. 1978 年 10 月 12 日. 北京市档案馆藏. 档案号：110-002-00617. 见北京市档案馆. 北京档案史料（2008.4）[M]. 北京：新华出版社，2008：198-201.

③ 北京市劳动局. 北京市劳动局关于城市社会结构调查的报告 [A]. 1978 年 10 月 12 日. 北京市档案馆藏. 档案号：110-002-00617. 见北京市档案馆. 北京档案史料（2008.4）[M]. 北京：新华出版社，2008：198-201.

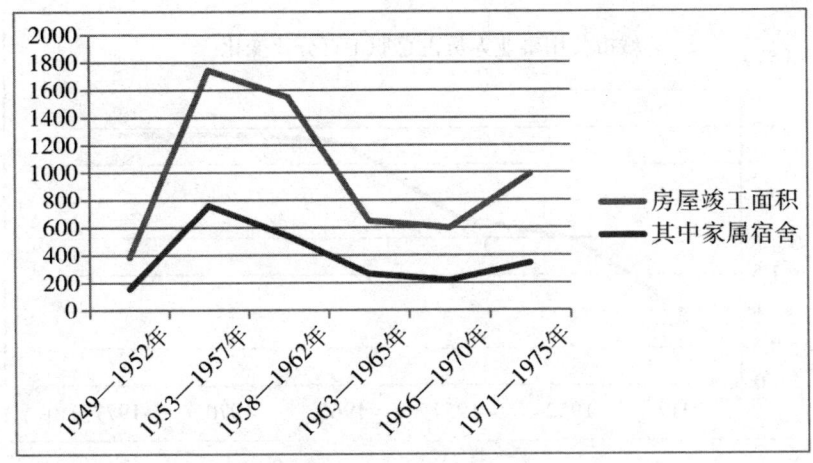

图 5-5 北京全市分时期房屋竣工面积变动图（单位：万平方米）①

市政道路，上下水、污水处理欠账更多，很多地方还是"清朝的房子，明朝的沟"。北京市不仅到饭馆吃饭排长队，就是进厕所也排队。以商业闹市王府井大街和前门大街为例，各只有 2 个公厕，市民和外地来人很不满意。环卫队伍后继乏人，大部分职工还是新中国成立前后参加工作的，平均年龄 50 岁左右，他们担负着垃圾装卸、马路清扫、公厕保洁等繁重任务。工人们说这一行是"工作条件差，劳动强度大，工资待遇低，被人看不起"。青年人不愿干，招工进不了人。② 1949—1977 年北京城市公用事业人员数量变化情况如表 5-2 所示，城市公用事业人员占总职工百分比变化如图 5-6 所示。

表 5-2 北京城市公用事业人员数量表③

年份	1949 年	1952 年	1957 年	1965 年	1970 年	1977 年
人数	3153	12 465	24 551	55 639	55 843	89 722

---

① 北京市统计局. 北京四十年：社会经济统计资料 [M]. 北京：中国统计出版社，1990：295.

② 北京市劳动局. 北京市劳动局关于城市社会结构调查的报告 [A]. 1978 年 10 月 12 日. 北京市档案馆藏. 档案号：110-002-00617.
北京市档案馆. 北京档案史料（2008.4）[M]. 北京：新华出版社，2008：198-201.

③ 北京市统计局. 北京四十年：社会经济统计资料 [M]. 北京：中国统计出版社，1990：448.

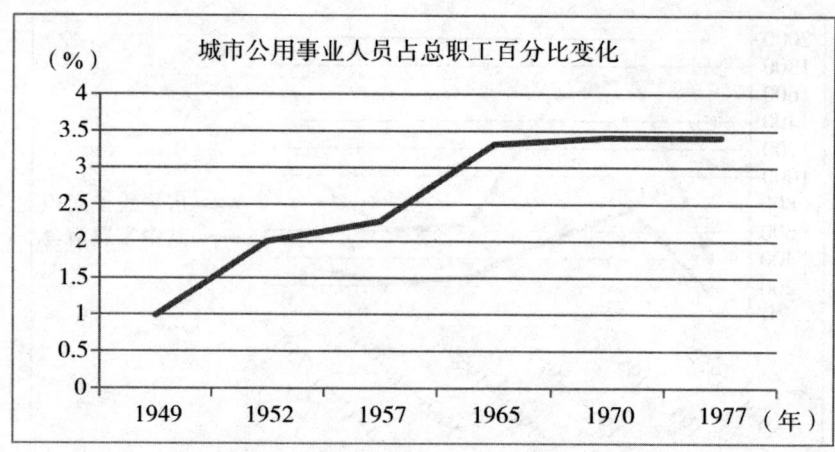

图 5-6 北京市历年城市公用事业人员占总职工百分比变化图①

注：此图根据《国民经济各行业职工人数》表计算，城市公用事业人员数据统计项包括城市公共交通、城市住宅、园林绿化、自来水等。

由图 5-6 可见，北京城市公用事业所占职工比例一直很低。其中与市容市貌关系最大的园林绿化、城市住宅建设职工人数占比一直较低。统计资料提供了 1949 年至 1956 年及 1980 年以后的数据，我们可以比较（表 5-3）。

表 5-3　1949—1956 年、1980 年北京市园林绿化、城市住宅职工人数表②

年份	1949 年	1950 年	1951 年	1952 年	1953 年	1954 年	1955 年	1956 年	1980 年
园林绿化	197	375	712	1086	1650	2224	2211	1868	43 080
城市住宅	701	1348	1748	2113	2742	3116	3541	2928	12 085

根据 1949 至 1977 年的统计数字，还可以计算出历年城市总人口中每万人拥有的城市公用事业人员数据，如表 5-4、图 5-7 所示。

---

① 北京市统计局．北京四十年：社会经济统计资料［M］．北京：中国统计出版社，1990：448．

② 北京市统计局．北京四十年：社会经济统计资料［M］．北京：中国统计出版社，1990：449．

表 5-4　历年城市总人口中每万人拥有的城市公用事业人员表①

年份	城市公用事业人员数	常住非农业人口	每万人拥有的城市公用事业人员数
1949 年	3153	1 649 000	19
1951 年	9118	1 821 000	50
1953 年	16 275	2 245 000	73
1955 年	19 727	2 671 000	74
1957 年	24 551	3 205 000	77
1959 年	28 045	4 074 000	69
1961 年	30 841	7 210 000	43
1963 年	36 605	7 474 000	49
1965 年	55 639	7 759 000	72
1967 年	61 013	7 820 000	78
1969 年	58 007	7 676 000	76
1971 年	57 935	7 825 000	74
1973 年	65 536	8 058 000	81
1975 年	79 423	8 223 000	97
1977 年	89 722	8 381 000	107

注：数据为按当年区划统计。

---

① 北京市统计局．北京四十年：社会经济统计资料［M］．北京：中国统计出版社，1990：53，448．

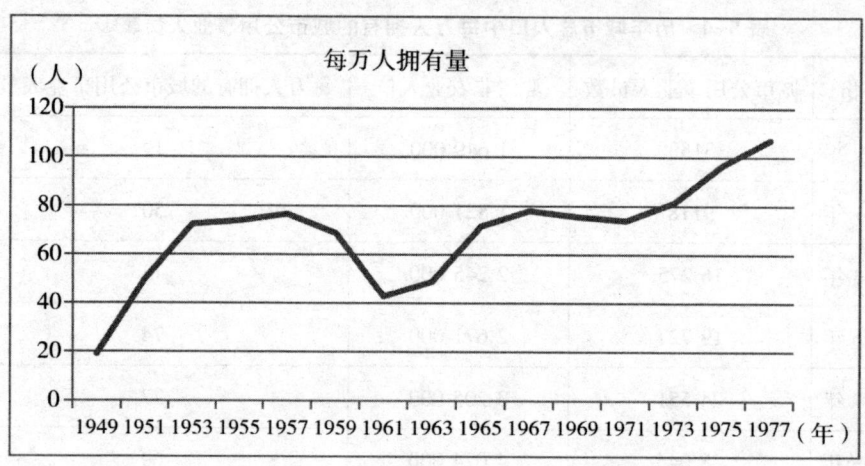

图 5-7　1949—1977 年北京市常住非农业人口中每万人拥有公用事业人员数变动图①

与之相对比的是，1988 年，北京市常住非农业人口为 614.2 万人，城市公用事业职工为 170 966 人，其中园林绿化 16 175 人，城市公共交通 78 101 人。② 1988 年，北京市城市公用事业职工每万人拥有量为 278 人，远远超过改革开放前的任何一年。

正如任何制度都有"制度衰减"效应一样，统一调配就业制度在一定范围内、一定时期内发挥了积极作用，但随着覆盖面扩大、社会经济的发展变化，其正面效应则可能递减。在北京市统一调配就业制度建立的过程中，统一调配的范围不断扩大，从最初的政府介绍就业与个人自行就业相结合，逐渐扩展到政府统一介绍就业；从少数中央企业到所有企业，劳动部门逐渐将这套制度覆盖到城镇所有的就业领域，其效能就趋向衰减。

---

① 根据表 5-4 数据绘制。
② 北京市统计局. 北京四十年：社会经济统计资料 [M]. 北京：中国统计出版社，1990：448，449.

结 语

改革开放后,统一调配就业制度逐渐退出了就业领域,绝大部分劳动力是自行就业,双向选择。大学毕业生早已不包分配,退伍、复员军人安置也走向多元化。但它对当代中国劳动就业,甚至经济社会的影响仍存留在许多人的记忆中。就业压力较大时,很多人仍能回忆起曾经"包分配"的历史。在它的身影逐渐退隐时,我们更应当重新对它加以关注。在新的历史条件下总结其利弊得失,或许能为我们当下的就业问题提供有益的启示。

一

北京市的统一调配就业制度是在新中国成立后,为了解决就业问题,以及大规模经济建设需要的条件下逐渐建立起来。它的建立并非孤立的、照搬的,而是有着深刻的历史背景与现实需求。今天,在市场经济条件下去评判统一调配就业制度,也许会得出不同结论。但是如果站在当时历史条件下去看待它,我们不难理解其建立的合理性。

统一调配就业制度的建立与当时党的劳动就业理念有密切联系。新中国成立初期,中国共产党将就业工作放在很重要的位置,主张"消灭失业"。这种理念无疑对统一调配就业制度的建立有推动作用。"一五"时期大规模建设需要大批的劳动力,在当时国家要求限制工资基金规模,以便增加工业化积累的情况下,统一调配就业制度成为控制职工规模过快增长的必然选择。

"一五"时期,北京市统一调配就业制度开始建立并逐步加强。首先在建筑业试点,1955年开始推广到其他领域。劳动部门通过一系列审批制度,将个人自行就业的权利与用人单位的招工权力上收,个人就业或企业招工需要通过政府审批。用人单位自行招工与个人自行就业,以及劳动力自发流动空间都逐渐缩小。统一调配就业制度统一安排就业的主要方式有"包分配"、调剂和面向社会招工,劳动力调配必须在上级下达的指标内进行。为了确保统一调配就业制度的实施,劳动部门还开展了劳动力调查与组织工作,并经常检查各用人单位是否有"私招"劳动力现象。统一调配就业制度要求做到合理使用劳动力，防止浪费。在劳动力使用上，首先通过调剂解决劳动力不足，其次才是招收新职工。优先从城市无业人员中招用，城市不足再从农村中招用。

劳动力统一调配作为计划经济中的重要内容，与计划经济运行的整体状况紧密相关。"一五"时期北京市的劳动力统一调配就业制度尽管是初步建立，但与后期相比，运行基本稳定，较好地实现了国家就业目标，促进了城市就业，保障了经济建设对劳动力的需求。这与"一五"时期我国整体计划经济的运行状况基本平稳是一致的。

"任何制度都有自我强化的本能"，统一调配就业制度初步建立后，必然会朝着加强管理的轨道发展，以堵塞制度漏洞。但"大跃进"的发动，使得统一调配就业制度遭受了一个"插曲"。这个"插曲"并不是这项制度的正常延续，而是受到外力冲击的结果。"大跃进"时期，为配合"跃进"形势，中央将招工权下放，地方则顺势将招工权层层下放，这是不符合"统一"调配原则的。招工权下放所导致的职工规模迅速扩大，也不符合节约使用劳动力的要求。所以此时期北京市统一调配就业制度表现出非常规运行的特点，劳动力抽调频繁，招工秩序混乱，私招再次蔓延，毕业生分配工作不正常。这种混乱状态随着政策环境的变化，必然会面临调整。可见，国民经济计划的变动，必然极大地冲击劳动就业计划，此时期统一调配就业制度的非正常运行就在所难免了。

"大跃进"结束后，随着国民经济的调整，统一调配就业制度必然要调整。不但要重新加强管理，而且要消除前一阶段积累的问题。首先就是通过统一"精简"，缩减职工规模，压缩城市人口，这实际上就是挤压"大跃进"时期的就业泡沫。国民经济调整时期，统一调配就业制度通过精简大量职工，压缩城市人口，为国民经济恢复正常奠定了基础。当然，这种"一刀切"式的精简必然会产生许多问题，如精简对象、精简方式不当等，而且还面临着重新安置精简人员的问题。其次，为了堵塞漏洞，完善制度，此时期国家对统一调配就业制度进行了改革，如将临时工也纳入严格的计划管理，但是这种严格管理的趋势最终导致统一调配就业制度走向僵化。城市新增劳动力的就业问题，成为当时劳动部门最难以解决的问题。

通过对1953年至1965年北京市统一调配就业制度的历史考察，本书认为，这套制度在一定时期内还是发挥了明显的正面效果。如解决失业问题，保证大规模经济建设的需要，也抑制国有企业劳动力需求的膨胀。在前述三个阶段中，统一调配就业制度在运行稳定的"一五"时期发挥的正面效应最大。

如果从制度建立的直接目的来看，统一调配就业制度在当时有现实需求。

在公有制与计划经济条件下，国家工资基金成为"大锅饭"，用人单位较少考虑劳动力招用的成本收益问题，只能通过"统一"调配来抑制劳动力需求。这种"统一"确实能发挥较好的效果，但也增加了国家负担。对招工限制过严，不利于生产；对服务业、城市建设的劳动力投入不足，则使得社会与城市面貌发展滞后。

纵观"一五"时期、"大跃进"时期以及国民经济调整时期北京市统一调配就业制度的变迁，北京市统一调配就业制度在这三个时期经历了明显的"收紧—放松—再收紧"的过程。它体现了以下三个鲜明的特点：第一，用行政手段安排国民就业，个人就业要"服从国家统一安排"。这是一种与市场化的、个人自行就业方式完全相反的就业制度。这种特点满足了国家的就业导向，但从长远来看，对劳动就业与经济社会发展都是不利的，也增加了国家负担。

第二，贯彻"从紧"的就业计划。统一调配就业制度建立的初衷就是要合理使用劳动力，避免浪费。但是这种竭力避免浪费的倾向，必然导致它在实施中严格限制招工。而且由于信息障碍，劳动部门往往无法真正了解企业的劳动力使用状况，因而这种限制往往表现为"一刀切"。这就造成用人单位在劳动力使用上的"苦乐不均"，有的富余，有的短缺。

第三，劳动力投入不平衡。统一调配就业制度必然要体现国家的就业导向。在当时重工业化发展战略下，劳动力投入必然是优先满足重工业部门的需求，这在"大跃进"时期表现得最明显，在其他时期也一直存在。这种导向导致其他行业劳动力缺乏，特别是服务行业发展水平滞后。

二

回顾北京市统一调配就业制度的建立与变迁，也有一些对我们当下有益的启示，如重视就业工作、重视劳动力调查与组织、提倡合理使用劳动力等。

（一）重视就业工作

统一调配就业制度建立的目的之一，就是解决失业问题。从1953年至1965年北京市统一调配就业制度的建立过程与实施效果来看，统一调配就业制度在当时失业现象严重、大规模经济建设需要的情况下，是必要的。在一定时期内，这套制度在解决就业问题，配合国家建设方面也发挥了积极的作用。

北京市劳动局于1955年3月23日发布的《北京市关于厂矿企业劳动力管理供应实施细则（第一稿）》中，要求优先安排失业、无业人员。"已办理劳动就业登记的失业人员、职员和求职人员；私营工商业新失业的工人和职员（不能归口的）符合登记条件者；未进行登记的社会富余劳动力（适合在本市就业的）；自训和委托代训人员；需要协助就业的未能升学学生。"劳动局要求派出所和街道办事处要经常掌握上述劳动力情况，定期通过公安分局汇总转送区劳动科，以便统一安置。①

统一调配就业制度实施后，在一定时期内对解决就业问题发挥了明显的作用。虽然统一调配就业制度后来在解决就业问题上的难度越来越大，有时还起了阻碍作用，但是劳动部门在工作中一直将解决失业问题当作最重要的工作任务之一来推进。当前，党和政府也非常重视就业问题，将稳就业当作工作重点来抓，这也是延续了党和政府一以贯之的理念。

(二) 重视掌握劳动力资源

统一调配就业制度建立后，1956年劳动部就提出要"认真掌握劳动力资源情况，根据企业的需工计划及时地供应劳动力""首先要求各级劳动部门加强调查统计工作，切实掌握劳动力资源的分布情况"②。为了应对1956年劳动力供应紧张的形势，1955年年底，北京市劳动局于制定了《对本市失业无业人员和零散建筑工人进行组织管理工作的方案》，决定在全市全面开展组织调查本市的社会零散劳动力并进行审查、建卡、挂牌工作。调查对象包括：建筑粗壮工，年龄在18~45岁之间的男性，体格健壮、政治历史清楚，久居本市的失业无业人员，和无固定职业的人员；建筑修缮工人，除年龄放宽至50岁外，其他基本同；保姆，20~45岁之间，体格健壮，政治历史清楚，愿做保姆工作、久居本市的失业无业妇女。调查组织工作分别由各区人民委员会领导，以区人口办公室的组织为基础，具体工作由粮食工作组与派出所、街道办结合进行。③ 应该说，在统一调配就业制度实施中，劳动部门是非常重视劳动力的调查与组织工作的。

近年来，我国人口结构以及伴随的劳动力结构发生了较快的变化，老龄化趋势加重，劳动力短缺的现象开始出现。但我国经济社会整体上还处于不发达水平，如何解决"未富先老"的问题，保证经济社会发展所需要的人力资源成为一个越来越重要的问题。尽管现在是通过市场化手段来组织供应劳动力，但是重视劳动力的调查工作，做到"心中有数"还是必要的。

---

① 北京市劳动局．北京市关于厂矿企业劳动力管理供应实施细则（第一稿）[A]．1955年3月23日．北京市档案馆藏．档案号：110-001-00655．
② 劳动部关于做好1956年劳动力调配工作的意见 [A]．北京市档案馆藏．档案号：ZK002-006-00002．
③ 北京市劳动局．对本市失业无业人员和零散建筑工人进行组织管理工作的方案 [A]．1955年11月21日．北京市档案馆藏．档案号：110-001-00659．

（三）提倡合理使用劳动力，防止浪费

防止浪费一直是社会主义国家管理经济的一个出发点，合理使用劳动力，防止浪费也是统一调配就业制度建立的出发点与最终归宿之一。如东北劳动局副局长曹阳戈在论述劳动力平衡计划和统一调配工作时就指出，"要采用一切措施，避免浪费窝工"①。当然，从事后来看，这种对"过剩"与"浪费"竭力避免的情结，也导致资源配置的"紧张"或者"短缺"。但是不可否认，在大量的材料中都能看到劳动部门尽可能地揭露与反对劳动力的浪费现象。即便是在"大跃进"时期，劳动部门仍大力呼吁节约使用劳动力。此外，劳动部门在工作中还抑制用人单位招工时在质量上的"过高"需求。尽管劳动部门的这些努力可能最终成效不尽如人意，但如果没有"统一调配"的约束，用人单位浪费劳动力的现象会更严重。

当下，在一些行业浪费劳动力的现象仍然存在，比如，在专业技术人才的引进上，存在攀比的现象，比学历、比头衔、比成果、比待遇。这种现象有一定的社会基础，但如果愈演愈烈，显然是不合理的。如何合理使用专业技术人才，避免浪费，也是一个值得我们思考的问题。

---

① 曹阳戈. 认真作好基本建设劳动力的平衡计划与统一调配工作 [J]. 劳动，1953 (6)：35-37.

参考文献

一、资料汇编

[1] 北京市档案馆. 国民经济恢复时期的北京 [M]. 北京：北京出版社, 1995.

[2] 北京市档案馆. 北平和平解放前后 [M]. 北京：北京出版社, 1988.

[3] 北京市档案馆. 北京档案史料（2008.4）[M]. 北京：新华出版社, 2008.

[4] 北京市统计局. 北京四十年：社会经济统计资料 [M]. 北京：中国统计出版社, 1990.

[5] 中国社会科学院, 中央档案馆. 中华人民共和国经济档案资料选编（1949—1952）：劳动工资和职工福利卷 [M]. 北京：中国社会科学出版社, 1994.

[6] 中国社会科学院, 中央档案馆. 中华人民共和国经济档案资料选编（1953—1957）：劳动工资和职工保险福利卷 [M]. 北京：中国物价出版社, 1998.

[7] 中国社会科学院, 中央档案馆. 中华人民共和国经济档案资料选编（1958—1965）：劳动就业和收入分配卷 [M]. 北京：中国财政经济出版社, 2011.

[8] 国家劳动局总局政策研究室. 中国劳动立法资料汇编 [M]. 北京：工人出版社, 1980.

[9] 国务院法规编纂委员会. 中华人民共和国法规汇 [M]. 北京：法律出版社, 1964.

[10] 中共北京市委党史研究室, 北京市档案馆. 北京市重要文献选编（1952）[M]. 北京：中国档案出版社, 2002.

[11] 中共北京市委党史研究室, 北京市档案馆. 北京市重要文献选编

(1953)［M］.北京：中国档案出版社，2002.

［12］中共北京市委党史研究室，北京市档案馆.北京市重要文献选编（1954）［M］.北京：中国档案出版社，2002.

［13］中华人民共和国国家农业委员会办公厅.农业集体化重要文件汇编（1949—1957）：上册［M］.北京：中共中央党校出版社，1981.

［14］中华人民共和国国家统计局社会统计司.中国劳动工资统计资料（1949—1985）［M］.北京：中国统计出版社，1987.

［15］中共中央文献研究室.建国以来重要文献选编：一［M］.北京：中央文献出版社，1992.

［16］中共中央文献研究室.建国以来重要文献选编：二［M］.北京：中央文献出版社，1992.

［17］中共中央文献研究室.建国以来重要文献选编：六［M］.北京：中央文献出版社，1992.

［18］中共中央文献研究室.建国以来重要文献选编：十［M］.北京：中央文献出版社，1992.

［19］中共中央文献研究室，中央档案馆.建党以来重要文献选编（一九二一——一九四九）：第二十五册［M］.北京：中央文献出版社，2011.

［20］中共中央文献研究室，中央档案馆.建党以来重要文献选编（一九二一——一九四九）：第二十六册［M］.北京：中央文献出版社，2011.

［21］中央人民政府法制委员会.中央人民政府法令汇编［M］.北京：法律出版社，1982.

二、专著

（一）著作

［1］北京市劳动志编纂委员会.北京劳动大事记［M］.北京：中国工人出版社，1993.

［2］蔡昉.劳动经济学：理论与中国现实［M］.北京：北京师范大学出版社，2009.

［3］陈云.陈云文选（1949—1956）［M］.北京：人民出版社，1984.

［4］曹序.劳动工资词典［M］.长春：吉林人民出版社，1987.

［5］《当代中国》丛书编辑部.当代中国的北京：上、下［M］.北京：中国社会科学出版社，1989.

[6] 罗平汉.大迁徙：1961—1963年的城镇人口精简[M].南宁：广西人民出版社,2003.

[7] 李小尉.新中国建立初期的社会救助研究[M].北京：社会科学文献出版社,2012.

[8] 彭真.彭真文选（1941—1990）[M].北京：人民出版社,1991.

[9] 袁伦渠.中国劳动经济史[M].北京：北京经济学院出版社,1990.

[10] 袁伦渠.劳动经济学[M].大连：东北财经大学出版社,2014.

[11] 骆耕漠.关于生产力和生产关系的几个问题[M].北京：中国青年出版社,1962.

[12] 李富春.李富春选集[M].北京：中国计划出版社,1992.

[13] 陆学艺.当代中国社会阶层研究报告[M].北京：社会科学文献出版社,2002.

[14] 陆学艺.当代中国社会流动[M].北京：社会科学文献出版社,2004.

[15] 路遇.新中国人口五十年：下[M].北京：中国人口出版社,2004.

[16] 林勇.劳动社会学[M].北京：中国劳动社会保障出版社,2006.

[17] 李毅.中国社会分层结构的演变[M].北京：九州出版社,2015.

[18] 柳随年.六十年代国民经济调整的回顾[M].北京：中国财政经济出版社,1982.

[19] 李强.当代中国社会分层与流动[M].北京：中国经济出版社,1993.

[20] 任弼时.任弼时选集[M].北京：人民出版社,1987.

[21] 吴晓求.紧运行论[M].北京：中国人民大学出版社,1991.

[22] 薛暮桥.中国社会主义经济问题研究[M].北京：人民出版社,1979.

[23] 周恩来.周恩来选集：上卷[M].北京：人民出版社,1980.

[24] 《中国劳动人事年鉴》编辑部.中国劳动人事年鉴（1949—1987）[M].北京：劳动人事出版社,1989.

[25] 中共西北中央局调查研究室.边区二流子的改造[M].济南：山东新华书店,1944.

[26] 中共中央文献研究室.毛泽东文集：六[M].北京：人民出版社,1999.

[27] 朱汉国,耿向东.20世纪的中国：走向现代化的历程（社会生活卷

1949—2000) [M]. 北京：人民出版社，2010.

[28] 张乐天. 告别理想：人民公社制度研究 [M]. 上海：上海人民出版社，2005.

[29] 庄启东，袁伦渠，李建立. 新中国工资史稿 [M]. 北京：中国财政经济出版社，1986.

（二）译注

[30] 考斯塔. 社会主义的计划经济理论与实践 [M]. 王锡君，柴野，章莉莉，等译. 北京：中国社会科学出版社，1985.

[31] 阿法纳西耶夫. 社会主义生产管理理论与实践问题 [M]. 中国人民大学外国经济管理研究所，译. 北京：北京出版社. 1981.

[32] 斯科特. 弱者的武器 [M]. 郑广怀，张敏，何江穗，译. 南京：译林出版社，2007.

[33] 苏联部长会议国家劳动工资委员会. 苏联劳动与工资 [M]. 洛东渠，译. 北京：商务印书馆，1977.

[34] 科尔内. 短缺经济学：上、下卷 [M]. 高鸿业，校. 北京：经济科学出版社，1986.

三、新中国成立初期期刊

[1] 中华全国总工会. 中华全国总工会关于在国营厂矿企业中进一步开展劳动竞赛的指示 [J]. 重工业通讯，1954（12）.

[2] 旅大市人民政府劳动局副局长徐公民. 旅大市劳动就业中统一调配工作总结 [J]. 劳动，1953（2）.

[3] 天津市人民政府劳动局建筑工人统一调配处. 天津市建筑工人统一调配工作总结 [J]. 劳动，1953（2）.

[4] 劳动部. 中央人民政府劳动部1953年工作计划要点 [J]. 劳动，1953（3）.

[5] 天津日报社论. 加强工人的政治思想教育，巩固自觉的劳动纪律 [J]. 劳动，1953（5）.

[6] 曹阳戈. 认真做好基本建设劳动力的平衡计划与统一调配 [J]. 劳动，1953（6）.

[7] 巴舍尔斯特尼克，郭寿康. 巩固社会主义劳动纪律是苏维埃法权首要任务之一 [J]. 劳动，1953（6）.

[8] 本刊记者. 匈牙利怎样解决劳动纪律松弛问题[J]. 劳动, 1953 (6).

[9] 工人日报社论. 巩固我们的劳动纪律[J]. 劳动, 1953 (6).

[10] 天津日报. 天津国营企业推行劳动纪律教育[J]. 劳动, 1953 (6).

[11] 本刊资料组. 怎样整顿劳动纪律[J]. 劳动, 1953 (7).

[12] 人民日报社. 加强劳动纪律是迫切的任务[J]. 劳动, 1953 (7).

[13] 中华全国总工会建筑工会工作委员会办公室. 华东第一工程公司三工地四中队加强劳动纪律工作的几点体会[J]. 劳动, 1953 (9).

[14] 胡明山. 一个建筑队怎样贯彻劳动定额管理的[J]. 劳动, 1953 (9).

[15] 曹阳戈. 东北区建筑工程劳动定额是怎样编制与贯彻的[J]. 劳动, 1953 (11).

[16] 张耀贤. 北京市建筑工程局的劳动力调剂工作[J]. 劳动, 1954 (1).

[17] 毛齐华. 更进一步做好建筑工人调配工作[J]. 劳动, 1954 (2).

[18] 斯大林. 用新的方式来工作, 用新的方式来领导[J]. 劳动, 1954 (3).

[19] 马光斗. 做好北京市建筑业劳动力调剂介绍工作[J]. 劳动, 1954 (3).

[20] 李宪章. 一个施工单位的劳动力调配工作[J]. 劳动, 1954 (4).

[21] 华北直属第一工程公司调度处. 我们怎样进行劳动力的调配工作[J]. 劳动, 1954 (5).

[22] 徐公民. 统一工资制度是统一调配劳动力的必要条件[J]. 劳动, 1954 (7).

[23] 单振英. 劳动经济讲座: 第三讲社会主义制度下的劳动[J]. 劳动, 1956 (3).

[24] 人民日报社论. 加强劳动力的调配工作, 克服劳动力的浪费[J]. 劳动, 1956 (8).

[25] 劳动部劳动力调配司. 要合理使用初中生[J]. 劳动, 1956 (9).

[26] 本刊社论. 做好1958年的劳动工作, 迎接新的生产建设高潮[J]. 劳动, 1958 (2).

[27] 本刊记者. 赶上"大跃进"! 促进"大跃进"! : 记湖南省劳动工资工作会议[J]. 劳动, 1958 (6).

[28] 李平. 任务再大也不怕, 他们有办法! [J]. 劳动, 1958 (8).

[29] 生．工农商业全面协作·首都八千商业职工踏上工农业战线［J］．劳动，1958（10）．

[30] 小李．工农商业全面协作·天津商业职工支援工业［J］．劳动，1958（10）．

[31] 本刊记者．加强协作 一起跃进［J］．劳动，1958（10）．

[32] 小李．破本位主义，立共产主义：北京市宣武区技术力量大协作［J］．劳动，1958（11）．

[33] 江平．技工一身数艺，壮工"放下扁担"，劳动力何患不足［J］．劳动，1958（12）．

[34] 刘维淳，张继贤．冯天喜"万能工作队"的成长［J］．劳动，1958（14）．

[35] 顾博彧．北京玩具厂实行家庭工制度［J］．劳动，1958（14）．

[36] 信开．应该充分利用社会劳动潜力［J］．劳动，1958（14）．

[37] 太原钢铁厂．技术革命开红花，千手观音显神通：太钢建筑安装工人一年内将全部成为多面手［J］．劳动，1958（14）．

[38] 本刊记者．加强"大跃进"形势下的劳动计划工作：国家计委、经委和劳动部共同召开劳动计划工作会议［J］．劳动，1958（17）．

[39] 车之田．先改思想，后改制度，水到渠成，皆大欢喜：北京九龙山仓库创造了改革工资制度的经验［J］．劳动，1958（17）．

[40] 本刊记者．解决劳动力不足的主要途径［J］．劳动，1958（17）．

[41] 李震亚．计件工资制已经过时了［J］．劳动，1958（19）．

[42] 本刊记者．调兵遣将 互相支援：北京钢铁企业开展劳动力大协作［J］．劳动，1958（19）．

[43] 唐功烈，张家庆．关于吸收城市家庭妇女参加商业劳动的几个问题［J］．劳动，1958（19）．

[44] 北京钢厂铸造车间．共产主义思想的胜利［J］．劳动，1958（20）．

[45] 劳动部劳动力调配局工作组．向多面手进军的一面红旗：记北京棉纺织联合厂二纺清花间的多面手学习运动［J］．劳动，1958（20）．

[46] 本刊记者．破资产阶级法权思想 立共产主义劳动态度：全国许多企业取消了计件工资制［J］．劳动，1958（21）．

[47] 本刊编辑部．我们对计件工资制度的几点看法［J］．劳动，1958（22）．

[48] 调．首都街道居民组成劳动大军［J］．劳动，1958（22）．

［49］赵万有．进一步加强工业企业的劳动管理［J］．劳动，1962（1）．

四、期刊论文

［1］陈理．60年代初精减职工、动员城市人口下乡决策的研究［J］．当代中国史研究，1996（6）．

［2］董一冰，刘静．新中国成立初期党和政府解决失业问题的对策及启示［J］．理论探讨，2014（5）．

［3］韩勤英，苏峰．国民经济恢复时期北京的失业知识分子救济政策及其成效［J］．当代中国史研究，2006（3）．

［4］聂福如．六十年代初精减职工工作的经验与启示［J］．北京党史研究，1998（6）．

［5］刘荣臻．国民经济恢复时期城市失业问题的治理及其成效：以北京失业工人治理为例［J］．三峡大学学报（人文社会科学版），2010，32（4）．

［6］梁胜宇．"一五"时期中国城镇就业政策研究［J］．中共党史研究，2005（1）．

［7］李占才．建国初期共产党人的劳动就业观［J］．同济大学学报（社会科学版），2002（5）．

［8］王承旭．1949年至1950年北京市的移民工作［J］．北京党史，2005（5）．

［9］王爱云．从城市到农村：多维度视阈下的就业抉择：试析新中国前三十年间城市劳动力向农村的转移［J］．中共党史研究，2012（12）．

［10］武力，李光田．论建国初期的劳动力市场及国家的调控措施［J］．中国经济史研究，1994（4）．

［11］武力．1949—1978年中国劳动力供求与城市化关系研究［J］．中国经济史研究，1998（3）．

［12］闫茂旭．论1949—1957年北京市劳动就业制度变革［J］．北京社会科学，2011（2）．

［13］阎颖．中共社会动员的成功经验：论陕甘宁边区二流子改造运动［J］．湖北社会科学，2007（2）．

［14］钟光亚．马克思所说的"私人劳动"是商品经济存在的依据［J］．社会科学研究，1986（4）．

［15］张明龙．新中国50年劳动就业制度变迁纵览［J］．天府新论，2000（1）．

五、其他

[1] 程连升. 中国五十年反失业政策研究（1949—1959）[D]. 北京：中国社会科学院大学，2000.

[2] 李朝军. 大学毕业生统一分配制度研究（1950—1965年）：以上海为中心的历史考察[D]. 上海：复旦大学，2007.

[3] 廖胜平. 北京游民改造研究（1949—1953）[D]. 北京：中共中央党校，2010.

[4] 刘启生. 马克思主义就业理论与社会主义就业实践[D]. 天津：天津师范大学，2008.

[5] 钱小慧. 我国劳动就业的制度化研究[D]. 上海：华东师范大学，2009.

[6] 王凛然. 天津市动员农村人口返乡工作研究（1949—1962）[D]. 北京：北京师范大学，2015.

[7] 熊祖庭. 中国失业治理研究[D]. 成都：四川大学，2004.

[8] 北京讯. 把消费者投入生产队伍：记京市民政局一年来的几项工作[N]. 人民日报，1950-02-01（4）.

[9] 中共中央关于各级领导人员参加体力劳动的指示（1957年5月10日）[N]. 人民日报，1957-05-15（1）.

[10] 周恩来. 中央人民政府政务院关于劝止农民盲目流入城市的指示[N]. 人民日报，1953-04-18（1）.

[11] 北京市统计局. 北京市统计年鉴（1980）[Z]. 内部发行，1981.

[12] 国家计划革命委员会劳动局. 劳动力节约挖潜工作经验汇编[Z]. 内部文件，1972.

六、英文文献

[1] FOLGER R，CROPANZANO R. Organizational Justice and Human Resource Management [M]. New York：Sage Pablications. Inc，1998.

[2] GRANOVETTER M. Economic Action and Social Structure：The Problem of Embeddedness [J]. American Journal of Sociology，1985，91（3）.

[3] JANSSEN O. Fairness Perception as a Moderator in the Curvilinear Relationships between Job Demands and Job Performance and Job Satisfaction [J]. The Acad-

emy of Management Journal, 2001, 44 (5).

[4] PRESTWICH T L. The Causal Relationship between Job Satisfaction and Job Performance. Unpublished Doctoral Dissertation [D]. Chapel Hill: University of North Carolina, 1980.

后 记

本书是在我的博士学位论文基础上修改而成的。2014年我再次进入北京师范大学，再次师从朱汉国先生攻读学位的时候，对将要研究的主题并无明确的规划。最初触及这篇论文的研究主题，是我对北京市人口控制政策的关注。我注意到北京市的人口控制政策，并不是改革开放以来才推出的，而是新中国成立以来即已实施。但是检索学术界，并未有太多的相关研究成果。

在当时控制外来人口的流入中，检查"私招"是北京市劳动部门等单位最经常的工作之一。最初接触到"私招"的称谓，我对其含义及其背后的制度并无明确的认识。在历经40多年的改革开放后，包括我在内的很多人对计划经济的印象已经模糊，更无从理解政府部门为什么要不厌其烦地检查用人单位自行雇用劳动力。此后我才逐渐理解，"私招"实际上是与"统一调配"就业相对立的招工现象，一切在"统一调配"之外的招录行为，都被称为"私招"。因此，我对北京市人口控制的思考就逐渐转移到"统一调配"就业制度上。

本书从选题到大纲拟定、写作的过程，我的导师朱汉国先生都付出了大量的精力。最初我交给先生初步的选题时，先生与我在办公室进行了初步讨论。但先生回家不久，随即又打来电话提出对选题的修改意见。可见先生在回家途中一直都在思考我的论文选题，这体现了先生对指导博士论文选题的慎重态度。

在最初的大纲拟定及开题准备阶段，我对如何着手勾勒本书的框架毫无头绪。先生以其丰富的经验，教导我按时间为轴线，分阶段来构思整体框架。先生教导我只有做到了材料的深入发掘，才会写出有深度的论文。尽管本书并未达到应有的深度水平，但先生的教导确实促使了我经常前往档案馆梳理档案资料。在我提交初稿后，面对杂乱无章的论文，先生中肯地提出了大量的修改意见。每次将论文稿送给先生审阅后，先生总能指出很多我从未注意到的错误或不足。每每抚卷回想，先生指出的每一条修改意见，从标题的凝练、材料的选用，到篇章结构的调整，都使我产生"原来应该这么做"的感想，有学到恨晚的感觉。所以，在本书出版之际，再次对我的导师朱汉国先生致以深深的谢意。

历史学院张皓教授、耿向东研究员、汪高鑫教授、林辉锋教授、李小尉教授、张双智教授在论文的开题答辩、预答辩阶段，对我如何撰写这篇论文都提出了宝贵的意见。在此也要感谢这些老师的教诲。

妻子陈慧英女士，早年即鼓励我攻读博士学位。求学期间，我无暇顾家，妻子工作之外，还要照顾幼女，承担起本应由我承担的责任。其间幼女成长，家事井然，妻子为此付出了艰辛的努力。我的同事程森博士（现为陕西师范大学教授）、田亮教授在我求学期间，给予了我很大的帮助，特别是程森博士义务承担了很多应该由我承担的工作，马克思主义学院院长梁华平教授积极联系出版社，鼓励支持本书的出版工作。我的同门赵薇、王凛然、翟一帜、江林泽，还有吴建征等，我每每向他们咨询问题时，他们都予以热情帮助。我的同学叶维维、王华玲、毕文静为我们的答辩事项做了大量的准备工作；梁山、于迪、王羽飞等在我撰写本书的过程中，给予了我很大的帮助，在此向他们说声谢谢。